Udo W. Kliebisch / Roland Meloefski

LehrerSein

Erfolgreich handeln in der Praxis

Band 3

Classroom Management

Selbst-Management des Lehrers

Individuelle Förderung

Schneider Verlag Hohengehren GmbH

Umschlagbild: © Ioannis Kounadeas – Fotolia.com

Gedruckt auf umweltfreundlichem Papier (chlor- und säurefrei hergestellt).

Bibliografische Information der Deutschen Nationalbibliothek

Die Deutsche Nationalbibliothek verzeichnet diese Publikation in der Deutschen Nationalbibliografie; detaillierte bibliografische Daten sind im Internet über ›http://dnb.d-nb.de‹ abrufbar.

LehrerSein Band 1:	ISBN 978-3-8340-0971-5
LehrerSein Band 2:	ISBN 978-3-8340-0972-2
LehrerSein Band 1+2 zusammen:	ISBN 978-3-8340-0970-8

LehrerSein Band 3:	ISBN 978-3-8340-1052-0
LehrerSein Band 1 bis 3 zusammen:	ISBN 978-3-8340-1053-7

Schneider Verlag Hohengehren, 73666 Baltmannsweiler
Homepage: www.paedagogik.de

Band 3

Inhaltsverzeichnis *LehrerSein* Band 1 (gekürzt)

Band 1

Inhaltsverzeichnis *LehrerSein* Band 2 (gekürzt)

Band 2

„Wie kann man sich selbst kennen lernen? Durch Betrachten niemals, wohl aber durch Handeln."

(Johann Wolfgang von Goethe)

Hinweise

Soweit in diesem Buch für bestimmte Funktionen und Rollen (z. B. Lehrer / Schüler / Kollegen / Ausbilder / Teilnehmer) nur männliche Formen verwendet werden, sind die weiblichen stets mitgemeint.

Das Buch enthält zahlreiche Arbeitsanregungen. Lösungen zu diesen Aufgaben enthält es nicht. Im pädagogischen Raum gibt es nicht die Lösung schlechthin, die eine Frage abschließend klärt. Die Arbeitsanregungen fordern heraus, sich mit der Aufgabe auf individuelle Weise zu beschäftigen; sie sollen zur Diskussion anregen. Das Gefühl für die Unvollständigkeit der individuellen Lösung ist dabei durchaus beabsichtigt, da es hellhörig machen kann dafür, angesichts neuer Bedingungen weiter nach Lösungen zu suchen und Probleme und Fallsituationen aufs Neue zu bedenken. Außerdem soll der Leser ermutigt werden, weitere Literatur hinzuzuziehen, um seine Fach- und Handlungskompetenz zu erhöhen.

Vorwort

Die beiden ersten Bände des Standardwerks *LehrerSein* erfahren in dem vorliegenden Werk eine ganz wesentliche und wichtige Ergänzung. *LehrerSein 3* widmet sich in einem sehr weiten, aber auch äußerst spezifischen Zugriff dem Alltag von Lehrerinnen und Lehrern in unterschiedlichen Facetten: Dieser wird hier von zwei profunden Kennern der Materie betrachtet, die in gleicher Weise kompetent und souverän auf Schule und Lehreraubildung blicken. Der Band bietet für die Qualitätsentwicklung von Berufsprofessionalität, Unterricht, Schule und Lehrerausbildung Zentrales und gleichsam Weg Weisendes. Zielgruppe sind vor allem junge Kolleginnen und Kollegen, die im Rahmen des Vorbereitungsdienstes ihr professionsspezifisches Handlungswissen aufbauen und erweitern wollen, um ihrem Berufsalltag standzuhalten und seinen Anforderungen gerecht zu werden. Angesprochen sind aber auch „gestandene" Profis, „alte Hasen", die Tag für Tag, eben alltäglich, mit diesen Herausforderungen zu ringen haben. Lehramtsanwärterinnen und -anwärter sind diesem Alltag aufgrund veränderter Rahmenbedingungen von Lehrerausbildung in besonderer Weise ausgesetzt, gerade auch deshalb, weil sie in selbstständigem Unterricht tätig und dadurch mit entsprechenden Rechten und Pflichten in die Schulkollegien integriert werden. Aktuelle Reformbestrebungen im Kontext der Lehrerausbildung schaffen dazu neue Herausforderungen, die es im Sinne einer Qualitätsentwicklung zu nutzen und zu gestalten gilt. Das vorliegende Werk gibt dazu wichtige Hinweise und Anregungen.

Lehrersein wird in diesem Buch freilich nicht allein als eine Lebensrealität verstanden, die von Routine, Wiederholung, wiederkehrenden Automatismen, ja gar von „Trott", Langeweile und Überdruss gekennzeichnet ist. Vielmehr bezeichnet Lehrersein eine komplexe Wirklichkeit voller Spannungs- und Bewährungsfelder, lebendige Vielfalt, mit all den damit verbundenen Chancen und Problemen, zu denen auch Belastungen gehören können. Lehrersein muss gelebt, zuweilen „ausgehalten", muss bewältigt, gemeistert, im besten Falle aber eben auch sinnstiftend und entlastend gestaltet werden, um nicht in ihm unterzugehen, zu „ersticken", von ihm „gefrustet", an ihm krank zu werden. Dazu bedarf es eigenen Bemühens, eigener Kraft und eigener gedanklicher Durchdringung, aber auch der Anregung, Unterstützung und der Hilfe von anderer Seite. Letzteres bietet das vorliegende Werk: Es zeigt Möglichkeiten der gestaltenden, der entlastenden Bewältigung von Alltag, Möglichkeiten des professionellen Umgangs mit den spezifischen Anforderungen des Systems Schule als beruflichem Handlungsfeld, Anforderungen, die es auszubalancieren gilt. Die Bewältigung erfolgt auf der Grundlage von fachlichem, wissenschaftlich fundiertem Wissen und einer kompetenten Theorie-Praxis-Verschränkung, die auch das eigene Selbst bedenkt. Erst diese Verschränkung macht den notwendigen Erwerb professionellen Handlungswissens möglich und unterscheidet sich durch ihre Reflexivität von der bloßen Anwendung pragmatischer Bewältigungsstrategien und Bewältigungskonzepte.

Diesem Anliegen widmen sich die Autoren in dem hier vorliegenden Band anhand von zentralen Handlungsfeldern, die den beruflichen Alltag von Lehrerinnen und Lehrern wesentlich bestimmen. In *LehrerSein 3* werden drei bedeutsame, Professionalität von Lehrerinnen und Lehrern wesentlich konstituierende thematische Bereiche in den Blick genommen: Classroom Management, Selbst-Management von Lehrerinnen und Lehrern sowie individuelle Förderung. Sie besitzen ihren gemeinsamen Nenner darin, dass sie als Beiträge für die Klärung des Kompetenzprofils der professionellen Rolle von Lehrerinnen und Lehrern im System Schule unerlässlich sind. Sensibilisiert das Kapitel über Classroom Management unter anderem für den Umgang mit Konflikten in der Schule und Unterrichtsstörungen, so zeigt die Beschäftigung mit dem Selbst-Management von Lehrerinnen und Lehrern Möglichkeiten der Bewältigung von Stress und der Ökonomisierung von Arbeitszeit vor dem Hintergrund zunehmender, auch gesundheitlicher Bedrohungen im Lehrerberuf. Das Kapitel über individuelle Förderung fokussiert den Blick auf einen möglichen Umgang mit Heterogenität im pädagogischen Handlungsfeld und macht die Implikationen von individualisierendem Unterricht im Kontext von Bildungsstandards und Kompetenzorientierung auch ganz praktisch deutlich. Die Thematisierung von diagnostischen Kompetenzen von Lehrerinnen und Lehrern zur Erhebung der Lernvoraussetzungen und Eruierung der Lernfähigkeit von Schülerinnen und Schülern ist dabei besonders erhellend und geradezu Richtung weisend für das Verständnis grundlegender Prinzipien neuzeitlich-modernen Unterrichtens.

Das Buch vermag den Blick zu schärfen für einen komplexen, hinsichtlich seiner Anforderungen häufig diffus wirkenden Berufsalltag, dessen Konturen nun wie durch eine Brille gesehen und erfasst werden können. Auf dieser Grundlage ist Bewältigung im angesprochenen Sinn erst möglich.

LehrerSein 3 bietet dazu zahlreiche Praxisbeispiele, aktivierende Übungen und Reflexion ermöglichende Aufgaben, die auf konkrete Erfordernisse besonders der Lehreraus-, gewiss auch der Lehrerfortbildung bezogen sind. So legen die Autoren mit großer Sensibilität für die berufliche Praxis und feinem Gespür für die Bedürfnisse gerade auch der angehenden Lehrerinnen und Lehrer ein wichtiges Handbuch sowohl für die gemeinsame Arbeit in den Zentren für schulpraktische Lehrerausbildung als auch für die individuelle Auseinandersetzung und das persönliche Training vor. In diesem Sinne gilt: Der Alltag kann kommen, denn wir haben dieses Buch.

Siegen, im März 2012

Dr. phil. habil. Peter Hibst

(Leiter des Zentrums für schulpraktische Lehrerausbildung – Siegen)

1.

Classroom Management

„Kreativität und Solidarität
setzen Disziplin voraus. [...]
Der Weg zur Selbstdisziplin und
damit zur Freiheit führt über Disziplin."

(Bernhard Bueb)

1.1. Klassenführung

1.1.1. Disziplin und Klassenführung

In der deutschsprachigen pädagogischen Literatur ist der Begriff **„Disziplin"** seit den 1968er Jahren verschwunden. Zu sehr ist und war der Begriff von der Vergangenheit geprägt, zu sehr waren Gehorsam, Autorität und Strafe damit verbunden. Spätestens seit B. Buebs „Lob der Disziplin" (2008) ist Disziplin als Leitbegriff erzieherischen Handelns wieder in den Blick, auch in den populären Blick gekommen, wenngleich nicht unbestritten und unhinterfragt. Lehrkräfte wissen heute: Disziplin im Klassenraum ist nötig, um die Ziele zu erreichen, die Kernlehrpläne und Richtlinien vorgeben. Schüler müssen Prüfungen bestehen; dies gelingt nur, wenn Lehrer im Unterricht für jenes Maß an Ruhe, Aufmerksamkeit und Motivation sorgen, das konzentriertes Arbeiten ermöglicht (siehe Haag / Streber 2012).

Disziplin ist heute also nicht etwa Selbstzweck, sondern sie soll die Lernmöglichkeiten der Schüler erhöhen. Insofern ist das Einhalten von Disziplin einerseits nicht wichtig um jeden Preis, andererseits wäre ein Verzicht auf jegliche Disziplin im Klassenraum der Zukunft der Schüler gegenüber nicht zu verantworten. J. Rüedi (2011) spricht in diesem Sinne von einem **antinomischen Verständnis von Disziplin**; dieses Verständnis mache den Lehrer gelassener gegenüber disziplinarischen Ansprüchen, die die Schule immer mehr an ihn stellt. In der Tat: Ein Lehrer darf das Tuscheln von zwei Schülern, die Lektüre von Jugendzeitschriften unter dem Tisch oder das Einschlafen von Schülern im Unterricht *nicht* als Anfrage an seine Autorität erleben; erst dann wird er angemessen auf diese Situationen reagieren. Doch er wird reagieren und sei es auch nur durch reflektierte Ignoranz. Er wird auf dem schmalen Grat zwischen Zulassen und Grenzen ziehen behutsam abwägen, wann welche Maßnahme sinnvoll ist.

Disziplin, vor allem Selbstdisziplin der Schüler ist also wichtig für einen langfristigen Erziehungserfolg; Disziplin allein löst aber nicht jedes Problem. Eltern und Lehrer sind heute oft unsicher, wenn es um Erziehungsfragen geht: *Wann soll ich einschreiten? Wann darf ich Grenzen setzen? Wann muss ich Grenzen setzern?* Das sind zentrale Fragen von Eltern und Lehrern, die oft nur intuitiv und spontan beantwortet werden. Schneewind und Böhmert (2010) zeigen in ihrem Konzept **„Frei-**

heit in Grenzen", wie sich Eltern und Lehrer auf diesem schwierigen Terrain mehr Sicherheit verschaffen können. Die Verschränkung von Gewährenlassen und Grenzenziehen ermöglicht aus der Perspektive des Erziehers zugleich Fördern und Fordern, Wertschätzung und Nein-Sagen. In der Praxis des Lehrerberufs bleiben Probleme: Wann *genau* soll oder muss der Lehrer die Freiheit eines jungen Menschen einschränken? Ein Maximum an Freiheit bei einem Minimum an Grenzen kann durchaus die Regel sein. Allerdings wird man angesichts der individuell unterschiedlichen Sozialisationserfahrungen der Kinder und Jugendlichen nicht allgemein bestimmen können, was Minimum oder Maximum konkret bedeuten (vgl. Baacke 2007 und 2009; Hurrelmann 2009): Schwierige Jugendliche brauchen eine andere Ansprache als solche, die man leicht führen kann. Der Lehrer vor Ort wird also selbst entscheiden müssen, welches Schülerverhalten er zulässt und welches er abwehrt. Doch diese Entscheidung muss er reflektiert treffen.

Anders wäre es bei einer einseitigen Betonung nur der Freiheit oder nur der Grenzziehung in der Erziehung: Bloße Freiheit birgt für Kinder und Jugendliche die Gefahr des Sichverlierens, die Gefahr der Orientierungslosigkeit. Freiheit ohne Grenzen bedeutet auch Überforderung, es bedeutet in der Schule, Kindern die Verantwortung von Lehrern zu übertragen – und selbst die sind (zumal als Anfänger in der Ausbildung) damit manchmal überfordert. Noch längst existiert bei Referendaren kein ausgereiftes Bild der eigenen Lehrerrolle. Junge Lehrer müssen lernen, den Heranwachsenden Verantwortung zu übergeben, sie müssen loslassen und zulassen. Los- und Zulassen dürfen aber nicht bedingungs- und kriterienlos sein; daher müssen Lehrer beachten, dass die übertragene Verantwortung stets an den Möglichkeiten der Kinder und Jugendlichen orientiert bleibt (vgl. Kliebisch 2012b; Winterhoff 2010; Winterhoff / Tergast 2011).

⇨ **Bevor Sie weiterlesen:**

- Was verstehen Sie unter „Disziplin"? Nennen Sie einige Verhaltensmerkmale, die Sie mit Disziplin in Verbindung bringen.
- Wie positiv oder negativ ist Ihre Vorstellung von Disziplin? In welchem Maße gilt Ihre Einschätzung auch für die Merkmale, die Sie mit dem Begriff Disziplin in Verbindung gebracht haben?

- Wie nützlich finden Sie, dass Kinder und Jugendliche diszipliniert sind? Beurteilen Sie dies auf der Grundlage Ihres eigenen Verständnisses von Disziplin.

Dem Maßstab einer grenzenlosen Freiheit in der Erziehung steht ein **autoritäres Verständnis** gegenüber, das nur auf einem Diktat von Regeln beruht. Die negativen Folgen eines autoritären Erziehungsstils sind seit langem bekannt: Starke Kontrolle durch die Erzieher führt zu starker Orientierung der Erzogenen auf die Erzieher. Die starke Abhängigkeit der Heranwachsenden wiederum kann verschiedene Folgen haben: Depression und Rückzug ebenso wie Aggression und Widerstand. Immer aber wird Lernen schwieriger bis unmöglich. Kritische Erziehungswissenschaftler haben sich daher schon früh gegen ein autoritäres Verständnis von Erziehung gewandt und eine gleichberechtigte Partizipation der Heranwachsenden am Erziehungsprozess gefordert (vgl. Kliebisch / Meloefski 2011b).

Maßstab für die Entscheidungen des Lehrers wird stets die Zukunft der Kinder und Jugendlichen sein und damit letztlich auch die gesellschaftlichen Ansprüche, die die Heranwachsenden zu bewältigen haben. Diese Ansprüche sind im Sinne Klafkis (2002) stets Bildungsansprüche; insoweit müssen sich diese Ansprüche (inhaltlich, didaktisch und disziplinarisch) auch den Kategorien der Selbstbestimmung und der Solidarität unterordnen. „Selbstbestimmungs- und Solidaritätsfähigkeit schließen, als konstitutive Momente“, so Klafki (2002, 15), „rationale Diskursfähigkeit, [...], entwickelte Emotionalität und Handlungsfähigkeit [...] ein.“ Disziplinarische (wie inhaltliche und methodisch-didaktische) Maßnahmen des Lehrers sind also (vor dem Hintergrund eines gesamtgesellschaftlichen Konsenses) stets selbstreflexiv und im Diskurs kritisch-konstruktiv daraufhin zu prüfen, ob und inwieweit sie dem Kriterium der Vernunft entsprechen. Zugleich muss der Lehrer aufgrund seiner emotionalen Kompetenz fähig sein, sich in Schüler einzufühlen, die diszipliniert werden sollen oder diszipliniert wurden. Diese Fähigkeit zur Empathie korrigiert das Lehrerverhalten und verhindert unbillige und ungerechte Reaktionen.

⇨ **Bevor Sie weiterlesen:**

- Informieren Sie sich über das Milgram-Experiment (siehe Slater 2010).
- Überlegen Sie, inwieweit das Ergebnis des Milgram-Experiments die Debatte über die Bedeutung von Disziplin beeinflusst haben könnte.
- Beurteilen Sie die Möglichkeiten, Disziplin und Freiheit in einer demokratischen Schule zu gestalten.

Das **Konzept der Klassenführung (Classroom Management) hat zwei Ziele**: Einerseits sollen disziplinarische Probleme in einer Klasse erst gar nicht entstehen (proaktiv), andererseits sollen tatsächliche disziplinarische Schwierigkeiten möglichst schnell und ohne lange Unterbrechung des Unterrichtsflusses behoben werden. **Die Lehrperson führt die Klasse also dann effizient, wenn während einer Unterrichtsstunde möglichst alle Schüler einer Klasse möglichst lange möglichst effektiv arbeiten und damit lernen (können).** Die Lernleistung der Schüler ist somit in hohem Maße von der Qualität der Klassenführung abhängig (siehe Elias / Schwab

2006). Helmke (2010) betont dabei zu Recht, dass Klassenführung mit Disziplin nicht identisch ist. Vielmehr ist eine effiziente Klassenführung eine wichtige Voraussetzung dafür, dass Disziplinlosigkeit erst gar nicht entsteht (siehe PÄDAGIGIK 2012b).

1.1.2. Merkmale guter Klassenführung

Kounin (2006) sieht sieben Merkmale für ein erfolgreiches Classroom Management:

1. **Allgegenwärtigkeit** des Lehrers (Withitness)
   Lehrer müssen während des Unterrichts (ähnlich wie bei Aufsichtsverpflichtungen zum Beispiel auf dem Schulhof) den Eindruck von Omnipräsenz erwecken. Die Schüler sollen glauben, dass einem „allgegenwärtigen" Lehrer nichts entgeht. Ein solcher Lehrer hat Augen auch am Rücken und nimmt zum Beispiel Störfälle auch dann wahr, wenn sie nicht in seinem Blickfeld liegen. Omnipräsenz erreicht man vor allem durch Körperspannung, Wechsel des Standorts im Raum, wechselnde Kopfhaltung und Blickkontakt.

2. **Überschneidungen** (Overlapping)
   Lehrer mit guter Klassenführung sind im Unterricht fähig, mehrere Vorgänge gleichzeitig routiniert abzuwickeln: Sie bedienen zum Beispiel den OHP-Projektor, während sie weiterhin die Klasse im Blick haben und ein Unterrichtsgespräch fortsetzen. Störmomente werden parallel zum Unterrichtsgeschehen behandelt oder ausgelagert. Beispielsweise soll man störende Schüler zu einem Pausengespräch bitten, statt den Konflikt mit ihnen während des Unterrichts auszutragen (siehe Kapitel „Unterrichtsstörungen").

3. **Arbeitstempo** (Momentum)
   Lernprozesse sollen in einer gewissen Geschwindigkeit, möglichst ohne Reibungsverluste und überflüssige Verzögerungen stattfinden. Der Lehrer stellt vor dem Unterricht sicher: Medien oder Materialien sind vorhanden und müssen nicht während der Unterrichtszeit gesucht werden; die gewählten Methoden sind zeiteffektiv und klar strukturiert; das Austeilen beziehungsweise Bereitstellen von Arbeitsblättern verläuft zügig und behindert den Arbeitsablauf nicht. Der Unterrichtsprozess verläuft im Ganzen zielstrebig, nicht etwa sprunghaft. Voraussetzung dafür ist ein gut geplanter Unterricht, der die Schüler sowohl im Blick auf die

Quantität des Materials als auch im Blick auf die Komplexität des Gegenstands angemessen fordert (siehe zur Unterrichtsplanung Kliebisch / Meloefski 2011b).

4. **Reibungslosigkeit** (Smoothness)
   Unterricht verläuft dann reibungslos, wenn er stringent und sachlogisch durchgeführt wird. Offene, aber zugleich zielführende und gut strukturierte Gespräche mit einer Schülergruppe (zum Beispiel in der Vernetzungsphase einer Unterrichtsstunde) sichern den Lernerfolg deutlich besser als ein sprunghaft-assoziativ geführtes Gespräch, in dessen Verlauf die Schüler zwar viel reden, aber keine Lernsicherheit erhalten. Der Lehrer muss dafür nicht nur den groben Ablauf des Unterrichtsgeschehens vorbereiten, sondern auch mögliche Gesprächsverläufe schülerbezogen antizipieren.

5. **Gruppenbezug** (Group Focus)
   Lehrpersonen mit effizientem Classroom Management verlieren die Gruppe als ganze niemals aus den Augen; stets muss der Lehrer die ganze Klasse am Unterrichtsgeschehen beteiligen: Während etwa in einem Unterrichtsgespräch ein Schüler einen Wortbeitrag liefert, bezieht der Lehrer durch Augenkontakt und sonstige nonverbale Signale auch den Rest der Schülergruppe in das Gespräch ein.

6. **Phasentrennung** (Managing Transitions)
   Die Übergange zwischen einzelnen Unterrichtsphasen (etwa vom Einstieg zur Erarbeitung oder von der Erarbeitung zur Präsentation) müssen für die Schüler klar erkennbar sein: In der Regel wird der Lehrer dies durch sprachliche Hinweise leisten; möglich sind aber auch akustische Hilfsmittel: ein Gong kann beispielsweise das Ende einer Phase markieren.

7. **Vermeidung vorgetäuschter Mitarbeit** (Avoiding Mock Participation)
   Lehrer mit guter Klassenführung erkennen Scheinaufmerksamkeit: Viele Schüler haben gelernt, durch geschicktes Verhalten den Eindruck von Mitdenken und Mitarbeit zu erzeugen. Die Lehrkraft durchschaut solches Verhalten und integriert die scheinaufmerksamen Schüler so in den Arbeitsprozess, dass diese sich einer tatsächlichen Partizipation nicht entziehen können. Dies kann zum Beispiel durch

das Konzept des Kooperativen Lernens geschehen (siehe Kliebisch / Meloefski 2011c).

Das Classroom Management kann der Lehrer durch **Beachtung weiterer Bereiche** seiner Tätigkeit noch verbessern. Evertson / Emmer / Worsham (2008; vgl. auch Emmer / Evertson 2008; Eichhorn 2011) nennen insgesamt elf Merkmale für eine erfolgreiche Klassenführung. In Ergänzung zu den von Kounin genannten Merkmalen sollen vier hervorgehoben werden:

1. **Vorbereitung des Klassen-/Kurs-/Fachraums**
   Dieser Aspekt dürfte in der Sekundarstufe I in vielen Fällen eine Aufgabe der Klassenleitung sein; soweit wie möglich sollten aber auch Kurs- beziehungsweise spezielle Fachräume einige Grundbedingungen erfüllen: Der Raum soll übersichtlich und klar strukturiert sein. Die Basisanordnung der Tische sollte man (mit den Fachkollegen abgesprochen) festlegen und mindestens für ein Schulhalbjahr beibehalten; die Sitzordnung muss üblichen Unterrichtsformen wie etwa dem Kooperativen Lernen gerecht werden. Veränderungen in der Sitzordnung (Gruppenarbeit → Stuhlkreis) müssen leicht möglich sein. Jeder Schüler muss von seinem Platz aus einen guten Blick auf die Tafel beziehungsweise auf Projektionsflächen haben und von seinem Platz aus ohne Hindernisse zur Tafel kommen können. OH-Projektoren, Beamer, PC und andere Hilfsmittel sollten ihren festen Platz im Raum haben.

2. **Regeln, Rituale und Routinen**
   Regeln, Rituale und Routinen geben dem Unterricht eine Struktur, an der sich die Schüler ausrichten können. Regeln, Rituale und Routinen sind für Schüler Herausforderungen, denen sie sich im Allgemeinen stellen. Wichtig ist die Transparenz der Regelungen. Der Lehrer kann Regeln mit den Schülern erarbeiten, kann Regelungen aber auch vorgeben. Neben den gängigen Kommunikations- und Verhaltensregeln (Klassenregeln = Verhaltensregeln; Gesprächsregeln) können auch folgende Aspekte Bedeutung haben: Wann genau dürfen die Schüler aufstehen und im Raum umhergehen? Wann sollen sie aufstehen (z. B. bei der Begrüßung)? Dürfen die Schüler im Unterricht essen oder trinken oder Kappen tragen? Soll der Unterricht unterbrochen werden, um den Schülern Gelegenheit zur

Bewegung zu geben? Soll es beziehungsweise wann soll es im Fall von Doppelstunden Pausen geben? Grundsätzlich sollte der Lehrer regelkonformes Verhalten der Schüler direkt und indirekt bekräftigen (Reinforcement).

3. **Festlegung von Konsequenzen**

   Durch die in einer Klasse festgelegten Regeln kennen die Schüler den Rahmen für angemessenes Verhalten (Transparenz). Auch die Konsequenzen auf Regelverstöße müssen den Schülern klar sein. Verletzen von Regeln bedeutet daher immer auch das Überschreiten des gegebenen Verhaltensrahmens: Regelverletzungen müssen Konsequenzen haben, die sachlogisch sind und unmittelbar auf den Regelverstoß folgen. Dabei werden gewaltfreie Lösungen (aggressionsfreies Lösen von Konflikten) eingeübt zum Beispiel durch Training sozialer Fähigkeiten (siehe unten die Kapitel „Konflikte“ und „Unterrichtsstörungen“). Nur so können sie sich in dem vorgegebenen Rahmen sicher und zielführend verhalten.

4. **Verantwortlichkeit der Schüler**

   Der Lehrer muss die Schüler am Unterrichtsprozess so beteiligen, dass sie sowohl Verantwortung für ihren eigenen Lernprozess als auch für den der Gruppe übernehmen können. Dies kann zum Beispiel durch systematisches Einführen kooperativer und eigenverantwortlicher Arbeitsformen erfolgen (vgl. Brüning / Saum 2009a und b; Green / Green 2007; Kliebisch / Meloefski 2011c; Klippert 2007); dadurch werden Strategien des selbstständigen Arbeitens und Lernens trainiert. Hierher gehört auch ein weitreichender Verantwortungstransfer zwischen Lehrer und Schüler: Schüler dürfen und sollen Aufgaben übernehmen, die traditionell in der Verantwortung des Lehrers liegen (z. B. inhaltliche und methodische Entscheidungen, Moderationsleistungen, Visualisierungen usw.).

1.1.3. Maßnahmen

Nicht alle bisher genannten Bereiche lassen sich im konkreten Schulalltag gleich gut und gleich schnell bearbeiten. Die folgenden Punkte kann man aber meist leicht und sofort umsetzen (siehe Brüning / Saum 2012; Charney / Nestler 2011; Eichhorn 2011; Kliebisch 2011; Kehr 2011; Meyer 2004; Meyer / Wendt 2012; PÄDAGOGIK 2012b; Städeli / Obrist / Grassi 2011; Unruh / Petersen 2011):

A. Mittel- und langfristige Planung

- Gestalten Sie den Unterricht transparent! Dies betrifft sowohl die Dramaturgie als auch die Bewertungsmaßstäbe von Unterricht. Machen Sie die Schüler dazu mit Erwartungen vertraut, die Sie mit bestimmten Phasen des Unterrichts verbinden.
- Führen Sie kooperative und eigenverantwortliche Arbeitsformen ein und nutzen Sie sie regelmäßig!
- Etablieren Sie für verschiedene Anlässe Rituale (Begrüßung, Verabschiedung, Schreiben von Klassenarbeiten, Arbeit in Kleingruppen usw.)!
- Legen Sie die regelmäßige Sitzordnung fest (Sitzplätze der einzelnen Schüler, Anordnung der Tische)!
- Entwerfen Sie (zusammen mit den Schülern) wenige (!) Regeln, die auf Kommunikation, Leistung und Verhalten abzielen (Zuhören, Argumentieren, Gewaltfreiheit usw.).
- Bestimmen Sie (zusammen mit den Schülern) die Konsequenzen, die auf Regelverstöße folgen sollen.
- Nutzen Sie auch individuelle Bewertungsnormen zum Beispiel bei der Beurteilung von Gruppenarbeiten oder bei differenzierten Aufgabenstellungen (individuelle Förderung).
- Ermöglichen Sie den Schülern Selbstbewertungen mit Blick auf Verhalten und Lernleistungen (z. B. durch geeignete Frage-/Feedback- und / oder Analysebögen)!
- Beteiligen Sie die Schüler an der Gestaltung des Unterrichts bei der Auswahl von Inhalten und Verfahren!

B. Vor jeder Unterrichtsstunde

- Bereiten Sie Unterricht strategisch (!) gut vor (Materialien, Papiere kopieren und vorsortieren; Medien auf Funktionsfähigkeit prüfen)!
- Bereiten Sie Unterricht methodisch (!) gut vor (Übergabe von Verantwortung an die Schüler = Entlastung des Lehrers, eigenverantwortliches und selbstständiges Arbeiten → Kooperatives Lernen beziehungsweise Eigenverantwortliches Arbeiten, unterschiedliche Aufgabentypen)!
- Differenzieren Sie (besonders in heterogenen Lerngruppen) Aufgaben und Lernphasen! Fördern Sie die Schüler individuell!

- Erhöhen Sie durch geeignete Planung die Selbstständigkeit der Schüler (z. B. durch Wahlmöglichkeiten bei der Bearbeitung von Aufgaben oder bei der Art von Visualisierungen)!

C. Während jeder Unterrichtsstunde

- Halten Sie den Ablauf transparent (klare Trennung der Phasen, präzise Aufgabenstellungen, strukturierte Gesprächsführung)!
- Seien Sie omnipräsent (Wechseln des Standortes, Blickkontakt, Wechsel der Blickrichtung usw.)!
- Sorgen Sie für ein Maximum an Lernzeit (pünktlicher Beginn des Unterrichts, Verschieben organisatorischer Aufgaben wie Eintragungen in Klassenbücher und Kursmappen)!
- Gehen Sie mit angemessenem Tempo vor (Schnelles Erreichen der Problemorientierung, Ermutigen der Schüler zu zügigem Arbeiten, Vermeiden komplexer Visualisierungen durch Lehrer oder Schüler)!
- Nehmen Sie die Schüler mit (Achten auf Scheinaufmerksamkeit, Unterbinden aufkommender Langeweile durch zügiges Vorangehen, konkretes Ansprechen von Schülern, Fordern und Fördern)!
- Bekräftigen Sie regelkonformes Verhalten und loben Sie Leistungen im inhaltlichen Bereich (nonverbales Lob z. B. durch Lächeln und Kopfnicken, verbales Lob, positive Fremdbewertung durch Schüler)!
- Stellen Sie wertschätzende und entspannte Lernatmosphäre her (freundliche Mimik, Lächeln, ermutigende Ansprache, Gelassenheit, Humor)!
- Strahlen Sie Optimismus aus (Beschreiben von kurz-, mittel- und langfristigen Zielen, Orientierung an Fähigkeiten und Ressourcen der Schüler)!

D. Nach einer Unterrichtsstunde

- Visualisieren Sie Teile der abgelaufenen Stunde (Was ist geschehen?)!
- Analysieren Sie ein oder zwei auffällige Bereiche (Was sind Ursachen?)!
- Überlegen Sie Konsequenzen im Blick auf die Bereiche A bis C (Was werde ich tun?)!

Als Basis für Ihr Tun empfehlen sich stabile **Einstellungen, Überzeugungen und Verhaltensweisen** (siehe unten das Kapitel „Selbst-Management"; vgl. Kliebisch 2012a; Schneewind / Böhmert 2010):

- Haben Sie Geduld – mit sich selbst und mit Ihren Schülern!
- Glauben Sie an sich und Ihre berufliche Tätigkeit!
- Vertrauen Sie Ihren Fähigkeiten!
- Vertrauen Sie auf die positiven Wirkungen Ihrer Fähigkeiten!
- Vertrauen Sie auf das Lernen und Verhalten Ihrer Schüler!
- Entwickeln Sie Ihr persönliches Erziehungskonzept und sichern Sie es theoretisch ab!
- Engagieren Sie sich für konkrete Normen und leben Sie diese vor!
- Verbannen Sie irrationale Überzeugungen aus Ihrem Denkrepertoire!
- Entwickeln Sie die Fähigkeit zur Selbstkontrolle und damit zur Kontrolle Ihrer Gefühle!
- Definieren Sie selbst, wie Sie sich fühlen wollen!
- Gewinnen Sie die Einsicht: Ihr Denken bestimmt Ihre Gefühle! Lernen Sie zu bestimmen, wie Sie sich fühlen wollen!
- Vertrauen Sie der positiven Kraft von Ich-Botschaften!
- Freuen Sie sich am Unterrichtsprozess und beobachten Sie diesen!
- Gehen Sie nach der Devise vor: Mit geringen Mitteln viel bewirken!
- Seien Sie konsequent – in Ihren Entscheidungen und in Ihrem Handeln!
- Setzen Sie Vertrauen in Ihre Schüler und deren Bereitschaft, sich im Unterricht zu engagieren! Trauen Sie den Schülern etwas zu!
- Stärken Sie die Fähigkeiten und den Leistungswillen Ihrer Schüler!
- Übertragen Sie Ihren Schülern so viel Verantwortung wie möglich!
- Lernen Sie, nein zu sagen und Grenzen zu ziehen!
- Halten Sie die Beziehungsangst aus, die einer Grenzziehung folgen kann!
- Machen Sie sich klar: Jeder tut zu jeder Zeit genau das, was er im Moment für das Beste hält und was er auch umsetzen kann. Dies gilt für Sie selbst und für Ihre Schüler!
- Und seien Sie gewiss: Störmomente im Unterricht sind stets ein Feedback! Sie haben es in der Hand, wie Sie darauf reagieren wollen.

1.2. Beispiel: „Kooperation“

Ein wichtiger Indikator für ungestörte Gruppenprozesse ist das Maß an Kooperation, das die Gruppenmitglieder zeigen. Kooperatives Lernen zum Beispiel ist ein geeignetes Verfahren, positive Abhängigkeiten unter den Lernenden zu ermöglichen und ihnen Verantwortung für ihr Lernen zu übertragen (vgl. Kliebisch / Meloefski 2011c, Kap. 2). Unabhängig von der konkreten didaktisch-methodischen Gestaltung des Unterrichts sollte der Lehrer die Schüler über ihre Bereitschaft zur Kooperation und ihr tatsächliches Kooperationsverhalten ins Gespräch bringen. Gute Kooperation in einer Lerngruppe reduziert die Gefahr von Konflikten und Unterrichtsstörungen. Die folgenden Übungen helfen, Aspekte von Kooperation anzusprechen.

Profitipps:

- Formulieren Sie Ziele, die Sie mit den Übungen (siehe unten) erreichen wollen.
- Besprechen Sie in der Lerngruppe über die Erfahrungen, die die Schüler mit einer Übung gemacht haben (Metakommunikation). Durchführung und Auswertung einer Übung gehören immer zusammen!
- Vergleichen Sie die Erfahrungen der Schüler mit Ihren pädagogischen Zielen.
- Nutzen Sie die Übungen immer als integrativen Bestandteil von Unterricht, niemals isoliert.
- Wenden Sie die Übungen mehrfach an. Kooperation braucht Übung. Aber: Variieren Sie die Übungen dabei – methodisch und inhaltlich.

Übung: Teamgeist

Bestimmt wirst du wissen: Teamgeist ist nötig, wenn ihr gemeinsam eine Aufgabe bewältigen wollt. Doch was genau ist dieser Teamgeist eigentlich, von dem alle reden? Im Sport spricht man oft bei Mannschaftsspielen vom Teamgeist, aber auch beim Entwickeln eines neuen Autos hört man von Teams, die die Aufgabe erledigt haben. Manche Menschen sollen besonders gute Teamplayer sein, andere weniger gute.

Durchführung

- Jeder bearbeitet zunächst allein das Arbeitsblatt (siehe unten). Zehn Minuten habt ihr dafür Zeit.
- Bildet dann per Zufall Gruppen zu fünf Personen.
- Tauscht euch über eure bisherigen Ergebnisse aus. Der Austausch läuft nach folgenden Regeln ab: Reihum erzählt zunächst jeder von euch, was ihm zum Stichwort „Teamgeist" eingefallen ist. Die anderen hören zu, vergleichen mit ihren eigenen Notizen und schreiben sich alles auf, was ihnen neu, wichtig oder problematisch vorkommt (5 Minuten).
- Dann überlegt ihr in der Gruppe gemeinsam Lösungen für diese beiden Aufgaben (10 Minuten):
  - ✓ Nehmt an: In einer Gruppe sind mehr „Motzer" als „Schönredner". Welche Folgen hat das für einzelne Gruppenmitglieder und für die gesamte Gruppe?
  - ✓ Nehmt an: In einer Gruppe verweigern sich mehr als zwei Drittel der Teilnehmer. Sie wollen nicht mitarbeiten. Welche Folgen hat das für die Arbeitsweise der Gruppe?

  Fertigt als Antwort auf die beiden Fragen jeweils eine Grafik. Ihr dürft dafür jeweils sechs bis zehn Wörter und beliebige Zeichen, Striche und so weiter nutzen.
- Ihr seid fertig. Bestimmt nach dem Zufallsprinzip, wer eure Ergebnisse im Plenum vorträgt.
- Beantwortet im Plenum nach der Präsentation diese Fragen:
  - ✓ Was ist Teamgeist?
  - ✓ Welche Folgen hat es für eine Gruppe, wenn Teamgeist fehlt?
  - ✓ Worauf wollt ihr bei euren Gruppenarbeiten in Zukunft achten, damit möglichst viel Teamgeist entsteht?
- Wie hat euch die Übung gefallen?
- Was hat euch die Übung gebracht?

Material (Arbeitsblatt)

1. Welche drei Stichwörter (Substantive oder Adjektive) fallen dir sofort ein, wenn du an „Teamgeist" denkst. Notiere diese Wörter.

2. Offenheit ist in jedem Team von besonderer Bedeutung für das Gelingen der gemeinsamen Arbeit. Was bedeutet für dich Offenheit? Wie erlebst du sie?

Offenheit bedeutet für mich .... und so erlebe ich Offenheit:

3. „Schönreden“ und „Motzen“ kommt bei der Arbeit in Teams häufig vor. Formuliere je ein Beispiel für „Schönreden“ und „Motzen“.

Schönreden: Motzen:

4. Manche Gruppenmitglieder verweigern sich auch gegenüber den anderen und der Arbeit. Wie kann sich Verweigerung äußern? Welche Ursachen kann es für das Verweigern geben?

Verweigerung kann sich ausdrücken .... Ursachen für Verweigerung können sein ....

Profitipp

Eine besonders anregende Form, kooperatives Verhalten zu etablieren, ist das szenische Spiel. Dennis Becker (2012) bietet mit dem Konzept „Themen in Szenen“ (TiS) viele Anregungen und Übungen für die Umsetzung szenischer Interpretationen sowohl im Klassenunterricht als auch in Projekten.

Übung: Formen von Kooperation

© Gerd Altmann@pixelio.de

Die Globalisierung lässt die Staaten und die Menschen näher zusammenrücken. Sie sind von einander abhängig: Wirtschaftliche oder ökologische Probleme in einem Land können schnell zu einer weltweiten Krise führen. Diese wechselseitige Abhängigkeit der Staaten bringt die Notwendigkeit der Zusammenarbeit mit sich. Die Staaten müssen kooperieren, um gemeinsam Schwierigkeiten zu lösen und erfolgreich zu sein. Kooperieren müsst ihr auch bei eurer Arbeit in der Schule. Partner- und Gruppenarbeit gelingen besser, wenn ihr gut kooperiert.

Durchführung

- Jeder bearbeitet zunächst allein das Arbeitsblatt (siehe unten). Fünf bis sieben Minuten habt ihr dafür Zeit.
- Bildet dann nach dem Zufallsprinzip Gruppen zu vier oder fünf Personen.
- Tauscht euch über eure bisherigen Ergebnisse aus. Der Austausch läuft nach folgenden Regeln ab: Reihum erzählt zunächst jeder von euch, was ihm zum Stichwort „Teamgeist“ eingefallen ist. Die anderen hören zu, vergleichen mit ihren eigenen Notizen und schreiben sich alles auf, was ihnen neu, interessant, wichtig oder problematisch vorkommt (5 Minuten).

- Dann überlegt ihr in der Gruppe gemeinsam Lösungen für diese Aufgaben (10 Minuten):
  - ✓ Entwickelt ein Modell der Kooperation, das ihr in nächster Zeit für eure Arbeit in Kleingruppen nutzen wollt. Entwerft zur Beschreibung eures Modells eine Grafik ähnlich denen auf dem Arbeitsblatt. Visualisiert euer Ergebnis auf einer Folie.
  - ✓ Beschreibt mit sieben bis zehn Stichwörtern die Bedeutung eures Modells für das einzelne Gruppenmitglied und für die Gruppe als Ganze.
- Ihr seid fertig? Bestimmt nach dem Zufallsprinzip, wer eure Ergebnisse im Plenum vorträgt. Sprecht bei eurem Vortrag frei.
- Beantwortet im Plenum nach der Präsentation diese Fragen:
  - ✓ Was sollten und wollen wir in Zukunft bei Gruppenarbeiten beachten, damit die Kooperation gut beziehungsweise besser als bisher gelingt?
  - ✓ Wie können wir nach drei Wochen auswerten, ob wir mit unserem Modell zur Kooperation erfolgreich waren?
- Wie hat euch die Übung gefallen?
- Was hat euch die Übung gebracht?

Material (Arbeitsblatt)

Sieh dir die folgenden Modelle A bis D an (Seite 29). Sie zeigen unterschiedliche Formen, wie die Kooperation in einer Gruppe organisiert sein kann. Beantworte dazu diese Fragen:

1. Wer hat in den einzelnen Modellen am meisten zu sagen?

A
B
C
D

2. Sieh dir das Modell A an. Wie kommen in einer so aufgebauten Gruppe die Entscheidungen zustande?

3. Wie unterscheidet sich das Modell A vom Modell C? Nenne zwei bis drei Unterschiede.

4. In welchem der Modelle herrscht deiner Meinung nach die größte Disziplin, wo die größte Offenheit unter den Gruppenmitgliedern? Begründe deine Meinung.

Größte Disziplin:

Größte Offenheit:

5. Welches Modell beschreibt am ehesten die Art, in der du gern mit anderen arbeiten würdest? Begründe deine Meinung.

Mein Favorit:

Gründe:

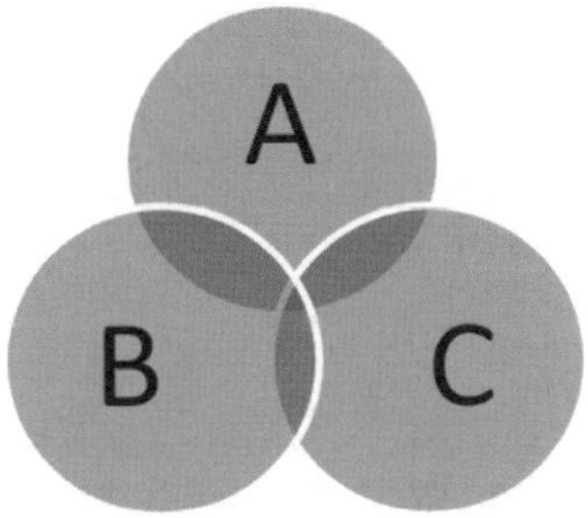

Modell A

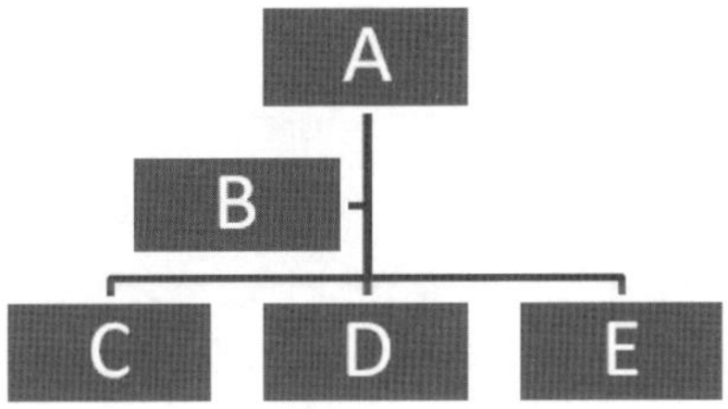

Modell B

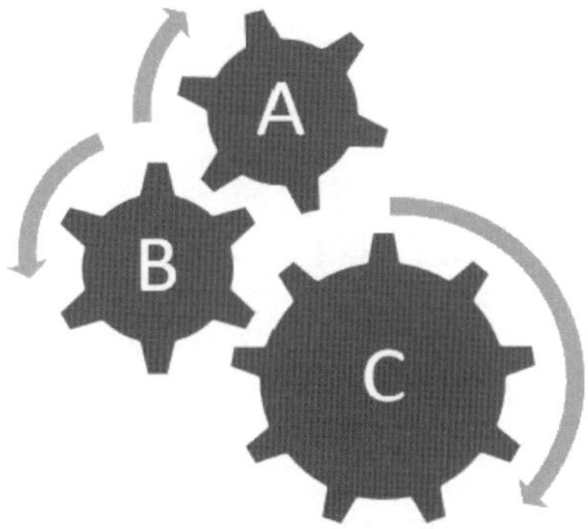

Modell C

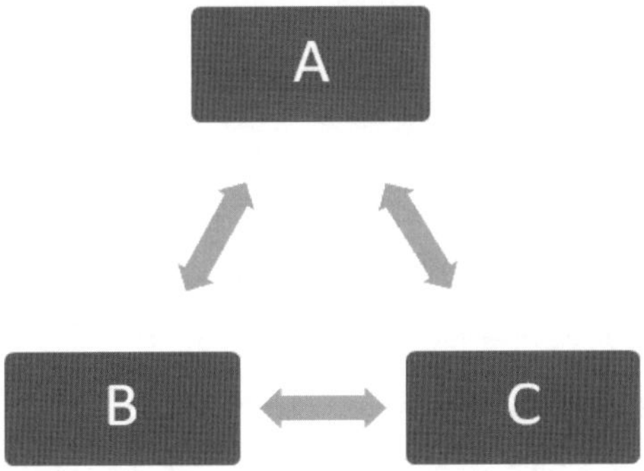

Modell D

Profitipp

Denken Sie bei der Aufgabenstellung daran: Schüler bringen unterschiedliche Voraussetzungen mit, sie arbeiten in unterschiedlichen Geschwindigkeiten und sind an dem unterschiedlich interessiert, was Sie vorbereitet haben (siehe Brüning / Saum 2012). Halten Sie daher Aufgaben bereit, die diese Unterschiede berücksichtigen (siehe unten Kapitel „Individuelle Förderung“).

⇨ Interaktionsspiel: Förderung von Wertschätzung

Zielperspektive

Vereinbarungen oder Regelungen zu treffen ist die eine Seite, sie einzuhalten und durchzusetzen ist die andere Seite der Klassenführung. Das gelingt meist hinreichend, wenn bestimmte Voraussetzungen in der Klasse bestehen. Oft müssen diese

Voraussetzungen aber erst geschaffen werden. Schüler müssen dann wegen der großen Heterogenität in der Klasse erst bereit werden, sich in der Klasse als Team fühlen zu wollen. Heute machen erleben Schüler die Schule oft als Institution, die Vorstellungen von Lebensqualität widerspricht. Die Vielfalt solcher Ansprüche ergibt ein sehr diffuses Bild. Schule wird als Zwangseinrichtung wahrgenommen, die den Schülern ihre individuelle Freiheit nimmt. Das Einlassen eines Schülers auf Schule hängt wesentlich von dessen Bereitschaft ab, eine Werteordnung im sozialen Kontext der Schule anzuerkennen. Werthaltungen sind bei Schülern oft (noch) nicht hinreichend, teils gar nicht gegeben, Unterricht und Schule erfahren – nach außen als mehr oder weniger starke Störung erkennbar – eine geringe Wertschätzung. Klassenführung muss daher auch darauf abzielen, bei der großen Heterogenität der Schüler erst eine soziale Beziehung in der Klasse herzustellen. Dabei kann das folgende Interaktionsspiel helfen. Es erlaubt, Vertrauen untereinander und ein kooperierendes Miteinander der Schüler aufzubauen. In weiteren Aufgaben geht es um die Gesichtspunkte „Normal – Anders“ und „Bindung und Freiheit“. Das Interaktionsspiel kann der Lehrer vor allem in Fächern einsetzen, in denen er es als Fachinhalt ganz (z. B. Deutsch) oder in Teilen (z. B. Sport) didaktisch begründen kann. Der Lehrer wird das Interaktionsspiel den Anforderungen der Schulstufe und Schulform entsprechend modifizieren. Als fachübergreifende Übung ist es zum Beispiel im Rahmen von Förderprogrammen geeignet, die Erziehungsziele der Schule einzulösen.

Teilnehmer

ab 10 Jahren

Gruppengröße

bis ca. 16 Personen

Zeit

a) ca. 15 Minuten für die Übung

b) ca. 10 - 60 Minuten für die Auswertung

Durchführung

Das Spiel wird im ersten Teil in einer Turnhalle oder auf einem Sportplatz durchgeführt (Größe des Spielfeldes ca. 25 m x 50 m). Vier Schüler sind eine Gruppe; jede

Gruppe erhält einen etwa zwei Meter langen Bambusstab. Die Dicke des Stabes ist so zu wählen, dass ihn jeder Schüler der Gruppe problemlos umfassen kann. Auf dem Spielfeld bauen die Schüler einen Hindernisparcours auf (Vorlage: Material 1, Seite 37). Die Klasse wird zu Beginn des Spiels durch Losentscheid in Gruppen zu je vier Schüler aufgeteilt. Die Gruppen konkurrieren in der Übung miteinander. Jede Gruppe geht zur kürzeren Seite des Spielfeldes und erhält dort einen der ungefähr zwei Meter langen Bambusstäbe. Die Gruppenmitglieder umfassen den Bambusstab nach einer der in Material 2 (siehe Seite 38) beschriebenen Versionen jeweils mit beiden Händen. Jedes Gruppenmitglied hat den Stab dabei vor sich. Die an den äußeren Rändern des Stabes stehenden Gruppenmitglieder schließen danach ihre Augen. Während der Durchführung des Spiels sollen die Teilnehmer nicht miteinander sprechen.

Die Gruppen begeben sich an den Start und versuchen gleichzeitig, auf ein Zeichen des Spielleiters hin den Parcours so schnell wie möglich hin- und rückwärts zu durchlaufen. Dabei darf kein Gruppenmitglied den Bambusstab loslassen. Der Stab muss von allen Gruppenmitgliedern stets mindestens auf Höhe der Gürtellinie gehalten werden. Und die Mitspieler, die den Bambusstab an den äußeren Rändern festhalten, dürfen während des Spiels ihre Augen nicht öffnen. Sieger ist die Gruppe, die den Parcours am schnellsten und möglichst fehlerfrei bewältigt.

Hinweis für den Lehrer:

Sie nehmen die Zeit und notieren während des Spiels die Fehler, die die Gruppen machen.

Auswertung

a) Fragen

- Wie hat mir die Übung gefallen?
- Wie habe ich mich während des Spiels gefühlt?
- Wie ist es mir während des Spiels als „Blinder“ / als „Sehender“ ergangen?
- Wie habe ich die Verantwortung gespürt, die ich während des Spiels als „Sehender“ hatte?
- Wie gut / schlecht war ich als „Blinder“ in der Lage, den sehenden Mitspielern in meiner Gruppe zu vertrauen?

- Was sagen mir meine Erfahrungen als „Blinder“ über die Bedeutung des Sehens für den Alltag des Menschen?
- Wie hat sich die Konzentration in Bezug auf das Halten des Bambusstabes auf meine sonstigen Reaktionen während des Spiels ausgewirkt?
- Wie gut habe ich als „Blinder“ die nonverbalen Hinweise meiner Mitspieler verstanden?
- Wie habe ich als „Sehender“ die „blinden“ Mitspieler informiert? Welche Probleme sind dabei aufgetreten?
- Wie habe ich es geschafft, mich in meine Mitspieler hineinzuversetzen und deren Absichten zu verstehen?
- Welche Schwierigkeiten habe ich im Blick auf die Kooperation in meiner Gruppe erlebt? Wie erkläre ich mir diese Schwierigkeiten?
- Wie sind wir in unserer Gruppe mit diesen Schwierigkeiten umgegangen? In welcher Form haben wir sie bewältigt?
- Wo kommen im Alltag Situationen vor, in denen Menschen durch Umstände oder andere Personen „gebunden“ sind?
- Wie wird diese Bindung erlebt? Welche Vor-, welche Nachteile haben solche Bindungen?
- Was verstehe ich unter Freiheit? Wann erlebe ich besonders Freiheit?
- In welchem Zusammenhang stehen Bindung und Freiheit?
- Welche Folgen hätte es für das gesellschaftliche Zusammenleben, wenn Menschen völlig frei oder völlig unfrei wären? Wie beurteile ich diese Folgen?
- Welche zwischenmenschlichen und gesellschaftlichen Folgen ergäben sich, wenn Menschen vollkommen gebundene Wesen wären? Wie beurteile ich diese Folgen?
- Welche Konsequenzen kann ich aus meinen Erfahrungen mit diesem Spiel für meinen Alltag ziehen?
- Wie und wo kann ich die Erfahrungen mit dieser Übungen in meinem konkreten Alltag in der Schule und Zuhause nutzbar machen?

b) Methode

Zunächst stellt man fest, welche Gruppe Sieger ist. Dazu können Sie den als Material 3 (siehe Seite 39) abgedruckten Auswertungsbogen nutzen. Anschließend findet ein vertiefendes Auswertungsgespräch im Plenum statt. Auf ein solches Gespräch kann man verzichten, wenn die Übung in erster Linie als Aktivierung der Schüler gedacht ist.

Hinweise

- Mit gewisser Vorsicht und bei deutlich einfacherem Parcours kann die Übung unter Umständen auch in einem größeren Gruppenraum durchgeführt werden. In einem solchen Fall sollte man besonders auf das Verantwortungsbewusstsein der Teilnehmer achten.
- Rechnen Sie mit besonderer Lebendigkeit, wenn Sie das Spiel mit jungen Schülern durchführen.
- So können Sie mögliche Gefährdungen reduzieren: Lassen Sie die Gruppen auch in gewissen Zeitabständen nacheinander starten. Noch sicherer geht man so vor: Lassen Sie eine zweite Gruppe erst dann starten, wenn die erste bereits am Ziel ist. Dieses Verfahren bietet sich vor allem bei einem kleinen Parcours an.
- Den beiden Gruppenmitgliedern, die die äußeren Seiten des Bambusstabs umfassen, können die Augen auch verbunden werden, um Blinzeln zu vermeiden.
- Das Spiel kann man auch in mehreren Runden spielen, jeweils mit einer anderen Positionierung der Gruppenmitglieder (siehe Material 2).
- Eine Variante: Nicht alle Mitglieder einer Gruppe haben den Stab vor sich, nachdem sie ihn umfasst haben. Man kann es auch so einrichten, dass einer oder mehrere der Mitspieler den Stab hinter dem Rücken umfassen. Man kann dann die Positionierungen der Gruppenmitglieder wie in Material 2 beibehalten.

Inhaltliche Aspekte

Eine vertiefende Auswertung des Spiels kann auf verschiedene Gesichtspunkte in den Blick rücken: Kooperationsfähigkeit und -bereitschaft sind für das Gelingen der Übung ebenso wichtig wie Vertrauen seitens der „blinden“ Gruppenmitglieder. Zum Verhältnis von „blind sein“ und „sehen können“ kann man die Teilnehmer anhand von Material 4 „Blind – Sehen“ (siehe Seite 40) einschätzen lassen, welche Vor- und Nachteile es hat, blind zu sein beziehungsweise sehen zu können. Mit Hilfe desselben Arbeitsblattes können die Schüler über ihre Erfahrungen mit blinden Altersgenossen nachdenken.

Weitere Überlegungen zu diesem thematischen Aspekt lassen sich in den folgenden Fragen konkretisieren:

- Welche Kontakte hast du mit Blinden?
- Wie gehst du mit blinden Menschen um, wenn du sie auf der Straße triffst?
- Wie verhältst du dich, wenn du auf Menschen triffst, die behindert sind?
- Wie sollte man sich deiner Meinung nach verhalten, wenn man mit Behinderten zu tun hat?
- Warum haben Menschen oft Schwierigkeiten, Behinderte wie „normale“ Menschen zu behandeln?
- Was bedeutet das für die Behinderten? In welchen anderen Lebenssituationen haben manche Menschen Probleme mit dem, was sie für nicht „normal“ halten?
- Was eigentlich ist „normal“?
- Welche Probleme bringt unser Verständnis von Normalität für die Art der Zusammenarbeit mit Behinderten (z. B. Blinden)?
- Welche Rolle spielt die Moral für das, was wir normal finden?
- Welche Bedeutung hat Kooperation mit Behinderten für die Behinderten und für die Nichtbehinderten?

Eine Besprechung dieser und ähnlicher Fragen kann sehr weitreichend sein; in jedem Fall sollte das Problemfeld „Normal – Anders“ berührt und dabei herausgearbeitet werden, wie schnell die Andersartigkeit von bestimmten Menschen oder Menschengruppen zu deren Diskriminierung führen kann. Hier können Sie als Spielleiter mit den Teilnehmern über etwaige ethische Folgerungen nachdenken, die für die Jugendlichen auch in deren Alltag relevant und umsetzbar werden.

Eine Einführung in diesen Themenkomplex kann unter verschiedenen Fragestellungen durch das Material 5 „Der Blinde und der Lahme“ (siehe Seite 41) erfolgen. Das Gedicht von C. F. Gellert sollte von den Jugendlichen unter den angegebenen Fragestellungen in Kleingruppen bearbeitet werden. Das Auswertungsgespräch kann sich vor allem auf den Aspekt der Kooperation konzentrieren. Welche Chancen stecken in kooperativem Verhalten? Welche Schwierigkeiten haben Menschen dabei, kooperativ zu sein.

Ein möglichst rasches, koordiniertes (= kooperatives) Handeln und ein konzentriertes Vorgehen sind Voraussetzungen für ein erfolgreiches Beenden des Spiels *Bambus*. Die Übung kann die alltäglichen Erfahrungen mit eingefordertem Bindungsverhalten, mit Verbindlichkeiten, mit erhobenen Freiheitsansprüchen und dem Erfordernis von Zusammenarbeit anschaulich simulieren. Die Fähigkeit zu verbindlichem und zugleich auf die Gruppe orientiertem Verhalten sind wichtige Bedingungen für eine gelungene Kooperation.

Besonders das Verhältnis von Bindung und Freiheit erscheint für ein weiterführendes Gespräch als Thema geeignet. Hierzu kann man die Jugendlichen zunächst anhand des Materials 6 „Freiheit" (siehe Seite 43) darüber nachdenken lassen, in welchen Alltagssituationen sie Freiheit wahrnehmen und wie sie diese Situationen beurteilen. Viele Menschen können spontan Bereiche benennen, in denen sie Freiheit erleben: Vor allem die Entscheidungs- und Wahlfreiheit werden hier erwähnt. So kann man eben selbst bestimmen, welche Zahnpasta oder Zeitung man kauft.

Als Ergänzung, wahrscheinlich aber als Kontrast zu den Äußerungen der Jugendlichen, können Sie den Text von Arthur Schopenhauer „Kann ich wollen, was ich will?" (Material 7; siehe Seite 44) einsetzen. Schopenhauer verneint die Möglichkeit freier Willensäußerungen beim Menschen und predigt einen radikalen Determinismus. Die Teilnehmer können erörtern, inwieweit man menschliche Freiheit argumentativ beweisen kann. Diesen Beweis kann man faktisch nicht erbringen; daraus ergeben sich weitere Fragen: Weshalb gehen wir Menschen gleichsam kontrafaktisch von der Existenz von Freiheit aus? Welche Konsequenzen hätte es für den Einzelnen und für die Gesellschaft, würden wir nicht so vorgehen?

Mit Hilfe von Material 9 „Freiheit und Bindung" (siehe Seite 46) können die Teilnehmer überlegen, welche Faktoren die menschliche Freiheit einschränken und welche zugleich eine Bindung an andere Menschen erforderlich machen (können). Unterstützend können Sie auch vorweg oder gleichzeitig das Material 8 (siehe Seite 44) einsetzen, das Bindungszusammenhänge visuell veranschaulicht. Die Freiheit wird beispielsweise eingeschränkt durch einschlägige Sozialisationserfahrungen vor allem in der Familie, durch den Einfluss bestimmter Menschen, durch Idole, durch Werbung, durch Cliquen, einen Mangel an Geld oder durch die persönliche Konstitution und durch Krankheiten. Dabei kann man jeweils unterschiedliche Aspekte von Freiheit ansprechen und erörtern. Auch ist zu klären, inwieweit das Individuum auf diese Einschränkungen Einfluss zu nehmen vermag und wie dieser Einfluss aussieht.

Aber auch durch unsere Gedanken und Gefühle sowie unsere spontanen physiologischen Reaktionen wird unsere Freiheit eingeschränkt. Irrationale Gedanken beispielsweise führen zu negativen Gefühlen und umgekehrt. Hinzu kommen als unangenehm erlebte körperliche Erscheinungen, die ihrerseits wieder die Gedanken und Gefühle ungünstig beeinflussen. Das Wechselspiel von Gedanken, Gefühlen und körperlichen Reaktionen beeinflusst schließlich unser Handeln.

Demgegenüber ist Bindung erforderlich an all den Stellen, an denen der einzelne Mensch von anderen abhängig und auf sie angewiesen ist (Kooperation; siehe Seite 26); so gehört ein bestimmtes Maß an Bindung notwendigerweise zu jeder Partnerbeziehung oder zu Freundschaften, sie gehört (sicher anders verstanden) aber auch zur Zusammenarbeit mit Arbeitskollegen oder Mitschülern. Aber in gewissem Sinne sind wir von den Leistungen des Bäckers nebenan, von der Autoindustrie und von den Leistungen des Elektrizitätswerks abhängig. Zu ihnen haben wir gleichermaßen eine Bindung aufgebaut. Unsere Freiheit wird durch die damit getroffene Entscheidung insofern einschränkt, als sie andere Entscheidungen ausschließt.

Das Ergebnis solcher Betrachtungen: Menschen sind sowohl frei als auch gebunden. Diese Dialektik von Freiheit und Bindung ist durchaus wünschenswert. So ist eine Integration in gesellschaftliche Zusammenhänge nur dann erfolgreich, wenn Bindung akzeptiert wird. Zugleich ist aber eine solche Integration für das soziale Überleben des Individuums von ausschlaggebender Bedeutung. Fortschritt und Weiterentwicklung einer Gesellschaft sind aber nur dann möglich, wenn es nicht bei einer bloßen Integration des Einzelnen in den Regelkreislauf des gesellschaftlich Wünschenswerten bleibt. Die Freiheit des Einzelnen verleiht dem gesellschaftlichen Zusammenleben die progressive Note, wenn der Einzelne sich gegenüber den gesellschaftlichen Anforderungen zumindest in einem gewissen Maße flexibel verhält.

Das Wechselspiel von Freiheit und Bindung ist demnach die Voraussetzung für den Erhalt und die Fortentwicklung einer Gesellschaft. Jede Vereinseitigung von Freiheit oder Bindung bringt das labile Gleichgewicht gesellschaftlicher Prozesse aus dem Lot. Für die Schüler kann im Rahmen der Auswertung interessant sein zu überlegen: In welchem Maße ist die für die gesellschaftlichen Verhältnisse angenommene Dialektik von Freiheit und Bindung auch für private Beziehungen von Belang? Hier ist ohne weiteres ein Transfer auf Alltagssituationen der Jugendlichen möglich. Prozesse der Zusammenarbeit in der Schule sollten hier besonders in den Blick genommen werden.

Die Spielsituation fragt auch nach alternativem Handeln. Wie schafft man es zum Beispiel, mit geringem körperlichem Aufwand eindeutige nonverbale Hinweise zu geben? Bei dieser Gelegenheit könnte eine grundsätzliche Aussprache über die Bedeutung nonverbaler im Vergleich zu verbaler Kommunikation angebracht sein. Die Schüler sollten erfahren: Der weitaus größte Teil menschlicher Kommunikation erfolgt nicht über Sprache, sondern über nonverbale Mittel. Bis zu 90% der Informationen in einem Gespräch sind nonverbal.

Weitere Überlegungen könnten sein: Wie können Schüler nonverbale Informationen bewusst wahrnehmen und sie zielgerichtet in Kommunikationsprozessen einsetzen? Beide Fähigkeiten – das Wahrnehmen und das Einsetzen von nonverbalen Zeichen – trägt zum Gelingen von kommunikativen Interaktionen bei. Durch diese Kompetenz verbessert sich das gegenseitige Verstehen der Kommunikationspartner und die Kommunikations- und Kooperationsprozesse verlaufen optimiert.

Die Relevanz der menschlichen Kommunikation in ihrer Gesamtheit im Blick auf die Stiftung und die Aufrechterhaltung qualitativ wesentlicher zwischenmenschlicher Beziehungen kann man kaum überschätzen. In jedem Falle sollten die Schüler auch bei der Behandlung dieser kommunikationstheoretischen Fragestellungen die thematisierten Fragen auf ihre persönlichen Alltagssituationen in Schule und Elternhaus übertragen. Wieder sollten dabei vor allem Kooperationsprozesse (Kooperatives Lernen; vgl. Kliebisch / Meloefski 2011c) im Mittelpunkt stehen.

Material

M 1

Parcours

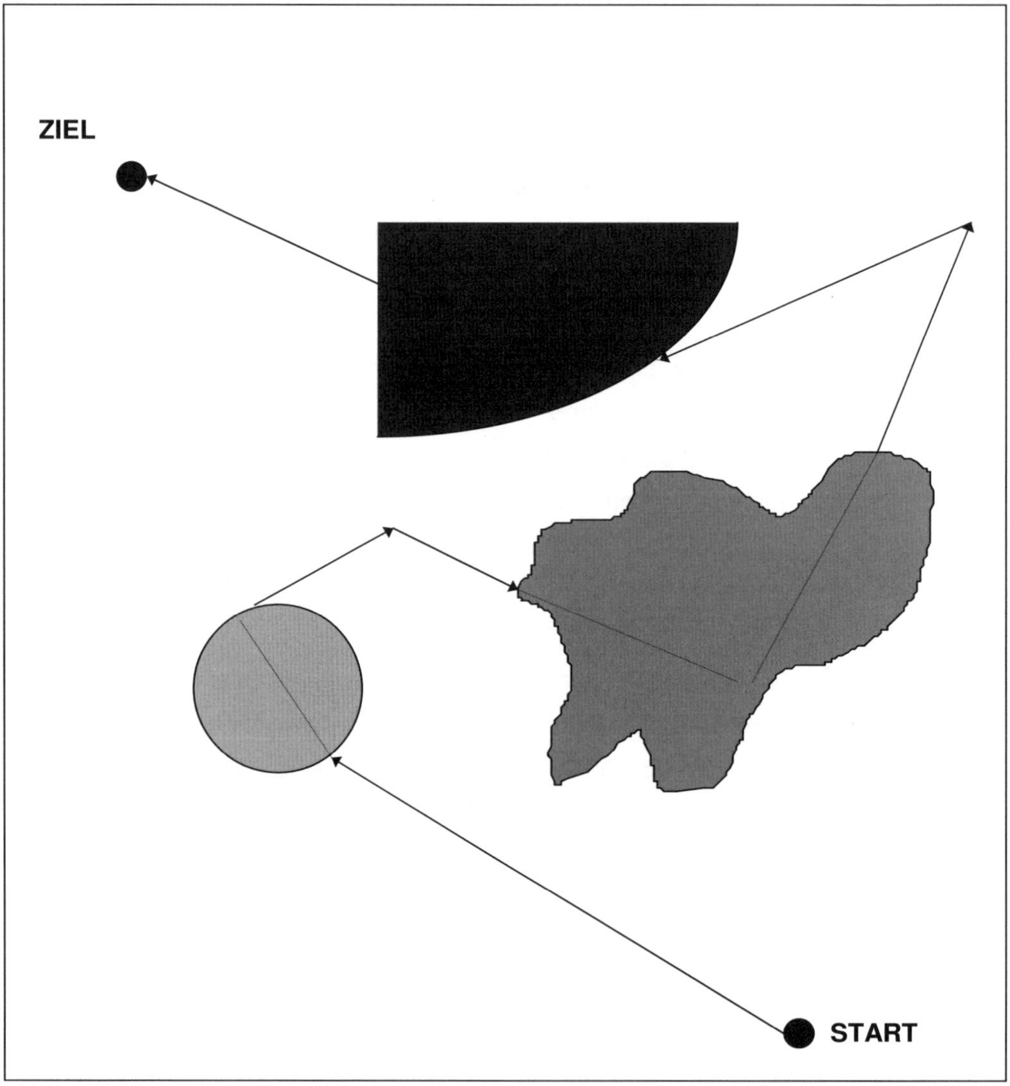

M 2

Ausgangsstellung der Gruppenmitglieder

1. Version

A (blind) B (sehend)

C (sehend) D (blind)

2. Version

A (sehend) B (blind)

C (sehend) D (blind)

3. Version

A (sehend) B (sehend) C (blind)

D (blind)

4. Version

A (sehend) B (sehend) C (sehend)

D (blind)

5. Version

A (blind) B (blind) C (blind)

D (sehend)

6. Version

A (sehend) B (blind)

C (blind) D (sehend)

M 3

Auswertungsbogen

Gruppe 1

benötigte Zeit (Min. / Sek.)

Zeitzuschläge

Öffnen der Augen je 15 Sekunden

Loslassen des Stabes je Hand 15 Sekunden

Gesamtzeit (Min. / Sek.)

Rangplatz

Gruppe 2

benötigte Zeit (Min. / Sek.)

Zeitzuschläge

Öffnen der Augen je 15 Sekunden

Loslassen des Stabes je Hand 15 Sekunden

Gesamtzeit (Min. / Sek.)

Rangplatz

Gruppe 3

benötigte Zeit (Min. / Sek.)

Zeitzuschläge

Öffnen der Augen je 15 Sekunden

Loslassen des Stabes je Hand 15 Sekunden

Gesamtzeit (Min. / Sek.)

Rangplatz

Gruppe 4

benötigte Zeit (Min. / Sek.)

Zeitzuschläge

Öffnen der Augen je 15 Sekunden

Loslassen des Stabes je Hand 15 Sekunden

Gesamtzeit (Min. / Sek.)

Rangplatz

M 4

Blind – Sehen

Bildet Paare. Besprecht die Fragen auf diesem Arbeitsblatt, und notiert eure Antworten in den dafür vorgesehenen Feldern. Ihr habt dafür 20 Minuten Zeit.

Nimm an, du wärest blind. Was könntest du besser als ein Sehender? Welche Vorteile könntest du haben, wenn du blind wärst?

Vielleicht hast du privat oder in der Schule Kontakt mit blinden Menschen.
Welche Erfahrungen hast du im Umgang mit Blinden gemacht?

?????

Du kannst sehen. Welche Vor-, welche Nachteile hast du gegenüber einem blinden Menschen?

M 5

Der Blinde und der Lahme

Von ungefähr muss einen Blinden
Ein Lahmer auf der Straße finden,
Und jener hofft schon freudenvoll,
Dass ihn der andre leiten soll.

„Dir", spricht der Lahme, „beizustehen?
Ich armer Mann kann selbst nicht gehen;
Doch scheint's, dass du zu einer Last
noch sehr gesunde Schultern hast.

Entschließe dich, mich fortzutragen;
So will ich dir die Stege sagen,
So wird dein starker Fuß mein Bein,
Mein helles Auge deines sein."

Der Lahme hängt mit seiner Krücken
Sich auf des Blinden breiten Rücken.
Vereint wirkt also dieses Paar,
Was einzeln keinem möglich war.

Du hast das nicht, was andre haben,
Und andern mangeln deine Gaben;
Aus dieser Unvollkommenheit
Entspringt die Geselligkeit.

Wenn jenem nicht die Gabe fehlte,
Die die Natur für mich erwählte;
So würd er nur für sich allein,
Und nicht für mich bekümmert sein.

Beschwer die Götter nicht mit Klagen!
Der Vorteil, den sie dir versagen
Und jenem schenken, wird gemein,
Wir dürfen nur gesellig sein.

(Christian Fürchtegott Gellert[1])

Aufgaben

1. Wie gehen der Blinde und der Lahme miteinander um? Welche Vorteile haben die beiden von diesem Umgang?
2. Wo ist in deinem Alltag ein solcher Umgang miteinander wünschenswert?
3. Weshalb ist es für viele Menschen schwierig, sich so zu verhalten, wie es der Blinde und der Lahme tun?

---

[1] Zitiert nach: http://www.gedichte-fuer-alle-faelle.de/allegedichte/gedicht_1536.html [Zugriff: 10.01.2012]

M 6

Viele Menschen legen besonders großen Wert darauf, in ihrem Leben frei zu sein.
Du hast bestimmt auch schon einmal über Freiheit nachgedacht.
Notiere in dem Feld 1 Situationen, in denen du dich frei fühlst. Vielleicht kannst du dabei möglichst genau beschreiben, wie das ist, wenn du dich frei fühlst.
Wie gefallen dir die Situationen, in denen du Freiheit spürst.
Notiere deine Gefühle und deine Einschätzung der Situationen in Feld 2.

Freiheit

Feld 1

Feld 2

Kann ich wollen, was ich will?

Um die Entstehung dieses für unser Thema so wichtigen Irrtums speziell und aufs deutlichste zu erläutern [...], wollen wir uns einen Menschen denken, der, etwa auf der Gasse stehend, zu sich sagte: „Es ist 6 Uhr abends, die Tagesarbeit ist beendigt. Ich kann jetzt einen Spaziergang machen, oder ich kann in den Klub gehen; ich kann auch auf den Turm steigen, die Sonne untergehn sehn; ich kann auch ins Theater gehn; ich kann auch diesen oder aber jenen Freund besuchen; ich kann auch zum Tor hinauslaufen, in die weite Welt, und nie wiederkommen. Das alles steht allein bei mir, ich habe die völlige Freiheit dazu, tue jedoch davon jetzt nichts, sondern gehe ebenso freiwillig nach Hause, zu meiner Frau." Das ist geradeso, als wenn das Wasser spräche: „Ich kann hohe Wellen schlagen (ja! nämlich im Meer und Sturm), ich kann reißend hinabeilen (Ja! nämlich im Bette des Stroms), ich kann schäumend und sprudelnd hinunterstürzen (ja! nämlich im Wasserfall), ich kann frei als Strahl in die Luft steigen (ja! nämlich im Springbrunnen), ich kann endlich gar verkochen und verschwinden (ja! bei 80° Wärme); tue jedoch von dem allen jetzt nichts, sondern bleibe freiwillig, ruhig und klar im spiegelnden Teiche."

(Arthur Schopenhauer[2])

Aufgaben

1. Was möchte Arthur Schopenhauer mit seinem Vergleich Mensch – Wasser zum Ausdruck bringen?
2. Wie frei ist der Mensch nach Schopenhauers Meinung? Kannst du Beispiele für die Richtigkeit von Schopenhauers Auffassung geben? Was spricht gegen seine Ansicht?
3. Inwieweit stimmst du Schopenhauers Auffassung zu? Wie begründest du deine Meinung?
4. Welche Konsequenzen hätte Schopenhauers Ansicht für dich und für unsere Gesellschaft? Inwieweit wären diese Konsequenzen für dich oder die Gesellschaft wünschenswert bzw. nicht wünschenswert?

[2] Text aus: Die beiden Grundprobleme der Ethik. In: Sämtliche Werke Bd. 3. Darmstadt 1968. 561ff. (gekürzt)

M 8

Wenn wir uns binden

Alle Bilder auf dieser Seite:
©Gerd-Altmann@pixelio.de

M 9

Menschen fühlen sich in vielen Situationen frei. Notiere in Feld 1, in welchen Situationen du dich frei fühlst. Schreibe in Feld 2 auf, um welche Art von Freiheit es sich dabei im Einzelnen handelt. Menschen sind aber auch in manchen Situationen von anderen abhängig. Sie gehen bewusst oder unbewusst Bindungen ein. In Feld 3 notierst du Situationen, in denen du dich gebunden hast oder dich binden lässt.

Feld 1

Freiheit und Bindung

Feld 3

Feld 2

Interaktionsform: Klassenrat

Der Klassenrat ist die Versammlung aller Schüler einer Klasse. Die Schüler nehmen gleichberechtigt am Klassenrat teil; der Lehrer ist einer unter allen. Dennoch behält der Lehrer eine Sonderrolle: Er bleibt auch im Klassenrat Vermittler und Erzieher und als Erzieher kann er seine Vorbildfunktion wahrnehmen. Im Sinne der Freinet-Pädagogik (vgl. Riemer 2005) ist der Klassenrat ein **demokratisches Mitbestimmungsorgan**, in dem die Beteiligten

- frei und uneingeschränkt ihre Meinung äußern können,
- Themen des gemeinsamen Schullebens einbringen und ansprechen können,
- über die gemeinsame Arbeit und deren Gestaltung mitentscheiden können.
- Neuere Konzepte des Klassenrats nehmen Bezug auf Dreikurs und verstehen sich eher als Möglichkeit zur **Schlichtung von Streit** und zur **Klärung von Problemen** (vgl. Friedrichs 2009; Mutzeck 2008; Weber 2011).

⇨ **Bevor Sie weiterlesen:**

- Was halten Sie vom Klassenrat als demokratischem Mitbestimmungsorgan, in dem die Schüler gleichberechtigte Partner des Lehrers sind?
- Welche Probleme können sich Ihrer Meinung nach aus der besonderen Konstruktion des Klassenrats ergeben?

Im umfassenden Sinn kann der Klassenrat zum Beispiel:

- die Arbeitsmethoden beraten und bestimmen
- über Exkursionen, Fahrten usw. beraten
- soziale Aktivitäten der Klasse planen
- Interaktionsprobleme in der Lerngruppe besprechen und beheben
- Lernergebnisse besprechen

Der Klassenrat sollte

- einmal pro Woche tagen, möglichst immer zur selben Zeit und eine ganze Unterrichtsstunde lang,
- immer im Stuhlkreis stattfinden,
- eine Tagesordnung haben und
- vom Ablauf her ritualisiert sein.

Die Tagesordnung bestimmen die Schüler selbst (Wandzeitung); die Regeln für den Ablauf des Klassenrats kann man mit den Schülern entwickeln. Als möglicher Ablauf bietet sich an:

- Blitzlicht zu positiven Ereignissen der vergangenen Woche: Was ist mir besonders positiv aufgefallen? Was hat mir besonders gefallen?
- Feedback zu Beschlüssen der vergangenen Woche: Wie hat geklappt, was wir uns vorgenommen haben? Was müssen wir noch ändern? Wie sollen wir das machen?
- Bearbeitung der Tagesordnung: Was haben wir uns für heute vorgenommen? Welche Beschlüsse sollten wir fassen?

Anfangs kann der Lehrer die Gruppe leiten, später und mit zunehmender Übung sollen unterschiedliche Schüler diese Aufgabe übernehmen. Die Leistung des Lehrers besteht vor allem in Anleitung des Konzepts und in der Vermittlung der nötigen Regeln und Prozeduren, später kann und soll er sich beim Prozessverlauf zurückhalten. Beobachter können eingesetzt werden: Sie wachen über die Einhaltung der Regeln und geben am Ende jeder Sitzung ein Feedback, das zur Verbesserung des Prozessverhaltens aller Beteiligten genutzt wird.

Das Modell des Klassenrats fördert die Aktions- und Handlungskompetenz der Schüler, zugleich aber auch ihre sozialkommunikative Kompetenz. In gewisser Hinsicht werden aber auch die personale sowie Fach- und Methodenkompetenz der Schüler durch die Arbeit im Klassenrat gestärkt. Gerade die sozialkommunikative Kompetenz wird dann besonders entwickelt, wenn der Lehrer den Klassenrat auch als Mittel zur Klärung von Problemen und zur Mediation (Streitschlichtung) einsetzt (vgl. Weckert / Oboth 2011; Friedrichs 2009; Wegener 2007).

⇨ **Bevor Sie weiterlesen:**

- Der Klassenrat kann alle Kompetenzen der Schüler fördern (vgl. Kliebisch / Meloefski 2011b; Kliebisch 2011). Überlegen Sie, welche Aspekte der einzelnen Kompetenzbereiche durch die Arbeit im Klassenrat besonders entwickelt werden.

Personale Kompetenz

Aktions-/Handlungskompetenz

Fach-/Methodenkompetenz

Sozialkommunikative Kompetenz

1.3. Konflikte in der Schule

1.3.1. Struktur von Konflikten

Das kennen Sie bestimmt auch: Sie wollen in Ihrer Lieblingsklasse eine Klassenarbeit zurückgeben und für den Rest der Stunde noch ein wichtiges Unterrichtsthema behandeln. Sie haben ein gutes Verhältnis zu der Lerngruppe, doch heute scheint nicht zu klappen, was Sie sich vorgenommen haben. Nach der Rückgabe der Arbeit beginnen einige Schüler zu protestieren: „Die Arbeit ist ja viel schlechter ausgefallen als die letzte. Sie haben viel strenger bewertet als früher. Außerdem waren einige Fragen zu kompliziert gestellt: Die konnten wir so doch gar nicht lösen." Die Lautstärke nimmt zu: Birgit redet mit Sandra, Oliver fängt an zu kichern, Peter und Sören beginnen, miteinander über ihre Arbeiten zu reden. Nach einer Weile ist die ganze Klasse in Aufruhr und kann sich nicht mehr beruhigen. Sie sagen den Schülern, sie müssten eben in Zukunft mehr für die Arbeiten lernen, und überhaupt wollen Sie jetzt mit dem Unterricht beginnen. Die Gruppe bleibt unbeeindruckt. Ob Sie wollen oder nicht: Sie befinden sich in einem Konflikt.

⇨ **Bevor Sie weiterlesen:**

- Was sind für Sie typische Merkmale eines Konflikts?
- Begründen Sie Ihre Einschätzung.

Das **Wort „Konflikt“** leitet sich ab von *confligere* (lat.) = aneinandergeraten, kämpfen. Im Blick auf zwischenmenschliche Beziehungen (**interpersonelle Konflikte**) führen Neubauer / Gampe / Knapp (2008, 5f.) zur Klärung des Konfliktbegriffs drei Kriterien an:

- **Es gibt mindestens zwei Konfliktparteien.**

Konfliktparteien können einzelne Personen sein oder auch Gruppen und Staaten. Im direkten oder übertragenen Sinne stehen die Parteien A und B einander gegenüber und haben dabei in Bezug auf einen Sachverhalt X unterschiedliche Bedürfnisse.

Auf unser Schulbeispiel bezogen heißt das: Konfliktparteien sind Sie als Lehrerin, Ihnen gegenüber stehen als zweite Konfliktpartei zunächst nur die protestierenden und offensichtlich störenden Schüler, schließlich aber die gesamte Klasse. Sie und die Klasse nehmen eine jeweils spezifische Haltung zu der Frage ein, wie der Unterricht heute ablaufen soll. Diese Haltungen unterscheiden sich voneinander: Aus dieser Perspektive zeigen sich die meisten Konflikte aus Lehrersicht in Form von Unterrichtsstörungen, dies gilt vor allem für Disziplinkonflikte: Sie möchten nach der Rückgabe der Klassenarbeit mit dem Unterricht fortfahren, die Schüler aber auf Grund ihrer Betroffenheit über den Ausfall der Arbeit wollen dies nicht (siehe Becker 2006; Mienert / Vorholz 2011).

- **Die Handlungstendenzen der Konfliktparteien sind unvereinbar.**

Die Konfliktparteien haben nicht nur unterschiedliche Bedürfnisse in Bezug auf einen bestimmten Sachverhalt, ihre Absichten auf Grund dieser Bedürfnisse schließen sich aus. Handlungsabsichten sind kurz- oder langfristig motiviert. Sie können aus unmittelbaren Interessen und Bedürfnissen entspringen: „Ich fühle mich ungerecht behandelt!“, Ich habe jetzt keine Lust!“ Ebenso können Handlungsdispositionen durch Sozialisationserfahrungen begründet sein, wobei vor allem Werte, Überzeugungen und Glaubenssätze eine Rolle spielen: „Auf die Klassenarbeiten im Fach X bereitet uns der Lehrer nicht richtig vor!“ oder „Mathe ist doch sowieso langweilig!“, „Lehrer geben Noten willkürlich!", „Wenn man protestiert, kriegt man Recht!" Auch diese (zum Teil irrationalen) Einstellungen schaffen bestimmte Bedürfnisse in der konkreten Situation, Bedürfnisse, die oft nicht (vollständig) befriedigt werden können (vgl. Kliebisch 2012a).

Auf unser Schulbeispiel bezogen heißt das: Ihre Überzeugungen als Lehrerin sind nicht deckungsgleich mit den aktuellen und vielleicht sogar überdauernden Werthaltungen der Schüler. Während Sie davon überzeugt sind, dass die Ergebnisse von Klassenarbeit von den Schülern hinzunehmen sind und man deshalb zum regulären Unterricht übergehen kann, sehen die Schüler dies in dem Moment grundlegend anders: Für die Schüler ist es erst einmal wichtig, ihren Unmut zu äußern und den Fortgang des Unterrichts zu blockieren.

- **Das Handeln der Konfliktparteien ist unvereinbar.**

Aus unterschiedlichen Handlungsdispositionen der Konfliktparteien ergibt sich unterschiedliches Verhalten, wobei das Verhalten der einen Konfliktpartei das der anderen behindert und erfolglos macht.

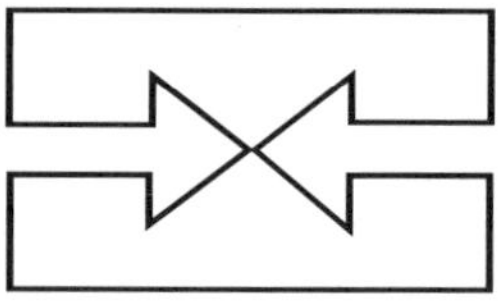

Auf unser Schulbeispiel bezogen heißt das: Sie und die Klasse sind unterschiedlicher Auffassung darüber, was im Anschluss an die Rückgabe der Klassenarbeit im Unterricht geschehen soll. Sie wollen den Unterricht wie üblich fortsetzen, um die Zeit für die Behandlung eines wichtigen Themas zu nutzen. Die Klasse hingegen hat zur selben Zeit kein Interesse und kein Bedürfnis, Ihnen im Unterrichtsstoff zu folgen. Ihr Verhalten und das der Klasse schließen sich aus; Ihre Handlungsabsichten sind mit denen der Klasse unvereinbar. Sie und die Klasse blockieren sich im Handeln gegenseitig, wodurch auf beiden Seiten Frustration entsteht.

Konflikte haben eine nachhaltige Wirkung auf die kommunikative Interaktion. Seit Watzlawick u. a. (2011) Ende der 1960er Jahre menschliche **Kommunikation** zum Thema gemacht haben, wissen wir: Jeder Kommunikationsprozess **hat** danach **eine Beziehungs- und eine Sachebene**. Die Beziehungsebene der Kommunikation sagt etwas darüber aus, wie die Kommunikationspartner zueinander stehen, was sie voneinander halten und füreinander empfinden. Die Sachebene der Kommunikation benennt die Inhalte, die während einer Kommunikation transportiert werden. Dazu gehören alle Überzeugungen, Meinungen und Beschreibungen, aber auch alle metadiskursiven Aussagen, also Aussagen darüber, wie die Gesprächspartner die Kommunikation erleben (vgl. Schulz v. Thun 2011, Band 1).

Konflikte entstehen durchweg auf der Beziehungsebene. Die Kommunikationspartner sind sich bei einem Konflikt nicht mehr einig darüber, wie ihre Beziehung aktuell zu definieren ist. Sie erleben dies dadurch, dass ihre jeweils spezifischen Bedürfnisse und Interessen in der aktuellen Situation durch den Konfliktpartner behindert werden. Die Partner liefern einander daraufhin unterschiedliche Beziehungsdefinitionen, wobei sich diese ganz oder teilweise ausschließen. Hinter den divergierenden Beziehungsdefinitionen verbergen sich divergierende Wertvorstellungen und Überzeugungen darüber, wie die Beziehung auszusehen hat. Die desolate Beziehungssituation führt dazu, dass auf der inhaltlichen Ebene der Kommunikation Störungen entstehen. **Die Partner reagieren auf der Inhaltsebene nicht mehr sachangemessen, weil sie auf der Beziehungsebene emotional betroffen sind** (vgl. Abb. 1).

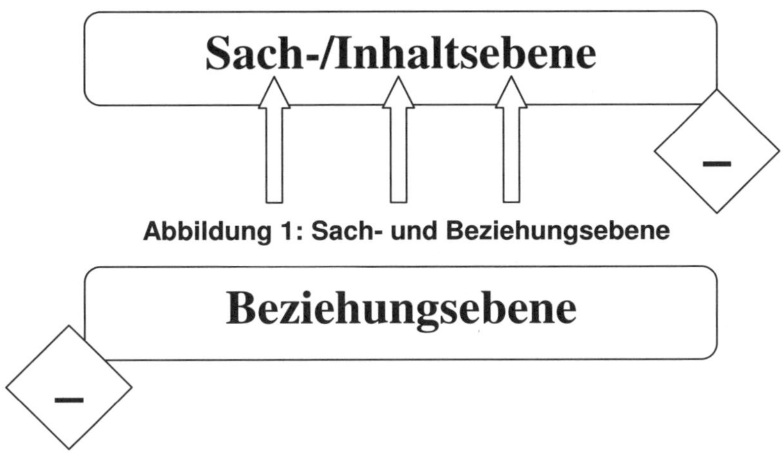

Abbildung 1: Sach- und Beziehungsebene

Die unterschiedlichen Wertvorstellungen und Überzeugungen beeinflussen die Beziehungsebene negativ; die ungünstige Beziehungssituation wirkt dann so auf die Sachebene, dass hier eine vernünftige Klärung der Situation nicht mehr möglich ist. Parallel dazu läuft auf beiden Seiten die Frustration über die unterschiedlichen Beziehungsdefinitionen und darüber, die jeweils eigenen Bedürfnisse in der aktuellen Situation nicht befriedigen zu können. **Die Beziehungsprobleme haben die Kraft von Stacheln**, die die Sachebene beständig von unten torpedieren. Die Kommunikationspartner müssen möglichst sofort handeln, wenn sie sich in einer solchen Konfliktsituation befinden.

⇨ **Bevor Sie weiterlesen:**

- **Nehmen** Sie diese Situation an: Es ist ein heißer Sommertag. Der Klassensprecher Ihrer Klasse kommt zu Ihnen und fragt: „Können wir heute nicht mal spielen statt Unterricht zu machen? Es ist viel zu heiß zum Arbeiten. Wir arbeiten doch auch sonst gut mit." Auch Sie würden heute gern auf den Unterricht verzichten. Sie denken kurz nach und sagen: „Einverstanden. Aber wir machen das anders: Erst arbeiten wir 30 Minuten und dann könnt ihr die letzte Viertelstunde spielen."
- **Analysieren** Sie die Situation: Inwieweit handelt es sich bei der Situation um einen Konflikt? Welche Bedürfnisse und Werthaltungen können Sie erkennen? Inwieweit ist der Konflikt gelöst?

Konflikt: Ja oder nein?
Bedürfnisse und Werthaltungen? Lehrer Schüler / Klasse
Konflikt gelöst?

1.3.2. Nutzen und Chancen von Konflikten

Das Wort „**Konflikt**", aber auch reale Konfliktsituationen sind in unserem Verständnis in der Regel eher **negativ besetzt**: Konflikte möchte (und sollte?) man besser vermeiden; es wird als angenehm und unproblematisch empfunden, wenn es keine Konflikte gibt. Konfliktfreiheit wird als Ausdruck eines besonderen wechselseitigen Verständnisses der betreffenden Menschen gedeutet. All dies zeigt: Nach allgemeinem Eindruck sind Konflikte sicher eher unerwünscht.

Diese negative Einschätzung entspricht aber nur zum Teil dem wahren Wert von Konflikten. Natürlich bergen Konflikte Probleme; sie greifen die Persönlichkeit an, stellen sie in Frage. Die Beteiligten sind emotionalisiert, geraten ins Wanken. Die Welt wird unsicher, wenn man sich in einem Konflikt befindet. Dabei können interpersonelle Konflikte durch **intrapersonale Konflikte** überlagert und verschärft werden. Bei intrapersonalen Konflikten schlagen zwei Seelen in der Brust eines Menschen: Er gerät im Blick auf seine Handlungstendenzen in ein seelisches Dilemma. Jede der möglichen Handlungsrichtungen birgt Gefahren und bringt somit Nachteile. Dies gilt vor allem dann, wenn der äußere Konfliktpartner aus der eigenen Sicht für einen selbst sehr wichtig ist. Verlust- und Trennungsängste entstehen: Wird die Beziehung noch halten? Oft ist Anpassung die Folge solcher Ängste (vgl. Riemann 2009).

Doch diese negative Seite ist nur die eine Seite der Medaille. Konflikte haben auch eine positive Seite. Konflikte nutzen den Betroffenen, sie bieten Entwicklungschancen. Diese positive und nützliche Perspektive von Konflikten kann man sich gut klar machen an der

- kognitiven Entwicklung (Piaget) und an der
- Identitätsentwicklung (Erikson) des Menschen.

Theorieeinschub: Kognitive Entwicklung – Jean Piaget

Jean Piaget (2010) hat sich eingehend mit der kognitiven Entwicklung des Menschen beschäftigt. Aus der Sicht Piagets stehen die Menschen stets in einer Wechselbeziehung zu der geistigen und materiellen Umwelt, die sie umgibt. Zwei komplexe und offene Systeme (Mensch und Umwelt) stehen im wechselseitigen Austausch von Informationen, wobei der Mensch in Bezug auf die Umwelt so etwas wie ein Subsystem darstellt. Im Verlaufe dieser Interaktion mit seiner Umgebung prüft der Mensch seine bisherigen Erfahrungen auf Plausibilität und ändert sie bei Bedarf. Diese Änderung vollzieht sich über eine Änderung kognitiver Organisationsmuster mit dem Ziel, mögliche Widersprüche auszugleichen. Denn der Mensch hat stets ein Interesse an einem Gleichgewicht zwischen dem, was er schon weiß, und dem, was an neuen Informationen auf ihn zukommt. In diesem Sinne stellt die Änderung der kognitiven Strukturen immer eine Art von Anpassung des Menschen an die Umwelt dar. Dies gilt zumindest so lange, wie der Mensch die Umwelt nicht an seine Bedürfnisse anzupassen gelernt hat.

Der Anpassungsprozess vollzieht sich nach Piaget auf zwei Arten, die miteinander vernetzt sind und gleichzeitig stattfinden: **Assimilation und Akkommodation**. Durch die Assimilation werden Vorgänge so variiert und modifiziert, dass sie zusammenpassen mit den bereits vorhandenen kognitiven Strukturen. Dafür müssen die vorhandenen Muster in gewissem Umfang interpretiert werden. Eine Akkommodation liegt dann vor, wenn neue Informationen mit existierenden kognitiven Mustern nicht mehr kompatibel sind und daher neue Ordnungsmuster geschaffen werden. Ein Beispiel: Ein Kind verfügt über die kognitive Struktur „Stuhl". Das Kind wird die Struktur zunächst auch auf Sessel und Sofas anwenden. Das heißt: Das Kind wird die neuen Informationen „Sessel" und „Sofa" zuerst assimilieren; es passt also die neue Information an ein bekanntes Schema = „Stuhl" an und verleibt sich die neue Information gleichsam ein. Begegnet dem Kind dagegen ein Hocker mit sehr hohen Beinen, wird es Schwierigkeiten haben, das bekannte Muster weiterhin zu nutzen. Das kognitive Gleichgewicht wird gestört. Wahrscheinlich wird das Kind dann akkommodieren; es wird also für die Information ein neues kognitives Schema aufbauen. So wird das angestrebte Gleichgewicht (vorläufig) wieder hergestellt (= **Äquilibration**).

⇨ **Bevor Sie weiterlesen:**

- Machen Sie sich den Vorgang noch einmal in der Praxis klar: Betrachten Sie dazu am Beispiel einer Ihrer Unterrichtsstunden die Übergänge von der Einstiegs- zur Problematisierungsphase sowie von der Präsentations- und Sicherungsphase zur Vernetzungsphase (vgl. Kliebisch / Meloefski 2011b).

- Wie schaffen Sie es, die Schüler zunächst kognitiv zu verunsichern, um ihnen dann beim Aufbau eines kognitiven Gleichgewichts zu helfen? Wann werden die Schüler während der Stunde eher assimilieren, wann eher akkommodieren?

Man kann von einem **kognitiven Konflikt** sprechen, um das in den jeweiligen Phasen der Entwicklung entstehende kognitive Ungleichgewicht zu beschreiben. Der Konflikt ist also ein interner Konflikt. Neue Informationen machen für das Individuum eine interne Reaktion notwendig; abhängig von der Struktur der neuen Informationen kann der Mensch dann assimilieren oder akkommodieren. Aber er muss und wird reagieren. Die Reaktion ist aber zugleich eine Progression in Richtung auf ein größeres inneres Gleichgewicht. Insoweit ist der kognitive Konflikt nützlich, **weil er die Chance zur Entwicklung birgt**.

⇨ Bevor Sie weiterlesen:

Wir stellen im Unterricht gezielt kognitive Konflikte her: Dies geschieht vor allem durch die Entwicklung der leitenden Fragestellung (Problemfrage) am Ende der Einstiegsphase einer Unterrichtsstunde.

- Zeigen Sie am Beispiel einer Ihrer Unterrichtsstunden, wie durch eine leitende Fragestellung bei den Schülern ein kognitiver Konflikt entsteht.
- Mit welchen kognitiven Strategien können die Schüler das kognitive Ungleichgewicht im Laufe der Stunde beheben? Inwieweit hilft den Schülern dabei die Anlage der Stunde (Dramaturgie; vgl. Kliebisch / Meloefski 2011b)?

Kognitiver Konflikt

Kognitive Strategien

Theorieeinschub: Identitätsentwicklung – Erik Erikson

Erik Erikson (2008) hat aus neo-psychoanalytischer Sicht sehr intensiv die **Identitätsentwicklung** des Menschen untersucht. Erikson beschreibt die Entwicklung zur Identität in einer Reihe von Stufen. Auf jeder Stufe der Entwicklung geschieht das Gleiche: Die erreichte Entwicklung wird durch neue Erfahrungen (Input aus der Umwelt) auf Praktikabilität hin geprüft. Dabei bewegt sich der Menschen in immer neuen Oppositionen, die ihn letztlich in Krisen stürzen. Diese Krisen bleiben nicht Selbstzweck; sie müssen überwunden werden. Durch das Überwinden der Krisen erreicht der Mensch jeweils eine neue Stufe der Entwicklung zu seiner Identität.

Erikson beschreibt eine Reihe solcher Krisen, die der Mensch in seiner Entwicklung zur Identität durchläuft. Durch erfolgreich gemeisterte Krisen entwickeln sich grundlegende Pfeiler der menschlichen Persönlichkeit:

- Urvertrauen (gegen Urmisstrauen)
- Autonomie (gegen Selbstzweifel)
- Initiative (gegen Schuldgefühle)
- Leistung (gegen Minderwertigkeit)
- Intimität (gegen Zurückhaltung)
- Integrität (gegen Verzweiflung)

Die **Krisen**, die Erikson darstellt, kann man durchaus als **psychische Konflikte** verstehen: Der Mensch stößt mit seinem bisherigen Verhalten jeweils an die Grenzen seiner Möglichkeiten. Eine neue Stufe der Entwicklung ist für ihn zugleich eine neue Herausforderung: Der Mensch muss dazulernen, sich auf eine neue Weise an die Umwelt anpassen und erlangt sein seelisches Gleichgewicht, wenn er die jeweilige Herausforderung bewältigt.

Ein **Beispiel**: **Der Erwerb des Urvertrauens** ist für den Menschen von herausragender Bedeutung. Gerade in der oralen Phase sucht das Kind Geborgenheit und

Verlässlichkeit über die Bezugspersonen, die es umsorgen. Unzuverlässige Situationen bergen die Gefahr, dass das Kind statt eines Urvertrauens ein Urmisstrauen entwickelt. Eine solche pessimistische Grundhaltung kann im Verlauf der späteren Entwicklung zu Depressionen und Regressionen führen. Diese wiederum würden eine gesunde Fortentwicklung zu einer ichidentischen und ichstarken Persönlichkeit behindern oder gar unmöglich machen. Aus dieser Perspektive ist der **psychische Konflikt eine Chance** für das Kind, sich konstruktiv mit der Umwelt auseinanderzusetzen. Dadurch kann es zu einer psychisch gesunden Persönlichkeit heranwachsen. Anders gesagt: **Ich-Identität ist Ausdruck der erfolgreichen Bewältigung von psychischen Konflikten.**

⇨ Bevor Sie weiterlesen:

Für Lehrer ist Eriksons Opposition „Leistung – Minderwertigkeit“ sicher von besonderem Interesse. Ziel der Schule kann es nur sein, bei den Kindern und Jugendlichen ein gesundes Leistungsdenken zu entwickeln.

- Wie kann man Ihrer Meinung nach ein Leistungsdenken vermitteln, das ohne Minderwertigkeitsgefühl auskommt?
- Wie problematisch finden Sie es, wenn ein Schüler in Englisch eine Fünf schreibt und sich dabei äußerst minderwertig erlebt? Wie gefährdet ist bei diesem Schüler die Entwicklung zu einer gesunden Persönlichkeit?

Leistung ohne Minderwertigkeit?
Psychische Folgen einer Fünf in Englisch?

1.3.3. Lösung von Konflikten

Konflikte werden niemals nur auf der kognitiven Ebene erlebt und bewältigt. Viele **Konflikte werden emotionalisiert** und auch so empfunden. Schüler etwa sind Sachargumenten wenig zugänglich, wenn sie sich (wie in unserem Eingangsbeispiel) durch die Note einer Klassenarbeit ungerecht beurteilt fühlen. Ihre Einschätzung (Deutung) der Situation emotionalisiert die Schüler (in diesem Falle negativ). Die so entstandenen Gefühle wiederum sind Grundlage für ihr Handeln: Die Schüler wollen das innere Ungleichgewicht durch Einholen von Solidarität normalisieren, reden daher miteinander, protestieren und werden laut. Strukturell hindern sie ihren (vermeintlichen) Widersacher, den Lehrer, daran, sein Konzept von Unterricht zu realisieren. Die Schüler sind auf Grund ihrer Gefühle und Empfindungen auf Widerstand und Angriff programmiert. Dies wiederum führt auch beim Lehrer zu einer entsprechenden Erfahrung und zu dem Eindruck, er müsse sich „durchsetzen“. Auch bei ihm ist der Organismus auf „Alarm“ gestellt (siehe Roloff 2010; Kliebisch 2009 und Kapitel 2 in diesem Buch).

Während eines Konflikts entsteht bei den Beteiligten ein innerer Emotionsdruck. Dadurch **hat jede Konfliktpartei das Bedürfnis, sich gegenüber der anderen zu behaupten**. Dieses Bedürfnis ist direkter Ausdruck der starken negativen Emotionalisierung, die beide Seiten erleben. Die Emotionalisierung wiederum ist Resultat der Blockade, die jede Konfliktpartei im Blick auf die jeweils eigenen Werthaltungen und Überzeugungen wahrnimmt. Die Blockade behindert oder verhindert wechselseitig, dass die Konfliktpartner ihre persönlichen Interessen auch in konkretem Handeln umsetzen können. Konflikte sind damit immer ein äußeres Bild einer intensiv empfundenen innerlich erlebten Gefühlsirritation; die Konflikte kommen auf Grund nicht befriedigter Handlungsbedürfnisse zustande.

In dieser Situation baut sich der innere Druck von selbst auf und ist nur schwer rational kontrollierbar. Er gleicht einer Stresserfahrung. Spontanreaktionen von Konfliktpartnern zielen daher meist darauf, eine zu den eigenen Gunsten einseitige Gewinner-Verlierer-Situation (win-lose) herzustellen. Das Bedürfnis, selbst Gewinner in einem Konflikt zu sein, resultiert aus der Annahme, nur so seine eigenen Bedürfnisse optimal befriedigen zu können. Der Konfliktpartner B wird dabei von A stets als

Störfaktor empfunden, dessen Interesse darauf gerichtet ist, die Bedürfnisse von A zu ignorieren und dafür die eigenen zu befriedigen. **Konflikte sind insoweit immer ein „Kampf der Emotionen“.** Die zentrale Aufgabe für die Beteiligten ist es daher, der Emotionalisierung des Konflikts durch Rationalisierung zu begegnen.

Starken und standhaften Konfliktpartnern wird auch schnell klar: Sie können nur scheitern oder verschärfen den Konflikt sogar, wenn sie sich gegenüber dem anderen Konfliktpartner einseitig durchzusetzen versuchen. Oft kommt an diesem Punkt der Entwicklung eine rationale Komponente mit ins Spiel. Die Beteiligten fragen sich: Inwieweit sind auch andere Ergebnisse als die einseitige Gewinner-Verlierer-Situation geeignet, die Konfliktsituation zu beheben? Dabei achtet jeder darauf, sein Gesicht zu wahren.

In dieser Phase besteht eine Gefahr: Die Beteiligten verfallen oft auf **zwei ungünstige Lösungsmuster**, nur um dem Problem möglichst schnell zu entgehen:

- Verlierer-Verlierer-Situation
- Gewinner-Verlierer-Situation

Die **Verlierer-Verlierer-Situation** (lose-lose) beruht auf einem Vermeidungsverhalten: Die Konfliktpartner gehen dem Konflikt aus dem Weg, indem sie ihn für banal, überflüssig, nicht der Rede wert oder für „eigentlich“ schon gelöst erklären. Vielleicht entschuldigen sie sich auch wechselseitig für das angebliche Fehlverhalten, das das Problem ausgelöst hat. Die Vermeidung einer ernsthaften Klärung des Konflikts schließt das Vermeiden ein, die Ursachen des Konflikts und damit die individuellen Bedürfnisse zu benennen und wechselseitig ernst zu nehmen. Diese unbefriedigten Handlungstendenzen der Konfliktpartner und dieses Unbefriedigtsein der Partner werden aber nicht dadurch gelöscht, dass auf der rationalen Ebene die Bedeutungslosigkeit des Unbefriedigtseins behauptet wird. Anders gesagt: Die emotionale Irritation, die der Konflikt geschaffen hat, bleibt bestehen; denn diese Irritation verliert durch die kognitive Relativierung ihrer Bedeutung selbst nicht an Bedeutung. Weitere Probleme sind so vorprogrammiert.

Eine **Gewinner-Verlierer-Situation** (win-lose) als Ausgang eines Konflikts ist auf andere Weise unvorteilhaft und daher mindestens ebenso problematisch. Eine Gewinner-Verlierer-Situation liegt dann vor, wenn einer der Konfliktpartner einseitig nachgibt. Er unterwirft sich also dem anderen; aber das Nachgeben geschieht nicht auf der Grundlage von rationaler Einsicht. In dem Fall ist das Nachgeben, das Einschwenken auf eine mögliche Lösung des Konflikts durch den anderen Konfliktpartner eben auch eine Art des Ausweichens vor den Folgen, die das Beharren auf den eigenen Bedürfnissen tatsächlich oder vermutlich hätte. In Erwartung weiterer Probleme im Umgang mit dem jeweils anderen Konfliktpartner und / oder in Erwartung sozialer Ablehnung, also aus Angst vor Schwierigkeiten, verzichtet im Falle einer Win-Lose-Situation ein Konfliktpartner darauf, seine Bedürfnisse angemessen in den Konfliktlösungsprozess einzubringen und zu vertreten. Auch hier bleiben Bedürfnisse unbefriedigt und sind damit Nährboden für spätere Konflikte.

⇨ **Bevor Sie weiterlesen:**

- Überlegen Sie Situationen im Schulalltag, in denen Sie selbst Lose-Lose- oder Win-Lose-Situationen zugelassen haben.
- Beurteilen Sie Ihr Verhalten und nennen Sie Alternativen.

Die Verlierer-Verlierer-Haltung und die Gewinner-Verlierer-Haltung kommen in der Praxis sehr häufig vor und überdecken die intendierte Win-Win-Situation. **In beiden Fällen wird eine Lösung an der Oberfläche produziert, während im emotionalen Untergrund das Problem bestehen bleibt.** Man wundert sich oft, weshalb Vereinbarungen als Resultat von Konfliktlösungen (als Kompromisse) nicht überdauern und in kurzer Zeit zu neuen Schwierigkeiten führen. Dies dürfte damit zu tun haben, dass oft Nachgeben und Vermeiden eine Rolle spielen. Wahrscheinlich sind zu viele Menschen im engeren Sinne nicht konfliktfähig: Sie können Konflikte und deren unangenehmen Begleiterscheinungen wie Konfrontation, negative Gefühle und das Aushandeln nicht lange aushalten. **Anders gesagt: Viele Menschen gehen zu oft „faule**

Kompromisse“ ein, indem sie sich unterordnen oder Konfliktgesprächen ausweichen. Richtig ist aber auch: **Nur echte Win-Win-Situationen schaffen eine solide Basis für eine langfristige Aufhebung der Konflikte.**

Ein Konflikt darf nicht weiter unterhalten werden, wenn man ihn lösen will. Dazu dürfen sich die Gesprächspartner nicht weiter auf der Sachebene auseinandersetzen. Denn die Sachebene ist nur ein stellvertretender Schauplatz für den Beziehungskonflikt. Die Kommunikationspartner müssen die inhaltliche Ebene der Auseinandersetzung verlassen und sich auf eine **Metaebene** begeben (siehe Abb. 2). Hier sind Sie als Lehrer gefragt, immer wenn Sie im Unterricht einen Konflikt mit Schülern bemerken. Sie müssen mit den Schülern **über den Beziehungskonflikt reden**. Dies kann und sollte auch im Unterricht selbst geschehen.

Kommunikation über Kommunikation

Gespräche über den nicht-verbalen Beziehungsaspekt der Kommunikation

Klärung der Beziehungssituation

Abbildung 2: Metakommunikation

Reden über den Beziehungskonflikt bedeutet aber nicht, dass der Lehrer die Konfliktsituation einseitig „löst“. Einseitige Lösungen beruhen immer auf dem Einsatz von Macht und Position des Lehrers. In dem Fall werden die Schüler übergangen; es entsteht eine Gewinner-Verlierer-Situation. Die Schüler merken, dass sie nicht zum Zuge kommen, dass der Lehrer sie nicht ernst nimmt. Dies führt bei den Schülern zu weiterer Frustration und vielleicht auch offen zu Widerstand. Ziel muss es sein, über die Metadiskussion zu einer Klärung des Konflikts zu kommen. **Eine wirkliche Klärung eines Konflikts lässt keine Verlierer zurück. Es entsteht eine Gewinner-Gewinner-Situation (win-win).** Es ist im schulischen Alltag letztlich immer der Lehrer, der über die Art der Konfliktlösung entscheidet. Durch sein Verhalten macht er Schüler in Konfliktsituationen zu Gewinnern oder Verlierern.

Der Lehrer muss den Konflikt zum Thema machen, wenn der Konflikt nicht weiter im Verborgenen schwelen und das Unterrichten erschweren soll. Die Schüler werden aus eigener Kraft in der Regel ein Konfliktgespräch kaum anregen, weil die komplementäre Struktur der Lehrer-Schüler-Beziehung ein solches Schülerverhalten weitgehend ausschließt. Beim Ansprechen des Konfliktes sollte der Lehrer von sich selbst ausgehen und seinen persönlichen Eindruck über die Situation mitteilen:

> „Ich fühle mich durch euer Verhalten X behindert.
> Ich kann unter diesen Umständen den Stoff nicht durchkriegen,
> den ich mir für diese Stunde vorgenommen habe.
> Darüber möchte ich jetzt mit euch sprechen."

So oder so ähnlich könnte die Lehreräußerung lauten, die den Konflikt aus unserem Eingangsbeispiel aufnimmt. Der Lehrer sollte im weiteren Verlauf des Gesprächs neugierig bleiben:

- „Ich bin wirklich sehr interessiert zu erfahren, wie ihr die Situation erlebt."
- „Vielleicht könntet ihr mir eure Sicht der Lage beschreiben."

Die eigentliche Konfliktlösung kann beginnen, wenn die Konfliktpartner zum Gespräch bereit sind. Der **Konfliktlösungsprozess** verläuft über **sechs Schritte**, die nacheinander und vollständig durchlaufen werden sollten (vgl. Gordon 2011; Lohmann 2011 und Abb. 3). Natürlich werden Sie als Lehrer nicht jede Lösung akzeptieren, die Schüler Ihnen vorschlagen. Auch in der Rolle des Konfliktpartners bleiben Sie Erzieher und Unterrichtender. Die Gratwanderung zwischen einer Konfliktlösung unter gleichberechtigter Partnern einerseits und andererseits dem Aushalten der komplementären Beziehungssituation, die Sie mit den Schülern verbindet, ist schwierig, aber bei viel Übung auf beiden Seiten machbar.

Konflikt-Lösung in 6 Schritten

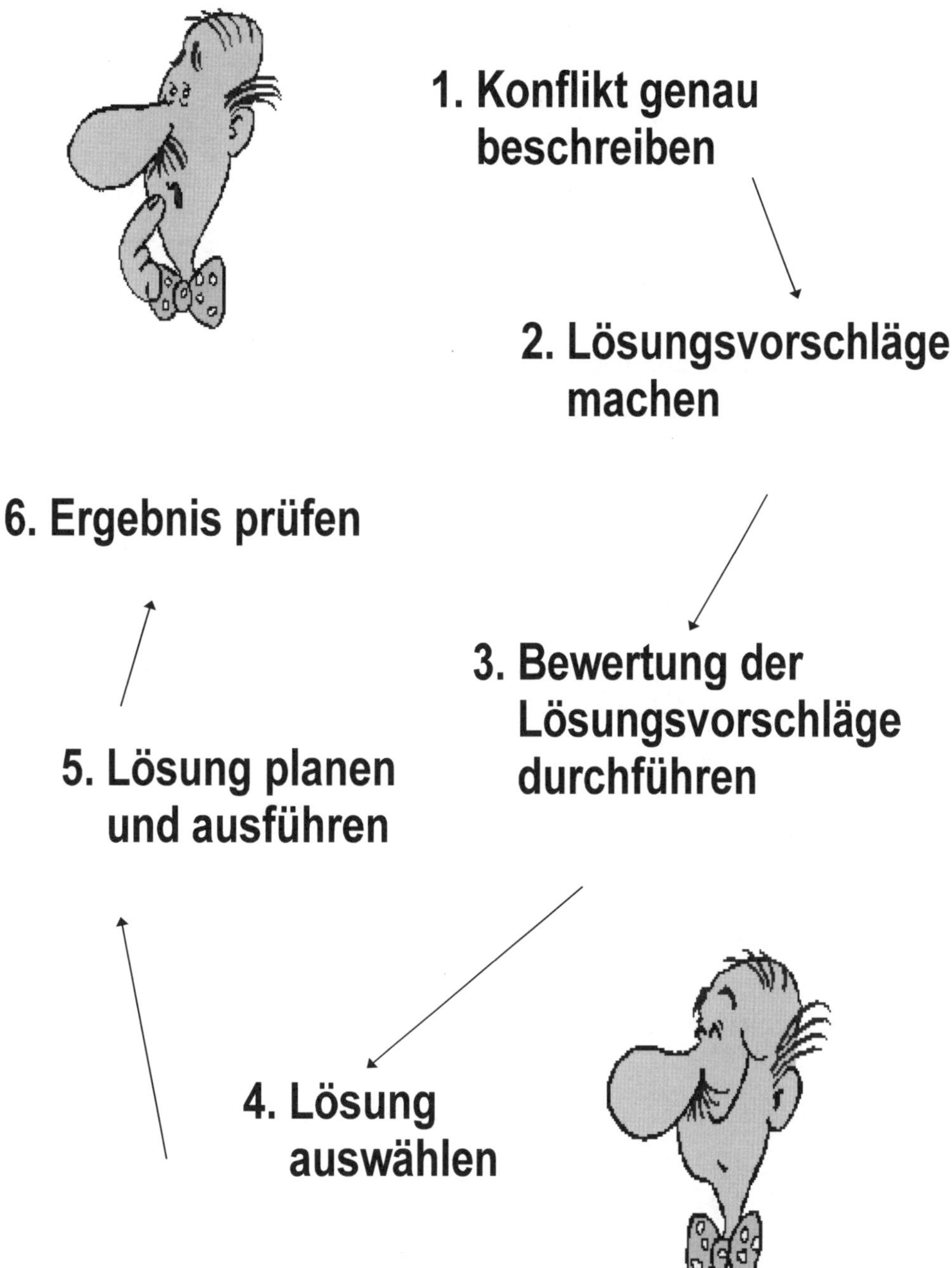

Abbildung 3: Strategie zur Konflikt-Lösung

Wichtig:

- Lehrer und Schüler reden offen über ihre Bedürfnisse im Blick auf die Konfliktsituation.
- Lehrer und Schüler gehen die sechs Schritte gemeinsam.
- Im Idealfall sind Lehrer und Schüler im Verlauf des Prozesses völlig gleichberechtigt (symmetrische Kommunikation).
- Es zählen nur rational begründete Argumente.
- Auch der Lehrer hält sich an die gemeinsam getroffenen Vereinbarungen.

Zur Erläuterung der sechs Schritte

1. Schritt: Konfliktsituation genau beschreiben

Die Kenntnis über die Existenz eines Konflikts klärt noch nicht, worin genau der Konflikt besteht. Der Konflikt muss daher präzise beschrieben werden. A) Wie und woran zeigt sich der Konflikt? Wer verhält sich wie? B) Worin liegt die Ursache für die Konfliktsituation? Welche Bedürfnisse haben die Konfliktparteien?

Profitipp

Beschreiben heißt nicht bewerten! In dieser Phase geht es um eine Klärung der Sachlage, nicht etwa um Vorwürfe oder Beschuldigungen. Gerade für Sie als Lehrer ist es daher wichtig: Lassen Sie die Schüler zu Wort kommen. Sie sollen die Situation aus ihrer Sicht darstellen. Nehmen Sie sachbezogen Stellung dazu! Verzichten Sie dabei sowohl auf den moralischen als auch auf den erzieherischen Zeigefinger!

2. Schritt: Lösungsvorschläge machen

Im nächsten Schritt des Prozesses machen die Konfliktparteien Lösungsvorschläge für den Konflikt. Dies geschieht in Form eines Brainstormings, an dem alle Konfliktpartner beteiligt sind. In dieser Phase sollen die Vorschläge noch nicht kommentiert oder bewertet werden; jeder Vorschlag ist gleich wertvoll und wird in eine Liste möglicher Lösungen aufgenommen.

Profitipp

Die besondere Schwierigkeit in dieser Phase: Keine Bewertung! Hier geht es nur ums Sammeln von Ideen. Das Vermeiden von Bewertungen fällt meist sowohl dem Lehrer als auch den Schülern schwer. Strukturieren Sie das Gespräch als Sammelphase. Halten Sie sich selbst unbedingt mit Einschätzungen der Lösungen zurück. Notieren Sie alle Lösungsvorschläge zum Beispiel an der Tafel oder auf einer Folie.

3. Schritt: Lösungsvorschläge bewerten

Die Konfliktpartner bewerten die Lösungsvorschläge anschließend. Was spricht für einen Lösungsvorschlag? Welche Kräfte oder Umstände unterstützen ihn? Was spricht gegen einen Vorschlag? Welche Kräfte behindern die Umsetzung eines Lösungsvorschlags? Welche Hilfe brauchen die Konfliktpartner bei der Umsetzung einzelner Lösungsvorschläge? Wie und von wem könnten die Konfliktpartner Hilfe bekommen? Wie sicher ist ihnen diese Hilfe? Die Pro- und Contra-Argumente werden gewichtet.

Profitipp

Weisen Sie unbedingt darauf hin: Zur Bewertung dürfen nur rationale Argumente benutzt werden. Unsinnige Lösungen können und müssen dadurch ausgeschieden werden. Diese Phase kann trotzdem lange dauern, wenn viele Lösungsvorschläge vorliegen und vieles für oder gegen einzelne Vorschläge spricht. Zeitersparend ist dieses Vorgehen: Die Schüler und Sie bewerten die Lösungsvorschläge mit Punkten. Variante A: Pro Vorschlag darf jeder höchstens 10 Punkte vergeben. Je mehr Punkte man einem Vorschlag gibt, desto geeigneter findet man ihn, den Konflikt zu beheben. Variante B: Jedem stehen zur Bewertung sechs Punkte zur Verfügung. Der beste Vorschlag erhält 3, der zweitbeste 2, der drittbeste einen Punkt. Am Ende rechnet man die Punkte zusammen und spricht über das Ergebnis. Erst hier bietet sich dann eine verbale Begründung für die Punktevergabe an. Oft erübrigt sie sich aber auch, da die Ergebnisse meist sehr eindeutig sind.

4. Schritt: Den besten Lösungsvorschlag auswählen

Anhand der vorgenommenen Wertungen und Gewichtungen benennen die Beteiligten den besten Lösungsvorschlag. Welcher Lösungsvorschlag bringt für beide Konfliktpartner zusammen die meisten Vorteile? Die Auswahl der besten Lösung geschieht einvernehmlich und mit voller Akzeptanz beider Konfliktparteien. Achtung: Akzeptiert wird als bester Vorschlag nur der, der beiden Seiten die meisten Vorteile bringt und der von beiden Konfliktpartnern akzeptiert wird.

Es gibt also keine einseitige „Verzichtserklärung". Gemeinsames Ziel der Konfliktparteien ist es also, eine Gewinner-Gewinner-Situation zu erreichen.

Profitipp

Unsinnige Lösungen sind schon im vorausgehenden Schritt ausgeschieden. Dennoch kann die Entscheidung für die beste Lösung manchmal schwierig sein. Akzeptieren Sie nur solche Lösungen, die Sie selbst vernünftig finden. Mehrheitsentscheidungen sind hier nicht gefragt, vielmehr müssen alle zu einer Lösung ja sagen können. Bei Bedarf: Vertagen Sie die Entscheidung, wenn keine einvernehmliche Lösung zu erzielen ist.

5. Schritt: Den besten Lösungsvorschlag in die Praxis umsetzen

Zu wissen, wie es geht, bedeutet noch nicht, es auch zu tun. Die Konfliktparteien bestimmen deshalb genau, wie der ausgewählte Lösungsvorschlag in die Praxis umgesetzt werden soll. Wer soll was tun? Wann soll er es tun? Wie soll er es machen? Wie können wir feststellen, ob die Umsetzung erfolgreich war? Wann sollen wir das Ergebnis prüfen? Das sind die Fragen, die an dieser Stelle zu beantworten sind. Am Ende dieser Phase weiß jeder Konfliktpartner, was er in Zukunft genau wie anders machen muss, um den Konflikt zu beseitigen.

Profitipp

Manchmal erscheint eine präzise Planung der Maßnahmen überflüssig, meist aber ist das ein Irrtum. Wichtig hierbei: Jeder muss genau (!) wissen, was er tun soll. Günstig: Notieren Sie die Lösung auf einem Plakat und hängen Sie das Plakat im Klassenraum aus. Die Transparenz hilft, die Lösung im wörtlichen Sinn vor Augen zu behalten und umzusetzen. Strafen haben hier keinen Platz, wohl aber konkrete Überlegungen dazu, wie der Erfolg der neuen Maßnahmen geprüft werden soll.

6. Schritt: Die Lösungsergebnisse prüfen

Zu festgelegten Zeitpunkt prüfen die Konfliktpartner das Ergebnis der Konfliktlösung. In welchem Maße ist es gelungen, den Konflikt beizulegen? Bleiben Fragen oder Probleme offen? Welche? Stellen die Beteiligten fest, dass der Konflikt noch nicht zur Zufriedenheit aller behoben ist, müssen sie die sechs Schritte des Konfliktlösungsprozesses noch einmal durchlaufen. Dies geschieht so lange, bis alle Beteiligten mit dem Ergebnis der Prüfung einverstanden sind.

Profitipp

Ein nochmaliges Durchlaufen der sechs Schritte kann und soll schneller erfolgen als beim ersten Mal. Das Beschäftigen mit den Konflikten darf nicht Selbstzweck werden und fortlaufend vom Kerngeschäft, dem Unterricht, abhalten. Bereiten Sie daher ein zweites Gespräch über einen Konflikt sorgfältig vor. Kommen Sie schnell auf den Punkt. Auch die Schüler sollen sich unmittelbar auf die Ursachen konzentrieren, die den Konflikt weiter am Leben halten.

⇨ **Bevor Sie weiterlesen:**

- Wie gleichberechtigt können / sollen / dürfen Schüler und Lehrer im Verlauf des Lösungsprozesses sein? Berücksichtigen Sie dabei Ihre persönlichen Erfahrungen.

- In welchem Maße darf / muss in der Schulwirklichkeit der Lehrer von Schülern vorgeschlagene Lösungen akzeptieren, wenn diese Lösungen „vernünftig" sind?

- Wie schwierig ist es für Lehrer, in Konflikten mit Schülern offen ihre eigenen Bedürfnisse auszusprechen? Warum besteht diese Schwierigkeit?

Maßnahme: Streitschlichtung (Mediation)

An vielen Schulen sind Streitschlichter tätig. Sie nutzen in der Regel als Grundlage für ihre Arbeit das Sechs-Schritte-Modell, das wir in diesem Kapitel vorstellen (siehe oben). **Im Rahmen der Mediation werden Schüler zu Streitschlichtern ausgebildet** (vgl. Bähner / Oboth / Schmidt 2011; Hogger 2009; Weckert / Oboth 2011; Wegener 2007). Sie haben die Aufgabe, Streit zwischen Schülern nach bestimmten Regeln und Grundsätzen zu bearbeiten und mit den Beteiligten nach geeigneten Lösungen für die Konflikte zu suchen. Die Mediationskonzepte beziehen sich dabei im Blick auf das Menschenbild und die eingesetzten Strategien auf die humanistische Psychologie (Rogers, Gordon). Im Verlauf der Ausbildung erhalten die neuen Streitschlichter Hinweise und Hilfen unter anderem zu folgenden Punkten:

- Aktives Zuhören und Empathie: Streitschlichter sollen die Konfliktparteien spiegeln (verbal und nonverbal) und sich möglichst gut in deren unterschiedliche Rollen und Sichtweisen versetzen.
- Vertraulichkeit: Streitschlichter sind wie Berater über das zur Verschwiegenheit verpflichtet, was sie im Rahmen der Mediation erfahren.
- Neutralität und Fairness: Streitschlichter müssen sich ihrer Rolle als neutrale Helfer bewusst sein. Sie müssen offen sein gegenüber beiden Konfliktpartnern.
- Moderation: Die Streitschlichter strukturieren das Konfliktgespräch. Dabei beziehen sie sich auf Gesprächsregeln, die allen Beteiligten bekannt gemacht werden.
- In der Praxis entlastet die Streitschlichtung die Lehrer einer Schule wirkungsvoll im Blick auf die Unterrichts- und Erziehungsarbeit. Lehrer schicken Schüler zur Streitschlichtung. In der Mediation werden die Konflikte bearbeitet, die den Lehrern beispielsweise in ihrem Unterricht aufgefallen sind und dort nicht direkt gelöst werden können. Dies ermöglicht dem Lehrer, sich intensiver auf seine Unterrichtstätigkeit zu konzentrieren (vgl. in dem Zusammenhang auch das Trainingsraumprogramm bei Kamlage 2010 und Weber 2010).

⇨ Bevor Sie weiterlesen:

- Worin sehen Sie die Chancen der Mediation an Schulen?
- Welche Gefahren und Schwächen könnten Lehrer in der Streitschlichtung sehen?

- Wie beurteilen Sie die Chancen und den Nutzen der Mediation an der Schule?

1.3.4. Aufgaben des Lehrers als Konfliktpartner

Die Konfliktpartner benutzen ständig die Sprache, während sie einen Konflikt lösen. Die Sprache ist das wichtigste Hilfsmittel, um einen Konflikt sinnvoll zu bewältigen. Daher sollten sich die Konfliktpartner auch stets der Sprache bewusst sein, die sie wählen. Die Sprache muss im Laufe des Konfliktlösungsprozesses so verwendet werden, dass sie dem Prozess dient und ihn nicht behindert. Lehrer sind Schülern im Allgemeinen sprachlich überlegen; dies gilt auch für die Anwendung bestimmter Gesprächstechniken wie etwa die des Aktiven Zuhörens. Der Lehrer darf diese Überlegenheit nicht ausnutzen! Es muss als Erzieher die Schüler in den Problemlösungsprozess so einbinden, dass sie damit auch sprachlich zurechtkommen.

Diese Aufgabe zu meistern ist eine Gratwanderung; besonders schwer lösbar ist sie dann, wenn die Schüler sprachlich an Grenzen stoßen und sich vielleicht sogar eher körperlich auseinandersetzen wollen. Der Lehrer muss eine solche Entwicklung unter allen Umständen verhindern. Er muss beharrlich auf die Notwendigkeit hinweisen, dass die Konfliktpartner miteinander angemessen (!) sprechen müssen. Wie kann der Lehrer während der Konfliktlösung die Sprache angemessen einsetzen? Die folgende Liste enthält einige Tipps dazu, um mit den Schülern gemeinsam schneller zu klaren Ergebnissen zu kommen.

Neun Regeln für den kommunikativen Lösungsprozess

1. Glauben Sie an eine Lösung des Konflikts!

Gehen Sie nur dann in ein Konfliktlösungsgespräch, wenn Sie an die Lösung des Konflikts glauben. Der Glaube an die Möglichkeit, den Konflikt zu bewältigen, versetzt Berge. Pessimistische Grundannahmen dagegen machen Sie inflexibel und führen zu destruktivem Verhalten auf allen Seiten. Überzeugen Sie Ihre Schüler: Es geht jetzt um mehr als das Beharren auf individuellen Ansichten. Alle können gewinnen. Es geht um die Qualität der gemeinsamen Beziehung und damit um die Chancen der gemeinsamen zukünftigen Arbeit. Ihre Überzeugen werden die Schüler dann anstecken, wenn Sie Ihre Überzeugungen ernst nehmen.

2. Stellen Sie einen guten Kontakt her!

Nehmen Sie Kontakt mit Ihren Schülern auf und stellen Sie einen guten Draht zu ihnen her. Schauen Sie ihnen in die Augen, halten Sie den Blickkontakt. Spiegeln Sie die Körperhaltung einzelner Schüler und alles andere, was Ihnen sprachlich und nicht-sprachlich einfällt und möglich ist. Jede Übereinstimmung, die Sie mit den Schülern herstellen, schafft einen besseren Kontakt zu ihnen. Wir mögen Menschen, die etwas mit uns teilen und uns ähnlich sind. Wir finden sie sympathisch und sprechen lieber mit ihnen als mit anderen: Wir sind sicher, dass von solchen Menschen uns gegenüber keine Gefahr ausgeht. Nehmen Sie den Schülern die Angst!

3. Versetzen Sie sich in die Lage Ihrer Schüler!

Erleben Sie die Welt und die Konfliktsituation mit den Augen Ihrer Schüler, hören Sie alles mit ihren Ohren und fühlen Sie so wie sie. Seien Sie emphatisch und sprechen Sie aus, was Sie denken und fühlen. Versetzen Sie sich in die Lage der Schüler. Die Schüler nehmen die Welt nicht nur anders wahr als ein Lehrer, sondern sie deuten sie auch anders. Je näher Sie der Weltsicht Ihrer Schüler kommen, desto mehr werden Sie diese verstehen. Verstehen wiederum schafft emotionale Nähe und Vertrauen, es schafft Sympathie und Sicherheit. Das alles sind gute Voraussetzungen für eine Lösung des Konflikts, die Sie zusammen mit den Schülern vertreten können.

4. Zeigen Sie Verständnis!

Verstehen erzeugt Sympathie, aber nur wenn Sie das Verstehen auch zum Ausdruck bringen. Zeigen Sie verbal und nicht-verbal Aufmerksamkeit und Akzeptanz! Sprache, Mimik, Gestik und Körperhaltung bilden eine Einheit: Sie sind authentisch! Nehmen Sie die Situation und die Schüler in deren Lebens- und Selbstverständnis ernst! Bleiben Sie ruhig und gelassen. Gönnen Sie sich Zeit für das Konfliktgespräch. Lassen Sie jeden zu Wort kommen, der etwas beitragen möchte. Seien Sie demokratisch in Ihrem Verhalten und stellen Sie (soweit wie möglich!) eine symmetrische Kommunikationssituation her.

5. Bleiben Sie beim aktuellen Konflikt!

Konfrontieren Sie die Schüler hier und jetzt nicht mit Konflikten aus früheren gemeinsamen Erfahrungen. Auch Vorhaltungen, Vorwürfe oder Angriffe haben hier keinen Platz! Vermeiden Sie Verallgemeinerungen. Dadurch würde die Situation (zu) stark emotionalisiert. Verteidigungshaltungen und offener Widerstand oder Ignoranz auf Seiten der Schüler wären die Folgen. Generalisierungen sind immer Lügen, das merken auch Schüler. Und dagegen werden sie sich wehren. Je klarer Sie den aktuellen Konflikt eingrenzen, desto eher werden Sie dafür zusammen mit den Schülern Lösungen finden.

6. Seien Sie ehrlich!

Formulieren Sie, was Sie wirklich denken, fühlen und wünschen. Nur so können die Schüler Sie rasch verstehen und sich auf Sie und Ihre Bedürfnisse einstellen. Überprüfen Sie Ihre eigene Wahrnehmung und deren Deutung. Korrigieren Sie Vorurteile, die Ihnen auffallen und Sie bei einer angemessenen Interpretation der Situation behindern. Seien Sie Mensch! Verzichten Sie darauf, eine institutionalisierte Rolle zu spielen. Und dennoch: Bleiben Sie Profi! Halten Sie Distanz und Nähe zugleich! Leben Sie professionelle Zuwendung!

7. Seien Sie offen für Veränderungen!

Hören Sie genau zu, was Ihnen die Schüler über ihre Sicht der Situation, über ihre Bedürfnisse und Wünsche sagen. Fragen Sie nach, wenn Ihnen Aussagen, Skepsis oder gar Ängste unklar bleiben. Vermeiden Sie Unterstellungen, Rechtfertigungen, Alltagstheorien, Anklagen und Befragungen. Stellen Sie eine offene Atmosphäre her.

So werden Sie offen für eine Veränderung Ihrer eigenen Perspektive. Dadurch kommen Sie leichter und tiefer mit den Schülern ins Gespräch. Sagen Sie nur dann ja zu Veränderungen, wenn Sie diese auch wirklich wollen und sich zutrauen.

8. Verwenden Sie Ich-Botschaften!

Sagen Sie das, was Sie sagen, in Ich-Sätzen! Und fordern Sie auch die Schüler dazu auf, so zu sprechen. Dadurch machen alle deutlich, dass das Gesagte im engen Sinne ihre jeweils persönliche Einschätzung ist, die von der anderen Seite nicht zwangsläufig geteilt werden muss. Vor allem die Schüler fühlen sich so weniger angegriffen. Die faktisch komplementäre Schüler-Lehrer-Beziehung wird so ein Stück weiter mehr in Richtung einer symmetrischen Kommunikation aufgehoben. Denn die Schüler kennen nur zu gut die Du-Botschaften, die sie zum Teil gegen alle Vernunft erziehen und sozialisieren sollen. Sie reagieren darauf oft genug mit berechtigtem Argwohn und mit Ablehnung.

9. Hören Sie zu!

Entschlüsseln Sie sowohl inhaltlich als auch auf der Gefühlsebene, was die Schüler sagen. Seien Sie behutsam bei der Deutung der Aussagen und nonverbalen Informationen. Spiegeln Sie dann die inhaltlichen Aussagen der Schüler ebenso wie deren Gefühle. Halten Sie sich mit Wertungen so weit wie möglich zurück. Versuchen Sie zu verstehen, wie die Schüler die Konfliktsituation wahrnehmen und erleben. Seien Sie Berater und nicht nur Erzieher! Bringen Sie das Anliegen der Schüler auf den Punkt. Lassen Sie sich von den Schülern bestätigen, ob Sie sie richtig verstanden haben. Gehen Sie erst dann auf das Gesagte ein, wenn Sie ganz sicher sind: „Ich habe euch verstanden.“

Profitipp

Manche Konflikte sind in Wahrheit keine: Wenn Schüler statt Unterricht zum Beispiel generell lieber spielen wollen, gibt es dafür keinen ernsthaften Interessenausgleich. Hier muss der Lehrer auf Unterricht bestehen. Prüfen Sie also genau: Geht es wirklich um einen echten Konflikt? Lohnt es für alle Beteiligten, den Prozess der Konfliktlösung zu durchlaufen? Ist die Zeitinvestition, die dafür nötig ist, überhaupt sinnvoll?

1.4. Unterrichtsstörungen

1.4.1. Selbstreflexion zu Unterrichtsstörungen

Die folgenden Fragen und Denkanstöße können Ihnen helfen, Ihr Vorverständnis zum Thema „Unterrichtsstörungen" zu klären.

1. Was verstehen Sie allgemein unter einer Unterrichtsstörung?

2. Nennen Sie mindestens sechs konkrete Beispiele von Unterrichtsstörungen.

3. Welche Arten von Unterrichtsstörungen haben Sie selbst bisher erlebt? In welchen Situationen genau traten die Störungen auf?

4. Welche Erklärung(en) haben Sie für das Entstehen der Unterrichtsstörungen, die Sie erlebt haben?

5. Was haben Sie bisher gegen Unterrichtsstörungen unternommen? Welche Erfolge hatten Sie dabei?

6. Wie weit stimmen Sie den folgenden Aussagen zu? Notieren Sie Gedanken, die Ihnen spontan zu den Aussagen einfallen. Begründen Sie Ihre Meinung. Diskutieren Sie Ihre Ergebnisse mit Kollegen.

1. Jeder Lehrer erlebt Unterrichtsstörungen anders.

Ja	**Nein**	**Teilweise**	**Das fällt mir dazu ein ....**

2. Schüler stören den Unterricht nie mit Absicht.

Ja	**Nein**	**Teilweise**	**Das fällt mir dazu ein ....**

3. Viele Lehrer stören die Schüler beim Denken, Lernen und Arbeiten.

Ja	**Nein**	**Teilweise**	**Das fällt mir dazu ein ....**

4. Bei einem guten Lehrer stören die Schüler nicht.

Ja	Nein	Teilweise	Das fällt mir dazu ein ....

5. Für Schüler ist der Unterrichtsgegenstand der größte Störfaktor im Unterricht.

Ja	Nein	Teilweise	Das fällt mir dazu ein ....

6. Es ist das Problem des Lehrers, wenn er sich durch Schüler gestört fühlt.

Ja	Nein	Teilweise	Das fällt mir dazu ein ....

7. Vervollständigen Sie die folgenden Satzanfänge; begründen Sie Ihre Auffassung:

Unterrichtsstörungen können oft	
Unter psychologischen Gesichtspunkten sind Unterrichtsstörungen meist..........	
Gegen Unterrichtsstörungen können Lehrer	
Schüler stören den Unterricht, wenn	

1.4.2. Formen von Unterrichtsstörungen

Unterrichtsstörungen können vom Lehrer und vom Schüler ausgehen, sie können aber auch in den organisatorischen und räumlichen Rahmenbedingungen von Unterricht begründet sein. Immer tragen Unterrichtsstörungen dazu bei, dass ein Lernprozess aus der Perspektive der Betroffenen behindert oder sogar unmöglich gemacht wird (Winkel 2009). In vielen Fällen liegt im Blick auf Unterrichtsstörungen eine verengte Sicht durch den Lehrer vor. Der Lehrer hält in der Regel ein spezifisches Schülerverhalten für störend, während er seine eigene Person meist ganz und externe (Umgebungs-)Bedingungen weitgehend aus der Betrachtung ausklammert (siehe zum Folgenden auch Keller 2010; Weber 2010; Wollenweber 2011).
In der Tat können **Schüler** den Unterricht stören, wenn sie zum Beispiel

- miteinander reden
- Geräusche produzieren
- sich untereinander streiten
- sich untereinander körperlich angreifen
- sich gegenseitig beleidigen
- laut in die Klasse rufen
- unaufgefordert in der Klasse herumlaufen
- Tagebuch schreiben
- träumend aus dem Fenster sehen
- in ihren Heften herummalen
- Hausaufgaben für andere Fächer erledigen
- mit Gegenständen spielen
- unter dem Tisch in einer Zeitschrift lesen
- verspätet zum Unterricht erscheinen
- die Arbeitsaufgaben nicht zur Kenntnis nehmen
- Hausaufgaben nicht erledigen
- im Unterricht essen oder trinken
- sich auf dem Tisch oder auf dem Stuhl räkeln

Zugleich kann aber auch der **Lehrer** ein Störfaktor sein, wenn er zum Beispiel

- seinen Unterricht gar nicht oder schlecht vorbereitet
- desorganisiert ist

- keine angemessenen Arbeitsstrategien besitzt
- insgesamt wenig flexibel reagiert
- den Unterricht nicht pünktlich beginnt und / oder schließt
- kein vorbildliches Sozialverhalten zeigt
- den Unterricht zu langsam gestaltet
- den Unterricht zu wenig abwechslungsreich gestaltet
- zu wenig Lernzeit zur Verfügung stellt
- den Schülern zu wenig zutraut
- die Schüler kaum fördert
- undeutlich und / oder zu leise spricht
- unklare und / oder zu komplexe Arbeitsanweisungen gibt
- bei Fragen für die Schüler nicht ansprechbar ist
- während des Unterrichts andere Arbeiten erledigt
- ungerechte Leistungsbewertungen vornimmt
- inkonsequent reagiert
- seine Leistungsanforderungen nicht klar nennt
- bei Konflikten nicht mit sich reden lässt
- im Unterricht durch private Ereignisse gestresst ist
- Angst hat und sich ängstlich verhält
- zu viel Empathie von den Schülern erwartet
- zu viel sachbezogenes Engagement von der Lerngruppe erwartet
- sich nicht auf die soziokulturelle Situation der Lerngruppe einlässt
- problematische Situationen während des Unterrichts nicht oder nur teilweise erkennt

Externe Störmomente können zum Beispiel sein:

- unklare Vertretungspläne
- häufiger Raumwechsel
- schlecht ausgestattete Räume
- schlecht belüftete Räume
- zu dunkle Räume
- schlechte Temperierung der Räume
- schlechte Akustik in den Räumen

- externe Ansagen während der Unterrichtszeit
- Verspätungen von Schülern und Lehrern durch extreme Wetterlagen
- dürftige PC- oder OHP-Ausstattung
- fehlende Kreide, Schwämme oder Putzlappen
- altes Mobiliar
- keine körpergerechte Bestuhlung
- zu kleine Gruppenräume
- Baulärm
- Feueralarm
- Reparaturarbeiten
- parallel zum Unterricht stattfindende Feiern (z. B. Abitur)

⇨ **Bevor Sie weiterlesen:**

- Versetzen Sie sich in die folgenden Situationen.
- Was würden Sie in diesen Situationen als Lehrer über das Schülerverhalten denken?
- Wie würden Sie sich als Lehrer fühlen?
- Wie würden Sie handeln?

1. Situation: Peter kommt heute zum vierten Mal verspätet in Ihren Unterricht. Bisher haben Sie auf die Verspätungen noch nie reagiert.
Sie denken sich ....
Sie fühlen sich ....
Und so würden Sie handeln ....

2. Situation: Claudia ruft zum ersten Mal laut in die Klasse: „He, Petra, du bist vielleicht eine alte Petze ....“
Sie denken sich ....
Sie fühlen sich ....
Und so würden Sie handeln ....
3. Situation: Es ist etwa sieben Minuten vor Ende der Unterrichtsstunde. Jim und Paul packen ihre Taschen und legen ihre Butterbrote auf den Tisch.
Sie denken sich ....
Sie fühlen sich ....
Und so würden Sie handeln ....

1.4.3. Relativität von Unterrichtsstörungen

Das Erkennen von Unterrichtsstörungen setzt (aus der Sicht des Lehrers) die Wahrnehmung zum Beispiel eines Schülerverhaltens voraus, das er im Blick auf seine Vorstellung von strukturierten Lernprozessen als störend interpretiert. Anders gesagt: **Das Schülerverhalten selbst *ist* also keine Störung, sondern es *wird* erst durch die Interpretation des Lehrers dazu.** Die Wahrnehmung eines Ereignisses oder Verhaltens ist also nicht identisch mit dessen Interpretation. So deuten verschiedene Menschen auf Grund ihrer individuellen (Wert)Maßstäbe und Erfahrungen ein und dieselbe Situation unterschiedlich und fühlen sich demnach in der Situation auch (emotional und körperlich) unterschiedlich. **Wir fühlen uns also stets so, wie wir denken. Und wir handeln stets so, wie wir denken und fühlen. Störungen des Unterrichts sind somit kein objektiver Tatbestand; sie sind vielmehr das Ergebnis einer subjektiven Deutung eines Ereignisses durch den jeweiligen Lehrer (oder Schüler)** (vgl. Ellis 2008; Ellis / Jacobi / Schwartz 2011; Kliebisch 2012a).

Die Deutung des Lehrers ist nicht willkürlich. Er orientiert die Deutung stets an seinen persönlichen Erfahrungen und an seiner Zielsetzung, einen geplanten Lernprozess organisiert durchzuführen. Dabei spielen schulorganisatorische, aber auch gesellschaftliche Annahmen darüber, was eine Unterrichtsstörung ist, eine wichtige Rolle. Gesellschaftliche Annahmen artikulieren sich nicht zuletzt auch in didaktischen Konzepten, die allgemein anerkannt sind. Unterricht ist aus dieser Sicht gerade dann gestört, wenn er allgemeinen Forderungen an guten Unterricht widerspricht (vgl. Miller 2004; Unruh / Petersen 2011). Diese Vorstellungen haben sich über die Zeit hin durchaus geändert und sind auch weiterhin einem Wandel unterzogen.

⇨ **Bevor Sie weiterlesen:**

- Stellen Sie sich drei Personen A, B und C vor, die gemeinsam einen Flug mit einem Düsenjet machen. Die drei Personen fliegen jeweils zum zweiten Mal mit einer solchen Maschine. Person A hat beim ersten Flug keinerlei Unannehmlichkeiten erlebt. Person B ist es beim ersten Flug schlecht geworden; der Flug selbst ist aber problemlos verlaufen. Person C ist beim ersten Flug in Wetterturbulenzen geraten; das Flugzeug hat mehrere problematische Manöver ausführen müssen und konnte nur mit Mühe sicher landen.

- Überlegen Sie, was die drei Personen A, B und C während ihres aktuellen Fluges denken und fühlen. Nehmen Sie dabei diese Ereignisse an: Das Flugzeug sackt bedingt durch die Thermik unerwartet mehr als zwanzig Meter ab. Verschiedene Passagiere schreien dabei laut auf.
- Übertragen Sie die Analyse der Situation auf das Problem der Unterrichtsstörungen: Welche Schlussfolgerungen ziehen Sie für sich selbst aus Ihren Überlegungen? Denken Sie dabei auch an die Handlungsdimension.

<table>
<tr><th>Person A</th><th>Person B</th><th>Person C</th></tr>
<tr><td>Denken

Empfinden (Emotionen + Körperreaktionen)</td><td>Denken

Empfinden (Emotionen + Körperreaktionen)</td><td>Denken

Empfinden (Emotionen + Körperreaktionen)</td></tr>
<tr><td colspan="3">Schlussfolgerungen</td></tr>
</table>

Das Problem der Interpretation von Ereignissen besteht in der **Notwendigkeit, die Ereignisse interpretieren zu *müssen*, wenn sie eine Bedeutung erhalten sollen.** Lehrer müssen das sprachliche und nichtsprachliche Verhalten ihrer Schüler (meist ohne Rückfrage an die Schüler selbst) deuten, um das Schülerverhalten zu verstehen und einordnen zu können: Wie nützlich, konstruktiv, problematisch, gefährlich, hilfreich oder störend verhält sich ein einzelner Schüler oder auch eine Schülergruppe? Die Interpretation des Lehrers resultiert aus den Gedanken, die er sich zu dem Schülerverhalten macht. **Die Gedanken des Lehrers sind das Ergebnis kultureller und persönlicher Erfahrungen und in diesem Sinne mehr oder weniger vorge-**

prägt und vorstrukturiert. Lehrer sind in ihren Deutungen des Schülerverhaltens vor allem geprägt durch den Unterricht, den sie als Schüler selbst erlebt haben, aber auch durch Vorstellungen über guten Unterricht, die ihnen die Ausbildung nahe gebracht hat. Weiterhin geht in die Deutung, die der Lehrer vornimmt, auch sein gesamtes Erfahrungswissen ein. So weiß er nach einiger Zeit, die er in einer Klasse unterrichtet: „Peter kommt zwar oft zu spät, ist aber ein netter Kerl. Wenn Claudia so drauf ist, gibt's gleich Streit mit ihrer Freundin. Auf Tom muss ich besonders aufpassen." Anders gesagt: Er kann schnell einschätzen, was wichtig und was eher unwichtig ist, worauf er eingehen muss und was er getrost ignorieren kann. Trotz allem: Die Deutung des Lehrers ist niemals objektiv: Es ist eben seine Deutung. Das gilt auch dann, wenn eine Mehrheit einer Lehrergruppe die Situation in einer Klasse oder das Verhalten eines einzelnen Schülers gleich oder ähnlich deuten würde. Aus der Interpretation des Schülerverhaltens wiederum resultieren alle Empfindungen des Lehrers. **Die Summe dieser Gedanken und Empfindungen (= die Interpretation der Situation) beeinflusst dann maßgeblich, wie der Lehrer auf das Schülerverhalten reagiert.**

Nehmen Sie konkret diesen Fall: Ein Lehrer sieht zwei Schüler während des Frontalunterrichts miteinander sprechen. Der Lehrer kann die Lage unterschiedlich interpretieren; dabei wird er Alltagstheorien und seine persönlichen Erfahrungen mit ähnlichen Situationen zugrunde legen:

- Interpretation A: „Die beiden haben wieder nichts anderes zu tun, als sich über ihr gemeinsames Hobby zu unterhalten. Die sind wie immer unaufmerksam und wissen gleich wieder nicht, was hier im Unterricht läuft."
- Interpretation B: „Die beiden haben bestimmt wieder eine weiterführende Idee. Die sind nämlich besonders begabt und sehr interessiert an diesem Fach. Manchmal geht das einfach zu langsam für sie."
- Interpretation C: „Man, wenn die beiden anfangen zu reden, dann wird gleich wieder in der ganzen Klasse Unruhe sein. Wie soll ich da mit meinem Stoff durchkommen? Das ist einfach eine miese Klasse."

Die unterschiedlichen Interpretationen desselben Sachverhalts können beim Lehrer sehr unterschiedliche Empfindungen und Handlungen auslösen. Fazit: **Was für den einen Lehrer eine Störung ist, muss für den anderen keine sein.** Daher wird der eine Lehrer auf bestimmte Unterrichtsereignisse gar nicht oder anders reagieren als der andere Lehrer.

Dennoch ist nicht jede Störung eine „rein subjektive Angelegenheit“ des Lehrers. Ein bestimmtes Ereignis wird für einen Lehrer immer dann zu einem „objektiven“ Störmoment, wenn es seine Unterrichtstätigkeit faktisch behindert. Der Lehrer kann sich zwar auch dann weiterhin „entscheiden“, ob er ein solches Störereignis während des Unterrichts tatsächlich als Störung interpretieren möchte oder nicht. Manche Störungen werden aber für eine Mehrheit von Lehrern „objektiv“ zu Störungen, zum Beispiel dann, wenn ein Lehrer wegen eines Schülerverhaltens von seiner Unterrichtsplanung abweicht. Diese Abweichung vom Plan erkennen auch Außenstehende; die Abweichung ist in diesem Sinne „objektiv“ (eben faktisch) erkennbar und sie zugleich lässt den Rückschluss auf ein Ereignis zu, das der Lehrer offenbar als Störung erlebt hat.

Dennoch: Auch die Ursache für eine Abweichung vom Lernweg muss der Lehrer selbst nicht als Störung interpretieren; er kann hier beispielsweise auch von seinem flexiblen und souveränen Verhalten sprechen, das auf Grund seiner schülerorientierten Vorgehensweise erforderlich ist. „Objektiv“ kann also eine Störung nur in dem Maße sein, wie sich die Beurteiler auf dieselben Werte und Maßstäbe geeinigt haben. Für den Lehrer gilt als Maßstab die Verpflichtung, den Schülern in definierten Zeiträumen bestimmte Lerninhalte zu vermitteln. Dies ist aber „objektiv“ dann nicht mehr (hinreichend) möglich, wenn der Lehrer Abweichungen vom jeweiligen Lernweg (Störungen) zu stark als belanglose Phänomenen deutet und sie hinnimmt, ohne darauf angemessen zu reagieren. Angemessen ist eine Intervention dann, wenn sie hilft, die Störmomente dauerhaft aufzuheben.

⇨ **Bevor Sie weiterlesen:**

- Gehen Sie der Frage nach: Welche Gefühle und Handlungen können in unserem Beispiel auf Seite 84 aus den drei Interpretationen folgen? Welche Gefühle und Handlungen halten Sie für besonders wahrscheinlich? Begründen Sie Ihre Einschätzung.
- Was bedeutet das für Sie? Welche Schlussfolgerungen ziehen Sie aus Ihren Überlegungen für die Unterrichtsstörungen, die Sie selbst erlebt haben?

Fühlen – Interpretation A   Fühlen – Interpretation B   Fühlen – Interpretation C
Handeln – Interpretation A   Handeln – Interpretation B   Handeln – Interpretation C
Konsequenzen

1.4.4. Didaktische Ursachen von Unterrichtsstörungen

Schüler und Lehrer stehen im Unterricht in ständiger Interaktion; sie reagieren aufeinander. Aus der Sicht des **symbolischen Interaktionismus** handeln die Beteiligten auf der Grundlage der Bedeutung, die sie den Dingen und den Situationen beimessen. Die Bedeutung der Dinge und Situationen ermitteln und verändern die Menschen im Verlaufe der **sozialen Interaktion** (vgl. Abels 2010; Nipken 2009; Reich 2010). Schüler interpretieren in diesem Sinne das Unterrichtsarrangement und die Verhaltensweisen der Lehrperson und reagieren darauf unter anderem auch mit Störungen. **Viele Unterrichtsstörungen haben ihre Ursache daher in den didaktischen Entscheidungen und dem Verhalten des Lehrers**. Die Schüler fühlen sich durch Inhalt und Methode des Unterrichts nicht (hinreichend) angesprochen; sie beschäftigen sich daher mit etwas anderem, statt sich konzentriert auf den Unterrichtsinhalt einzulassen. In der folgenden Liste sind einige methodisch-didaktische Aspekte zusammengestellt, die bei der Planung und Durchführung von Unterricht besonders zu beachten sind. Unterrichtsstörungen sind vorprogrammiert, wenn Lehrer mehrere dieser Aspekte bei der konkreten Umsetzung ihres Unterrichts nicht oder in zu geringem Umfang beachten (vgl. a. Eichhorn 2011; Green / Green 2007; Kliebisch 2011; Kliebisch / Meloefski 2011):

- Lernpsychologisch orientierte Dramaturgie („roter Faden“)
- Lerngegenstand und Themenstellung
- Motivation durch Unterrichtseinstiege
- Transparenz des gesamten Unterrichtsablaufs
- angemessenes Lerntempo (Dynamik)
- Klarheit von Lern- und Arbeitszielen
- Attraktive und klar strukturierte Medien
- zielführende Selbsttätigkeit bei den Schülern
- altersgemäße Problemorientierung
- schul- und schulstufenbezogene Schülerorientierung
- kooperative Arbeitsweisen
- übersichtliche und einfache Visualisierung der Arbeitsergebnisse
- Erfahrungsorientierung
- angemessene Lernanforderungen
- Differenzierte Förderung der Schüler
- strukturierende Moderation von Unterrichtsgesprächen
- maximale Nutzung der Lernzeit, wenig Zeiteinsatz für Organisatorisches
- hohe sozial-kommunikative Kompetenz des Lehrers
- hohe Fachkompetenz des Lehrers
- erkennbares Selbstverständnis des Lehrers als Facilitator
- ichstarke Persönlichkeit des Lehrers
- Flexibilität des Lehrers im Umgang mit seiner Planung

- hinreichende Berücksichtigung der Bedingungsanalyse (sozio-ökonomische Faktoren allgemein, konkretes Lernumfeld, konkrete institutionelle Bedingungen, mögliche und tatsächliche Störungen)
- regelmäßiges Feedback
- systematische Evaluation

Übung: Bestandsaufnahme der eigenen Unterrichtspraxis

1. Ich fordere meine Schüler angemessen.

Ja	**Nein**	**Teilweise**	**So müsste ich in Zukunft vorgehen ....**

2. Ich fördere meine Schüler angemessen.

Ja	**Nein**	**Teilweise**	**So müsste ich in Zukunft vorgehen ....**

3. Meine Unterrichtseinstiege sind motivierend.

Ja	**Nein**	**Teilweise**	**So müsste ich in Zukunft vorgehen ....**

4. In meinem Unterricht arbeiten die Schüler selbsttätig und kooperativ.

Ja	**Nein**	**Teilweise**	**So müsste ich in Zukunft vorgehen ....**

5. In meinem Unterricht herrscht eine entspannte und lernförderliche Atmosphäre.

Ja	**Nein**	**Teilweise**	**So müsste ich in Zukunft vorgehen ....**

6. Mein Unterricht ist problem- und schülerorientiert angelegt.

Ja	**Nein**	**Teilweise**	**So müsste ich in Zukunft vorgehen ....**

7. Ich kann Unterrichtsgespräche zielführend moderieren.

Ja	Nein	Teilweise	So müsste ich in Zukunft vorgehen ....

8. Ich erreiche in der Regel meine Lernziele.

Ja	Nein	Teilweise	So müsste ich in Zukunft vorgehen ....

9. Mein Unterricht verläuft für die Schüler transparent.

Ja	Nein	Teilweise	So müsste ich in Zukunft vorgehen ....

10. Ich verstehe mich als Lernbegleiter der Schüler.

Ja	Nein	Teilweise	So müsste ich in Zukunft vorgehen ....

1.4.5. Maßnahmen gegen Unterrichtsstörungen

Geeignete Maßnahmen gegen Unterrichtsstörungen setzen eine sinnvolle Analyse der Störungen voraus. Maßnahmen können kurzfristig (z. B. in der laufenden Unterrichtsstunde) oder langfristig (z. B. als Prophylaxe) erforderlich und sinnvoll sein. Die folgende Liste zeigt mögliche **Interventionen**.

- Seien Sie Vorbild in Auftreten, Verhalten, Kleidung und Sprache!
- Machen Sie sich beliebt, ohne sich anzubiedern!
- Gestalten Sie Ihren Unterricht abwechslungsreich!
- Seien Sie offen für die Live-Erfahrung des Unterrichts!
- Moderieren Sie Unterrichtsgespräche zielführend!
- Nehmen Sie die Schüler und deren Interessen ernst!
- Machen Sie sich klar: Auch störende Schüler tun gerade das Beste, was sie können!
- Sprechen Sie nur, wenn es in der Klasse ruhig ist!
- Sprechen Sie bewusst leise und erhöhen Sie so die Aufmerksamkeit!

- Seien Sie omnipräsent! Nutzen Sie dazu nonverbale Signale!
- Machen Sie sich Ihre Vorlieben und Abneigungen klar!
- Stellen Sie sich neben sich; sehen Sie sich die Situation mit Distanz an!
- Ignorieren Sie auch einmal das Störverhalten von Schülern!
- Verhalten Sie sich kongruent!
- Seien Sie konsequent und zeigen Sie gleichzeitig Verständnis!
- Seien Sie berechenbar!
- Reagieren Sie rasch auf Störungen!
- Deuten Sie die Situation ins Positive um!
- Nutzen Sie Ich-Botschaften!
- Hören Sie zu!
- Seien Sie emphatisch!
- Zeigen Sie emotionale Wärme!
- Stellen Sie zur Klärung von Störungen geeignete Fragen!
- Interessieren Sie sich für das Störverhalten und dessen Ursachen!
- Sprechen Sie störende Schüler direkt und mit Namen an!
- Stellen Sie niemanden bloß!
- Reden Sie mit störenden Schülern außerhalb des Unterrichts!
- Vertreten Sie Werthaltungen, ohne rigoristisch zu sein!
- Klären Sie die Ursachen der Störungen und die Motive der Störenden!
- Nutzen Sie die Ihnen bekannten Deutungsmöglichkeiten für Störungen!
- Rechnen Sie mit psychologisch erklärbaren Hintergründen der Unterrichtsstörungen!
- Akzeptieren Sie die Schüler!
- Verzichten Sie auf Wertungen und Strafen!
- Machen Sie sich bewusst: Störende Schüler brauchen Ihre Hilfe!
- Loben Sie die Schüler für angemessenes Verhalten und gute Lernergebnisse!
- Erlauben Sie sich und den Schülern Emotionen und Fehlverhalten!
- Durchkreuzen Sie den Erwartungshorizont der Schüler!
- Vereinbaren Sie mit Schülern Kommunikations- und Verhaltensregeln!
- Halten Sie sich selbst an diese Regeln!
- Vermeiden Sie Schreien und Beschimpfungen!
- Führen Sie in der Klasse / Gruppe Rituale ein!
- Schließen Sie mit Schülern Verträge und halten Sie diese selbst ein!

- Geben Sie den Schülern echtes Feedback!
- Machen Sie den Schülern Mut!
- Haben Sie Humor und lachen Sie mit den Schülern!
- Lachen Sie über sich selbst!
- Geben Sie Pannen und Fehler zu!
- Lassen Sie die Schüler kooperativ arbeiten!
- Übertragen Sie den Schülern Verantwortung!
- Fordern und fördern Sie die Schüler!
- Denken Sie rational, und gewinnen Sie einen Blick für das Machbare!
- Klären Sie Ihre irrationalen Vorannahmen und Vorurteile!
- Definieren Sie Ihr Selbstverständnis als Lehrer!
- Werden Sie für Schüler zum lernenden Helfer!
- Werden Sie ichstark und zeigen Sie es!
- Seien Sie souverän und handeln Sie entsprechend!
- Lassen Sie hin und wieder Gnade vor Recht ergehen!
- Kontrollieren Sie Ihre Gefühle durch gezieltes Denken!
- Nutzen Sie Anti-Stress-Übungen!

Und in Bezug auf Ihr Selbst-Management:

- Organisieren Sie sich beruflich und privat!
- Arbeiten Sie strategisch und effizient!
- Managen Sie Ihr Leben und Ihre Ressourcen!
- Formulieren Sie positive Vorsätze und verinnerlichen Sie diese!
- Treffen Sie Entscheidungen, wenn und wie sie nötig sind!

Aufgabe

- Notieren Sie weitere Maßnahmen, die Ihnen noch einfallen.
- Bringen Sie alle Maßnahmen in eine Ordnung. Was ist Ihnen das Wichtigste? Was soll an zweiter Stelle folgen? Nennen Sie die zehn wichtigsten Punkte.
- Konkretisieren Sie diese zehn Maßnahmen anschließend.
- Überlegen Sie: Wie kann jede der zehn Maßnahmen Ihnen helfen, Unterrichtsstörungen zu vermeiden oder zu beheben?

Profitipp

Maßnahmen, die Sie bisher nicht durchführen, müssen Sie neu etablieren. Drei Punkte sind in solchen Fällen wichtig für Ihre Motivation (vgl. Charney / Nestler 2011; Kehr 2008 und 2011; Slater 2010; Sprenger / Plaßmann 2010):

1. Sie müssen einen Sinn in der Maßnahme sehen: Ist die Maßnahme sinnvoll? Passt sie zu Ihren Zielen?
2. Sie müssen die Maßnahme gern umsetzen wollen: Freuen Sie sich darauf, die Maßnahme anzuwenden? Gefällt sie Ihnen?
3. Sie müssen die Maßnahme schaffen können: Haben Sie eine ähnliche Maßnahme früher schon einmal umgesetzt? Haben Sie die nötigen Fähigkeiten?

Unternehmen Sie nur dann etwas, wenn Sie die Fragen in allen drei Bereichen mit ja beantworten können.

Im Folgenden zeigen wir an einigen Beispielen Handlungsmöglichkeiten für konkrete Störsituationen (weitere Tipps bei: Lehmann-Schaufelberger 2010; Lohmann 2011; Weber 2010; Wollenweber 2011):

Beispiel: Seitengespräche

⇨ Worum geht es?

Eine der häufigsten Störungen aus Lehrersicht sind Unruheherde im Klassenraum: Zwei Schüler reden während eines gelenkten Unterrichtsgesprächs mehr oder weniger laut miteinander, ohne vom Lehrer dazu aufgefordert zu sein. Sie fühlen sich als Lehrer durch die Seitengespräche abgelenkt und nehmen an, dass dies – schon durch die Lautstärke – auch für die Lerngruppe gilt.

⇨ So funktioniert es:

- Halten Sie inne und schauen Sie die Schüler an, die gerade stören. Bei Blickkontakt mit den Schüler: Zeigen Sie nonverbal, dass Sie das Verhalten der Schüler missbilligen. Dazu können Sie zum Beispiel den Kopf schütteln und gleichzeitig Ihre Lippen aufeinanderpressen und die Augenbrauen hochziehen. – Denn: Je seltener Sie den Unterrichtsverlauf unterbrechen (müssen), desto günstiger ist das für den Lernprozess der Schüler!

- Unterbrechen Sie den Unterrichtsgang und fragen Sie die betreffenden Schüler nach dem Grund für das Seitengespräch. – Denn: Seitengespräche können wichtig sein und sich durchaus auf den Unterrichtsgegenstand beziehen!
  Oder:
- Stellen Sie dem Schüler, der stört, eine Frage zum Unterrichtsstoff, die er auf jeden Fall beantworten kann. – Denn: Ins Denken einbezogen zu sein motiviert Schüler, sich wieder auf den Unterrichtsgegenstand zu konzentrieren.
  Oder:
- Ignorieren Sie das Seitengespräch. – Denn: Viele Störungen bestehen auf Grund eines Wunsches nach Aufmerksamkeit und erledigen sich von selbst, wenn der Lehrer die Störungen ignoriert.
  Oder:
- Ignorieren Sie die Störung während des Unterrichts. Sprechen Sie aber nach dem Unterricht mit den Schülern, die gestört haben! – Denn: Durch Herausnehmen der Schüler aus der Klassensituation ist Ihr Einfluss auf die Störer größer. Sie vermeiden so Konflikte mit der gesamten Klasse.
  Oder:
- Unterbrechen Sie den Unterrichtsgang und bitten Sie die Störer durch ein Feedback nachdrücklich, das Seitengespräch zu beenden! – Denn: Feedbacks schaffen bei den Schülern, die stören, Aufmerksamkeit dafür, dass der Lehrer sich gestört fühlt. Manche Schüler merken erst dann, dass sie stören.

⇨ Darauf sollten Sie achten:

- Stellen Sie sich bei Interventionen im Klassenraum vor die Gruppe!
- Zeigen Sie dabei eine offene und stabile Körperhaltung!
- Schauen Sie die Schüler an!
- Sprechen Sie die Schüler, die stören, direkt und mit Namen an!
- Zeigen Sie ein zur Situation passendes Gesicht (Mimik)!
- Treten Sie bestimmt auf, und bleiben Sie trotzdem freundlich!
- Sprechen Sie klar, laut und deutlich!
- Vermeiden Sie Diskussionen!
- Reden Sie nach Möglichkeit nur in eine (relativ) ruhige Situation hinein!

Beispiel: Nebentätigkeiten

⇨ Worum geht es?

Zwei Schüler beschäftigen sich während des Unterrichts immer wieder gezielt mit anderen Dingen als mit dem Unterrichtsgegenstand: Die beiden Schüler lesen unter der Bank eine Zeitschrift, versuchen Walkman zu hören, programmieren ihr Handy oder schreiben SMS, sie malen in ihren Heften oder spielen unter dem Tisch Karten. Sie fühlen sich als Lehrer durch das Schülerverhalten gestört und befürchten, dieses Störverhalten könnten andere Schüler nachahmen.

⇨ So funktioniert es:

- Ignorieren Sie das Schülerverhalten, solange die Schüler ruhig sind! – Denn: Viele Nebentätigkeiten werden für Schüler uninteressant, wenn man ihnen diese nicht ausdrücklich verbietet.
  Oder:
- Stellen Sie sich unmittelbar vor die Schüler, schauen Sie sie prüfend an. Schweigen Sie dabei. – Denn: Den Schülern ist klar, was Sie wollen!
  Oder:
- Unterbrechen Sie den Unterricht. Geben Sie den Schülern ein echtes Feedback. Sagen Sie ihnen deutlich, dass Sie sich durch ihr Verhalten gestört fühlen.
  Oder (während einer Gruppenphase):
- Stellen Sie sich neben die Schüler und interessieren Sie sich ernsthaft für die Nebentätigkeit. – Denn: Eine gezielte Umkehrung der Schülererwartung führt bei ihnen zu einer Konfusion. Durch die Konfusion sind die Schüler eher bereit, die Aufforderung des Lehrers zur Korrektur ihres Verhaltens auch umzusetzen.

⇨ Darauf sollten Sie achten:

- Bleiben Sie gelassen und kontrollieren Sie Ihre Gefühle!
- Achten Sie bei Ihren Interventionen darauf, dass verbale und nonverbale Informationen zusammenpassen!
- Seien Sie emphatisch, wenn Sie sich für die Nebentätigkeiten der Schüler interessieren!
- Lachen Sie über den Ernst, den Sie bisher in solche Situationen hineingelesen haben! Denn Sie wissen: Die Schüler meinen nicht Sie!

- Nehmen Sie Nebentätigkeiten als Ausdruck wirklichen Schülerinteresses ernst!
- Seien Sie realistisch mit Blick auf das, was Sie im Unterricht erreichen können! Denn Sie wissen: Schülerinteressen sind vielfältig und nicht immer dann auf einen Gegenstand gerichtet, wenn der Lehrer dies wünscht.

Beispiel: Verspätungen

⇨ Worum geht es?

Ein Schüler kommt zehn Minuten zu spät zu Ihrem Unterricht.

- Ignorieren Sie das Verhalten! – Denn: Einmal ist keinmal!
  Oder:
- Suchen Sie Blickkontakt mit dem Schüler, der sich verspätet! Schweigen Sie dabei! – Denn: Manche Schüler sollten wissen, dass der Lehrer ihr Fehlverhalten ernst nimmt.
  Oder:
- Suchen Sie Blickkontakt mit dem Schüler, der verspätet zum Unterricht kommt! Kommentieren Sie die Verspätung ironisch und mit einem Lächeln auf den Lippen. – Denn: Die Ironie schafft eine Irritation. Das Lächeln hebt die Kommentierung in gewisser Weise auf. Der Kommentar gibt dem Verhalten aber Bedeutung. Alles wirkt auf den Verspäteten und zugleich auf die Klasse verunsichernd und zugleich als warnender Hinweis: Der Lehrer könnte auf das Schülerverhalten auch nachdrücklicher reagieren. Wann und bei wem wird er es wohl tun? – Aber Achtung: Ironische Bemerkungen können auch missverstanden werden!
  Oder (bei häufigen Verspätungen):
- Bitten Sie den Schüler, der sich verspätet, nach dem Unterricht zu einem Gespräch! Fragen Sie emphatisch nach den Ursachen der Verspätungen. – Denn: Manchmal gibt es akzeptable Gründe für Verspätungen, auch für häufige Verspätungen. Schüler, für die das gilt, werden sich um eine Korrektur ihres Verhaltens ganz besonders intensiv kümmern, wenn Sie sich für die Gründe der Verspätung interessieren.
  Oder (bei häufigen Verspätungen):
- Bitten Sie den Schüler, der verspätet war, nach dem Unterricht zu einem Gespräch! Geben Sie dem Schüler den Auftrag, eine Woche lang genau aufzu-

schreiben, was er am Morgen nach dem Aufstehen tut. – Denn: Bewusst machen von Verhalten hilft, Fehlverhalten zu erkennen und abzustellen.

Oder (bei häufigen Verspätungen):

- Geben Sie dem Verspäteten ein Feedback, und weisen Sie ihn daraufhin, dass sein Verhalten Sie stört. – Denn: Manche Schüler verstehen erst durch ein Feedback, das ihr Verhalten störend ist.

⇨ Darauf sollten Sie achten:

- Tragen Sie die Namen der Schüler, die sich verspäten, (demonstrativ, aber schweigend!) in das Klassenbuch oder die Kursmappe ein!
- Interpretieren Sie Verspätungen von Schülern als ein Defizit in deren Sozialisation, nicht als Ausdruck einer gezielten Geringschätzung des Lehrers!
- Vermeiden Sie (auch in Gesprächen mit Schülern) jede Diskussion über das Fehlverhalten! Bleiben Sie ruhig und behalten Sie Distanz zum Geschehen!
- Hören Sie in Gesprächen mit Schülern genau zu und vermitteln Sie zugleich klar und deutlich Ihre Zielperspektive!
- Pädagogische Maßnahmen dürfen vom Schüler und / oder seinen Eltern nicht als Strafmaßnahmen verstanden werden. Begründen Sie die Maßnahmen angemessen.

Profitipp

Überlegen Sie stets sehr genau, wann Sie intervenieren! Die Wirkung Ihrer Intervention auf einen Schüler, der sich verspätet, ist sehr abhängig vom Zeitpunkt Ihrer Reaktion. Sie können unmittelbar reagieren, aber auch zeitversetzt. Kombinieren Sie bei Bedarf Möglichkeiten aus dem Katalog von Maßnahmen auf Seite 95.

1.5. Themenzentrierte Interaktion

Im quasi-pädagogischen Raum hat **Ruth Cohn** in ihrem **Konzept der Themenzentrierten Interaktion (TZI)** Gedanken der Psychoanalyse für die Erziehungs- und Unterrichtsarbeit fruchtbar gemacht (2009, 111ff.). Ansätze der TZI finden sich auch in der **lehrtheoretischen Didaktik** von W. Schulz (siehe Kliebisch / Meloefski 2011b). Das Konzept der themenzentrierten Interaktion kann man auch für das

Classroom Management fruchtbar machen, indem sich der Lehrer die Grundannahmen der TZI zu Eigen und sie den Schülern transparent macht. TZI kann in der Schule helfen, Gruppenprozesse zu optimieren, insbesondere auch Konflikte und Störungen aufzuarbeiten. Im Unterricht könnten die Postulate und Hilfsregeln der TZI (siehe Seite 99) Maßgaben sein für den Ablauf der kommunikativen Interaktion in der Lerngruppe. Dazu muss der Lehrer die Regeln systematisch einführen und mit den Schülern trainieren.

R. Cohn nennt drei Faktoren, die die Interaktion von Gruppen strukturieren:

- Das **Ich** = das einzelne Gruppenmitglied mit all seinen Persönlichkeits- und Erfahrungsmerkmalen (psychologische Dimension)
- Das **Wir** = die Lern- oder Arbeitsgruppe mit all ihren internen Beziehungsmustern, auch im Verhältnis zum Ich (gruppentherapeutische Dimension)
- Das **Es** = das Thema mit all seinen inhaltlichen und didaktisch-intentionalen Facetten (akademisch-kognitive Dimension)

R. Cohn sieht diese drei Faktoren als interaktiv miteinander verbundene Eckpunkte eines gleichseitigen Dreiecks, das seinerseits in eine Kugel eingefügt ist. Diese Kugel repräsentiert die **Umgebung**, die historisch-gesellschaftliche Umwelt, in der die Gruppe zusammenkommt.

Aufgabe des Gruppenleiters und damit der gesamte Gruppe ist es, die **Balance zwischen Es, Ich und Wir** zu halten. Die „Interessen" der drei Faktoren müssen gleichzeitig zur Geltung gebracht und doch zugleich auch relativiert und aufeinander bezogen werden. Das Ziel ist die Zufriedenheit des Einzelnen in der Gruppe und mit dem Thema. Anders als bei Cohns gruppentherapeutischen Sitzungen kann der Lehrer in der Schule das Thema des Unterrichts nicht allein aus dem Interesse der Schüler und deren aktuellen Bedürfnissen ableiten. Insofern ist das Austarieren von Thema, Individuum und Gruppe für einen Lehrer gerade dann besonders schwierig, wenn die Schüler wenig Gefallen am Unterrichtsgegenstand finden.

Aus drei anthropologischen Axiomen (Autonomie des Menschen, Ehrfurcht vor allem Lebendigen, Entscheidungsfreiheit innerhalb von Grenzen) leitet Cohn zwei **Postulate** und neun **Hilfsregeln** ab, die für die Teilnehmer interaktioneller Gruppen als Richtschnur gelten können (siehe unten und ausführlicher Cohn 2009, 120ff.).

Postulate der TZI

- **Sei der Herr deiner selbst und deines eigenen Tuns!**

Nehmen Sie sich selbst und andere bewusst wahr. Suchen Sie nach Ihren eigenen Möglichkeiten und Grenzen. Respektieren Sie die Möglichkeiten und Grenzen anderer Menschen. Sorgen Sie dafür, dass Sie selbst und die anderen ihren Weg des Wachstums und der Entwicklung weitergehen können.

- **Störungen haben Vorrang!**

Achten Sie bei sich und den anderen auf Störungen, die den Gruppenprozess behindern oder sogar blockieren. Gehen Sie auf diese Störungen ein, besprechen Sie diese in der Gruppe. Wenden Sie sich erst dann wieder dem Thema zu, wenn Sie die Störungen bei sich und bei anderen erfolgreich bearbeitet haben.

Drei wichtige HILFSREGELN der TZI

- **Verwende Ich-Botschaften!**

Sagen Sie stets, was Sie denken und fühlen. Vermeiden Sie Stellvertreter wie „wir“ oder „man“. Stehen Sie zu dem, was Sie sind, wie Sie denken und was Sie fühlen. Und stellen Sie sich den Reaktionen der anderen Gruppenmitglieder.

- **Sei du selbst und überlege, was du wann auf welche Weise sagst!**

Bleiben Sie sich in Ihrer Kommunikation treu. Seien Sie mit sich identisch in Ihrem Fühlen, Denken und Sagen. Prüfen Sie, was Sie in welcher Situation sagen. Behalten Sie Ihr Interesse und das der Gruppe am produktiven Arbeiten im Auge.

- **Vermeide Verallgemeinerungen und Interpretationen!**

Bleiben Sie bei der Sache und am Detail, um den Gruppenprozess zu befördern. Nehmen Sie bewusst wahr, was die anderen sagen und tun. Vermeiden Sie Deutungen; sie sind oft nicht wahr und fordern Widerspruch heraus.

1.6. Kollegiale Fallberatung (Intervision)

Die Kollegiale Fallberatung (Intervision) ist eine Ressource, die sowohl auf der kognitiven Ebene als auch auf der emotionalen Ebene als **soziale Unterstützung** dient. Kollegiale Fallberatung ist bei Problemen nützlich, die sich im Tätigkeitsbereich des Lehrers ergeben (z. B. bei Unterrichtsstörungen). Bei der Kollegialen Fallberatung stellen sich mehrere Kollegen einem einzelnen Kollegen als Berater zur Verfügung und erteilen ihm Rat (**Funktion der Hilfe**). Dabei vermitteln die Berater ein Handlungsmuster, das es dem Ratsuchenden hilft, eine Lücke im persönlichen Handlungsprogramm zu schließen (**Funktion der Förderung**). Die Form der Beratung stützt den Lehrer, der Rat sucht, außerdem durch ein hohes Maß an **Solidarität** (vgl. Kempfert / Ludwig 2010; Schlee 2008; Schmid / Veith / Weidner 2010; Tietze 2010).

Daraus ergibt sich:

- Eine besondere Form eines **beratenden Gesprächs**, bei dem Kollegen kooperativ eine Lösung für einen einzelnen Fall aus der pädagogischen Praxis suchen
- Eine Phasierung des Gesprächs mit Arbeitsschritten zum Zuhören und Verstehen, Fragen und Antworten, Reflektieren und Bearbeiten einer konkreten Handlungssituation aus dem Schulalltag

  Phasen des Gesprächs

  1. Aufgabenverteilung
  2. Falldarstellung
  3. Rückmeldung zur Darstellung
  4. Bearbeitung
     - Reflexionspause
     - Hypothesenbildung
     - Einschätzung der Hypothesen
     - Entwicklung von Lösungen
     - Entscheidung
     - Abschluss (abschließende Äußerungen zum Verfahren)

Durch dieses Vorgehen wird gesichert, dass sich alle Teilnehmer an dem Beratungsgespräch beteiligen. Jeder stellt seine Erfahrungen und Sichtweisen zur Problematik des Falls dar. Man verhindert dadurch, dass die Teilnehmer oberflächlich herumdiskutieren und nur sogenannte Patentlösungen mitteilen. Durch wechselseitiges Anteilnehmen, Hineinfühlen in den Fall, Beraten und Entwickeln von Lösungsvorschlägen kommt ein Prozess der Klärung der problematischen Handlungssituation in Gang. Der Lehrer, der Rat sucht, tritt dadurch mit seinem Problem oder Konflikt aus der Vereinzelung heraus und tritt zugleich in eine mitdenkende und mitfühlende Solidargemeinschaft ein, die ihm Mut macht.

Hinweise zur Gruppenarbeit

1. Eine Gruppe (6 bis 7 Personen) konstituiert sich auf Grund der Interessen und der Solidarisierung von Lehrern mit dem Ziel,
   a.) einen einzelnen Problemfall eines Kollegen in der Gruppe zu besprechen,
   b.) verschiedene Problemfälle von Kollegen in der Gruppe zu besprechen.
   Bei a.) steht von Anfang an fest, wer den Fall vorstellt. Bei b.) wird in der Gruppe die Entscheidung über die Reihenfolge der Fälle und gegebenenfalls über weitere Sitzungstermine getroffen, nachdem jedes Gruppenmitglied seinen Fall vorgetragen hat.
2. Der Lehrer, der seinen Fall vorstellt, ist der Ratsuchende (Bezeichnung R). Die übrigen Gruppenmitglieder sind die Berater (Bezeichnung B).
3. Aus der Beratergruppe wird ein Moderator (Bezeichnung M) bestimmt.
4. Unter den Teilnehmern wird Verschwiegenheit vereinbart.

Der folgende Ablaufplan für ein Beratungsgespräch geht davon aus, dass sich die Gruppenmitglieder erst über den Fall verständigen, der beraten werden soll. Die Phase 1 ist die Phase der Aufgabenverteilung. In dieser Phase wählen die Gruppenmitglieder den Fall aus, den sie behandeln wollen, und sie bestimmen den Moderator. Außerdem bringt man den organisatorischen Ablauf und die Gesprächsregeln (z. B. TZI) in Erinnerung. In der Phase des Abschlusses sollte jedes Gruppenmitglied eine persönliche Stellungnahme über die Fallberatung abgeben. Darüber hinaus wird man Verschwiegenheit vereinbaren, um so den Fall, aber auch Art und Umfang der Problemlösung für alle, insbesondere für den ratsuchenden Lehrer im vertrauten Kreis zu belassen (vgl. Tietze 2010).

Profitipp

Kollegiale Fallberatung eignet sich sehr gut als Instrument in Selbstlerngruppen.

- **Phase 1: Aufgabenverteilung**
  - Konstituierung einer Beratergruppe (Bezeichnung B)
  - Festlegung der problematischen Handlungssituation, die Thema sein soll
    - ➢ Mitteilungen über verschiedene Situationen aus der Praxis
    - ➢ Auswahl des Falles durch einen Lehrer, der in der Gruppe Rat sucht (Bezeichnung R)
  - Wahl des Moderators (Bezeichnung M), verantwortlich für
    - ➢ die Einhaltung der Gesprächsregeln
    - ➢ die Einhaltung der Phasen und der Zeiten

- **Phase 2: Fall-Darstellung**

R ——————————→	B
R schildert seinen Fall (= die problematische Handlungssituation) möglichst genau (auch scheinbar Nebensächliches).	B hören aufmerksam zu, machen sich ggf. Notizen zum Fall / zu den Eindrücken, notieren ggf. Klärungsfragen. ⇨ Wichtig: ▪ Keine Kommentierung ▪ Keine Interpretation ▪ Keine Ratschläge ▪ Keine Bewertung

<u>Klärungen</u>

R ←——————————	B
R hört zu.	**B stellen Rückfragen zum Verständnis der Situation:** ▪ Was habe ich nicht verstanden? ▪ Was möchte ich noch wissen? ▪ Wie war es? ⇨ Wichtig: ▪ Keine Fragen nach Begründungen = Keine Warum-Fragen
R ——————————→	B
R erläutert.	B hören zu.

- **Phase 3: (Kurze) Rückmeldung (über Empfindungen) zur Darstellung**

R ←	B
R hört zu.	**B geben ein Blitzlicht.** ▪ Was hat die Darstellung bei mir persönlich ausgelöst? (emotionale Dimension) ▪ Was hat die Darstellung bei mir im Blick auf die Situation ausgelöst, in der sich R befand? ⇨ Wichtig: ▪ Aussagen nur aus persönlicher Sicht ▪ Keine Interpretation ▪ Keine Erklärung ▪ Keine Kommentierung der Aussagen

Hinweise zur Modifizierung des Verfahrens

Die Falldarstellung kann durch ein **Rollenspiel** ergänzt werden. Manchmal kommen auf diese Weise erst die Fragen auf den Tisch, die für die Bearbeitung des Falles wichtig sind. Für das Rollenspiel übernimmt ein Kollege aus der Beratergruppe die Rolle des Lehrers, der den Fall vorgetragen hat. Ein weiterer Kollege spielt den Schüler, um den es geht. Bei der Darstellung einer Situation spielen gegebenenfalls weitere Kollegen Schüler. Als Rollenspielanweisung dient der Bericht des ratsuchenden Kollegen.

Das Rollenspiel kann auch in einer emphatischen Rollenübernahme gespielt werden (**Ich-als-du-Rollenübernahme**). Perspektive Kollege: „Ich als du (mit Blick auf die betroffene Person) fühle / empfinde / würde ....“ Und aus der Perspektive des Schülers: „Ich als (Claudia / Peter) würde / fühle / ....“ Dabei müssen die Sprecher die Regeln beachten: Die emphatischen Formulierungen dürfen keine Bewertungen, Interpretationen oder Kommentierungen darüber enthalten, was R berichtet hat. Und natürlich sollen die emphatischen Aussagen auch frei sein von Lösungsvorschlägen oder Ratschlägen. Bei möglichen sprachlichen Unschärfen sollte der Moderator eingreifen.

- **Phase 4: Bearbeitung (Gemeinsame Bearbeitung des Problemfalls)**

R ⟵⟶ B	
R hört zu.	⇨ **Reflexionspause** **Jeder B macht sich klar:** ▪ Wie kann man die Handlungssituation angemessen beschreiben? ▪ Welche Bedingungsfaktoren sind für das Zustandekommen des Problems verantwortlich? ⇨ Wichtig: ▪ Aussagen nur aus persönlicher Sicht ▪ Keine Interpretation ▪ Keine Erklärung ▪ Keine Kommentierung der Aussagen
R ⟵ B	
R notiert alle Aussagen stichwortartig, ordnet und gewichtet die Hypothesen: ▪ Welche Hypothesen muss ich überprüfen? ▪ Welche Hypothesen muss ich verwerfen?	⇨ **Hypothesenbildung** ⇨ Methode: Brainstorming B entwickeln Vermutungen über mögliche Hintergründe / Ursachen der Problemsituation. ⇨ Wichtig: ▪ Alle Hypothesen sind zugelassen. ▪ Jeder B sollte sich äußern. ▪ Alle B sind gleichberechtigt.
⇨ **Zeit zum Ordnen und Bewerten (ca. 2 Min.)**	
R überlegt und klärt für sich: ▪ Welche Aussagen liefern mir neue Aspekte, Ideen, Perspektiven? ▪ Welche Beobachtungen muss ich noch vornehmen? ▪ An welchen Stellen besteht für mich noch Klärungsbedarf?	

Einschätzung (Feedback)

R ⟶	B
R äußert sich zur Darstellung der B: ▪ Von wem fühle ich mich besonders gut verstanden? ▪ Was habe ich als interessant und neu empfunden? ▪ Welche Lösung scheint mir die beste zu sein? ▪ Wo liegen Missverständnisse?	B hören zu.

Entwicklung von Lösungen

R ⟵	B
R hört zu und notiert die Lösungsvorschläge (Stichwörter). Er trifft anschließend eine Wahl aus den Möglichkeiten, die ihm vorliegen.	**B bieten auf der Grundlage der Einschätzungen Handlungswege an.** **B äußern ihre Vorschläge in der Form „Ich als du ....“** ⇨ Methode: Brainstorming oder Einzelvorschläge

Entscheidung

R ⟶	B
➢ **R beurteilt die Lösungsvorschläge auf Grund seiner Möglichkeiten und nach Plausibilität.** ➢ **R teilt B mit, welchen Lösungsvorschlag er für den besten hält.** ➢ **R sagt, was er auf Grund des besten Lösungsvorschlags im Blick auf den Problemfall tun will.**	B hören zu.

- **<u>Phase 5: Abschluss (abschließende Äußerungen zum Verfahren)</u>**

R ⟷ B

Alle Teilnehmer machen ein Blitzlicht.

- Wie ist es mir im Verlauf des Verfahrens ergangen (Gedanken / Gefühle)?
- Welche Phasen waren für mich aufschlussreich / lernwirksam?
- Worauf sollte die Beratungsgruppe bei ihrer nächsten Sitzung achten?

Hinweise

- Der Moderator hilft in allen Phasen, den vorgesehenen Ablauf inhaltlich und methodisch einzuhalten (siehe die kursiv gedruckten Hinweise „Wichtig“).
- R und B sind grundsätzlich bereit, die Hilfen des Moderators anzunehmen und seine Strukturierung des Beratungsprozesses zu akzeptieren.

Zum Abschluss

- Vergegenwärtigen Sie sich die Struktur des Prozesses bei der Kollegialen Fallberatung. In welchen Phasen erkennen Sie die „Funktion der Hilfe“, wo die „Funktion der Förderung“?
- Welche Vorteile bringt das Verfahren im Vergleich dazu, einen Beratungsfall ohne Hilfe von Kollegen zu bearbeiten? Gehen Sie dabei auch darauf ein, inwieweit Kollegiale Fallberatung Stress mindern kann (Entlastungsfunktion).
- Für wie effektiv halten Sie das Verfahren der Kollegialen Fallberatung?

1.7. Arbeitsanregungen

Classroom Management

Worin liegen nach Ihrer Meinung für den Lehrer besondere Probleme beim Wahrnehmen von Konflikten?	
„Jeder Lehrer sollte sich über Konflikte mit Schülern freuen." Inwieweit stimmen Sie dieser These zu?	
„Lehrer mit einer hohen sozialkommunikativen Kompetenz haben es meist schwer, in Konfliktsituationen angemessen zu reagieren." Was meinen Sie dazu?	
Inwieweit ist das Ignorieren eines Konfliktes geeignet, den Konflikt zum Verschwinden zu bringen?	
In welchen Phasen eines Konfliktlösungsprozesses können operantes Konditionieren und Modelllernen eine Rolle spielen?	

Sie erscheinen fünf Minuten zu spät zum Unterricht. Zwei Ihrer Schüler prügeln sich am Boden. Was hat die Situation für Sie mit einem Konflikt zu tun?	
Nehmen Sie an, die Hälfte der Schüler einer Klasse macht keine Hausaufgaben. Analysieren Sie: Inwieweit handelt es sich hier für wen um einen Konflikt? Welche Schlüsse ziehen Sie aus Ihrer Analyse?	
Beschreiben und beurteilen Sie das Menschenbild, das der 6-Schritte-Methode zur Lösung von Konflikten zugrunde liegt.	
Wo sehen Sie Grenzen der 6-Schritte-Methode in der Institution Schule? Worin sehen Sie den Nutzen des Verfahrens?	
„Bei der 6-Schritte-Methode werden die Schüler viel zu ernst genommen." Nehmen Sie Stellung zu der Aussage.	
„Kinder und Jugendliche müssen lernen, Bedürfnisse auch einmal zurückzustellen." Was meinen Sie zu der Aussage? In welchem Verhältnis steht die Aussage zum Anspruch der 6-Schritte-Methode?	

Welche Situationen können Sie sich vorstellen, in denen Sie einen Konflikt unter Schülern beilegen müssen? Wie gehen Sie dabei vor?	
Bestimmen Sie an einem konkreten Beispiel das Verhältnis von „Unterrichtsstörung“ und „Konflikt“. Inwieweit verändert sich Ihr Verhalten als Lehrer in Abhängigkeit davon, ob Sie ein Phänomen als Unterrichtsstörung oder als Konflikt erleben?	
Nehmen Sie an, Sie lassen einen Schüler trotz dessen früher Meldung erst am Ende einer Gesprächsphase zu Wort kommen. Inwieweit haben Sie einen Konflikt erzeugt?	
Welchen Sinn kann es haben, Konflikte mit Schülern nicht im Unterricht zu behandeln? Wie würden Sie außerhalb des Unterrichts vorgehen, um die Konflikte zu bearbeiten?	
Was halten Sie davon, mit Schülern ein Konflikttraining durchzuführen? Dabei wird in Rollenspielen angemessenes Konfliktverhalten eingeübt (assertives Training).	
Informieren Sie sich über die Trainingsraum-Methode (siehe zum Beispiel Weber 2010). Was halten Sie von diesem Konzept? Inwieweit würden Sie es nutzen? Warum?	

Welche Gefühle haben Ihrer Meinung nach Menschen am häufigsten, wenn sie in einem Konflikt sind? Was bedeutet Ihre Antwort für die Möglichkeit und die Art, Konflikte in der Schule zu bereinigen?	
„Meinungsverschiedenheiten sind zwar keine Konflikte, sie sind aber oft Stellvertreterkriege und zeigen verborgene Konflikte an." Was meinen Sie zu dieser These? Hätte es Auswirkungen auf Ihr Verhalten als Lehrer, wenn die These zuträfe?	
„Kooperatives Lernen vermittelt den Schülern ganz nebenbei die Fähigkeit, mit Konflikten konstruktiv umzugehen." Wie sehen Sie das?	
Nehmen Sie an, Sie sollen an Ihrer Schule ein Konzept zur Mediation entwickeln. Was würden Sie besonders beachten?	
Lehrer sollen im Schulsystem zugleich fördern und selektieren. Beschreiben Sie die Struktur und die Folgen dieses inneren Konflikts. Wie gehen Sie mit diesem Konflikt um? Was raten Sie Kollegen mit Blick auf diesen Konflikt?	
Was verstehen Sie unter einem Konflikt? Nennen Sie konkrete Beispiele aus dem Schulalltag.	

Worin können in der Schule Ursachen für Konflikte liegen?	
Welche Motive können Konfliktpartner für Ihr Verhalten haben? Erläutern Sie solche Motive an einem Beispiel aus der Schule.	
Welche Gedanken und Gefühle hatten Sie, als Sie mit Schülern in einem Konflikt waren?	
Welche Arten der Konfliktlösung beobachten Sie im (Schul-)Alltag? Wie beurteilen Sie diese Strategien?	
Welche Folgen kann es haben, wenn Sie als Lehrer einen Konflikt durch Nutzen Ihrer Machtposition regeln?	
Schüler weigern sich, an einem heißen Tag Unterricht zu machen. Wie reagieren Sie?	

Anfängern wird oft geraten: „Lerne möglichst schnell die Namen deiner Schüler." Notieren Sie positive Folgen für Ihren Unterricht, wenn Sie den Rat befolgen.	
In welchen Bereichen könnten Sie den Schülern einer Ihrer Lerngruppen ab morgen mehr Verantwortung als bisher geben? Begründen Sie Ihre Entscheidung für diese Bereiche.	
Nehmen Sie an, Sie wollen Schüler Teile des Unterrichts moderieren lassen. Was müssten die Schüler lernen? Wie können Sie diese Lerninhalte vermitteln?	
Welches Begrüßungsritual nutzen Sie in Ihren Lerngruppen? Warum verwenden Sie gerade dieses? Was sagt das Ritual über Ihr Verständnis als Lehrer aus?	
Wie wichtig ist Ihnen Strafe als Mittel der Erziehung? Begründen Sie Ihre Auffassung!	
Welche sozialkommunikativen Fähigkeiten sollten Schüler haben, wenn sie konstruktiv zusammenarbeiten wollen / sollen?	

Überlegen Sie inhaltliche Bausteine eines Konzepts, mit dem sie die notwendigen sozial-kommunikativen Kompetenzen vermitteln könnten. Wie würden Sie das Konzept organisieren?

Grundsätzlich erwartet man von einem „guten Lehrer“, dass er sich im Unterricht mit den Schülern über die Belange von Unterricht und über alle wichtigen sozialen Probleme der Schüler unterhält. Welchen Sinn macht vor diesem Hintergrund die Institution des Klassenrats?

Kritiker sagen: Der Klassenrat verkommt zu einem verlängerten Arm der Lehrkräfte, wenn er als Streitschlichtungsorgan verstanden wird. Was meinen Sie zu dieser Kritik?	
Der Klassenrat soll ein demokratisches Mitbestimmungsorgan sein. Wie demokratiefähig sind Ihrer Meinung nach zehn- oder zwölfjährige Schüler?	
Wie verhalten sich aus Ihrer Sicht disziplinierte Schüler?	

Bernhard Bueb (2009) betont, jeder habe ein Recht auf Führung. Wie verstehen Sie diese Forderung und was halten Sie von ihr?

<table>
<tr><td>Wie gleichberechtigt kann die Interaktion zwischen Schülern und Lehrern Ihrer Meinung nach sein?</td><td></td></tr>
<tr><td colspan="2">Inwieweit kann ein gutes Classroom Management Disziplinproblemen in einer Lerngruppe vorbeugen? Nennen Sie bitte konkrete Probleme und Maßnahmen, die Sie ergreifen würden, um sie zu beheben.</td></tr>
<tr><td>Wie setzen Sie den Blickkontakt zu Ihren Schülern ein und was wollen Sie damit erreichen?</td><td></td></tr>
<tr><td colspan="2">Schüler arbeiten unterschiedlich schnell. Welche Folgen ergeben sich daraus? Wie verhalten Sie sich gegenüber diesen Folgen?</td></tr>
<tr><td>Wie gestalten Sie die Trennung einzelner Unterrichtsphasen? Beschreiben Sie konkret.</td><td></td></tr>
</table>

Worin liegen nach Ihrer Meinung für den Lehrer besondere Probleme beim Erkennen von Unterrichtsstörungen?	
„Schüler leben in einer anderen Welt und verfolgen andere Ziele als Lehrer." Nehmen Sie im Blick auf Unterrichtsstörungen zu dieser These Stellung.	
Nehmen Sie an, in Ihrer Klasse entsteht Unruhe durch verschiedene Nebentätigkeiten von Schülern. Wie und wann reagieren Sie darauf?	
Mario (15) zeigt sich im Unterricht gelangweilt, meldet sich selten, liefert dann aber überdurchschnittlich gute Beiträge. Es stellt sich durch einen Test heraus: Mario ist hochbegabt. Inwiefern liegt hier eine Unterrichtsstörung vor? Wie reagieren Sie auf die Situation?	
Inwiefern können sich weniger begabte Schüler durch Unterricht gestört fühlen? Welche Maßnahmen ergreifen Sie in diesen Fällen?	
„Unterrichtsstörungen sind stets Disziplinprobleme, mit denen sich der Lehrer beschäftigen muss." Nehmen Sie Stellung.	

Welche Arten von Unterrichtsstörungen erscheinen Ihnen besonders schwierig zu handhaben? Warum?	
Welche Unterrichtsstörungen können durch die räumlichen und sächlichen Gegebenheiten einer Schule entstehen?	
„Vorschnelle Hypothesen des Lehrers über Ursachen von Störungen führen zu weiteren Störungen." Nehmen Sie zu dieser These Stellung. Erläutern Sie die These anhand eines geeigneten Beispiels.	
Eines der Postulate der TZI heißt: „Störungen haben Vorrang." Interpretieren Sie dieses Postulat am Beispiel einer konkreten Unterrichtsstörung. Gehen Sie dabei auch auf mögliche Maßnahmen des Lehrers ein.	
Eine Hilfsregel der TZI lautet: „Verwende Ich-Botschaften." Überlegen Sie, ob, wann und inwieweit diese Regel Ihnen als Lehrer helfen kann, Unterrichtsstörungen vorzubeugen oder diese zu beheben.	
„Schülerferne Inhalte schaffen regelmäßig Unterrichtsstörungen." Wie berechtigt ist diese These?	

„Zu gutem Unterricht gehört auch ein gewisses Tempo im Ablauf des Lernprozesses. Langsamer Unterricht führt zwangsläufig zu Störungen.“ Inwieweit stimmen diese Annahmen?
„Jeder Lehrer sollte sich über Unterrichtsstörungen freuen. Sie zeigen ihm einen Teil der Realität, die sonst durch geschicktes Verhalten überdeckt wird. Erst offene Störungen bieten die Möglichkeit, sich mit der verdeckten Realität zu beschäftigen.“ Nehmen Sie (selbstkritisch) Stellung zu dieser These.
„Störe einfach den Unterricht, wenn dir langweilig ist.“ Was halten Sie von dieser Symptomverschreibung eines Lehrers für einen hochbegabten Schüler?
„Schüler stören doch nur, weil sie Zuhause kein vernünftiges Verhalten gelernt haben.“ Was meinen Sie dazu?
Überlegen Sie Maßnahmen, wie Sie mit den Ihnen bekannten Unterrichtsstörungen umgehen könnten?
„Sprich per ich und nicht per man.“ Interpretieren und bewerten Sie diese These der TZI.

In welcher Weise könnte sich ein Schüler im Unterricht gestört fühlen. Was bedeutet das für Sie als Lehrer?	
Ein Schüler beteiligt sich so gut wie nie am Unterricht. Inwieweit interpretieren Sie dieses Verhalten als Unterrichtsstörung?	
Inwieweit sind aus Ihrer Sicht hochbegabte oder ständig überforderte Schüler ein Störfaktor im Unterricht?	
Inwieweit kann aus Ihrer Sicht Ihre persönliche Befindlichkeit ein Störfaktor des Unterrichts sein?	
„Störungen sind immer konstruktiv.“ Nehmen Sie Stellung zu der These.	

Wie stellen Sie sich Kollegiale Fallberatung in Selbstlerngruppen vor?	
Wie nützlich kann Kollegiale Fallberatung für die Selbstreflexion der Beobachter sein?	
„Kollegiale Fallberatung schließt kollegiale Unterrichtsbesuche ein.“ Was halten Sie von dieser These?	
„Kollegiale Fallberatung ist viel zu aufwändig. Ich kann doch meinem Kollegen auch in der Pause sagen, wie ich in einer bestimmten Situation handeln würde.“ Nehmen Sie zu dieser Aussage Stellung.	
„Kollegiale Fallberatung ist geeignet, Konflikten im Unterricht vorzubeugen.“ Inwieweit stimmen Sie dieser These zu?	

2.

Selbst-Management des Lehrers

**„Stress bedroht die Gesundheit,
das Wohlbefinden, man scheut und fürchtet
ihn als Überanstrengung, als Überbelastung.“**

(Frederic Vester)

2.1. Belastungen und Stress

2.1.1. Die Alltagssituation

Übung

Beginnen Sie die Bearbeitung dieses Kapitels mit der Einschätzung Ihrer Belastungen und der eigenen Stresssituation.

1. Denken Sie an Ihren Alltag in den letzten 14 Tagen zurück (Schule, unterrichtsfreie Zeit, Wochenende). Benennen Sie für die jeweiligen Tage Situationen, die Sie als belastend empfunden haben.

2. Wie intensiv waren die einzelnen Belastungen für Sie? Bewerten Sie die jeweils genannten Belastungen mit „1" (= sehr geringe Belastung) bis „5" (= sehr starke Belastung).

Belastung Nr.	Grad der Belastung „1" bis „5"

3. Beschreiben Sie, worin genau die Belastungen der einzelnen Situationen für Sie bestanden / bestehen.

Belastung Nr.	Art der Belastung

4. Ordnen Sie die Belastungen den Bereichen Unterricht (U) / Arbeitsstätte Schule und Seminar (S) / Lebensereignis (L) zu. Wie verteilen sich die Situationen auf diese Bereiche? Wie haben sich die Belastungen in den verschiedenen Lebensbereichen aufeinander ausgewirkt?

Belastung Nr.	Zuordnung zu den Bereichen U, S oder L

5. Was haben Sie getan, um den belastenden Situationen zu begegnen?

Belastung Nr.	Mein Verhalten

2.1.2. Quellen für Stress

Lehrer müssen sich in ihrem Beruf auf **viele unterschiedliche Aufgaben** einstellen. Außer der Vor- und Nachbereitung sowie der Durchführung von Unterricht gehören dazu die Korrektur von Schülerarbeiten, Gespräche mit Schülern und mit deren Eltern über Erziehungsmaßnahmen, Leistungsbewertungen und das Erstellen von Leistungsprognosen, die Durchführung von Klassen-/Kursfahrten, das Führen von Klassenbüchern, Kursheften und Personalbögen. Die Arbeit an der Schule ist bestimmt durch zahlreiche Konferenzen, die sich auf verschiedene Belange der Schule und der Schüler beziehen. Viele dieser Prozesse erfordern zudem Gespräche mit Kollegen, mit der Schulleitung oder auch der Schulaufsicht. Referendare sind außerdem durch Seminarveranstaltungen und Unterrichtsbesuche beansprucht; sie müssen sich mit ihren Ausbildern in Schule und Seminar absprechen, sie müssen Unterrichtsentwürfe und Hausarbeiten schreiben und sich zu gegebener Zeit auf Prüfungen vorbereiten. Hinsichtlich der Bewältigung dieser Aufgaben sind gestandene Lehrer wie auch Lehramtsanwärter oft Einzelkämpfer (vgl. Schaarschmidt 2005).

Lehrer haben es heute auf Grund der **gesellschaftlichen Bedingungen** und der **Sozialisationserfahrungen der Kinder und Jugendlichen** mit mehr problematischen Schülern zu tun als in früheren Zeiten; der Unterricht ist sehr störanfällig, konzentriertes Unterrichten ist durchgehend erschwert. Zentrale Prüfungen, Kernlehrpläne und Standardisierungen schaffen zusätzliche Arbeit. Das pädagogische Engagement erlaubt kein Verschnaufen; sonst können Erziehungs- und Bildungsarbeit an der Schule kaum verwirklicht werden (vgl. Baacke 2007 und 2009; Hurrelmann 2009).

Lehrer müssen Jahr für Jahr unter großem Aufwand viel bieten, erhalten dafür aber kaum etwas zurück. Von Fall zu Fall ist lediglich das direkte Feedback einer Lerngruppe oder einzelner Schüler oder indirekt die Teilhabe am Erfolg einer Lerngruppe eine gewisse Anerkennung für die geleistete Arbeit. Die Komponente der Selbstwirksamkeit wird in der Regel allmählich aufgebaut, kann aber nicht in geeigneter Weise optimiert werden: „Ich habe kaum oder gar keinen Einfluss auf meine Schüler!“ Das sagt fast die Hälfte aller Lehrer, wie eine Allensbach-Studie ergab (2011).

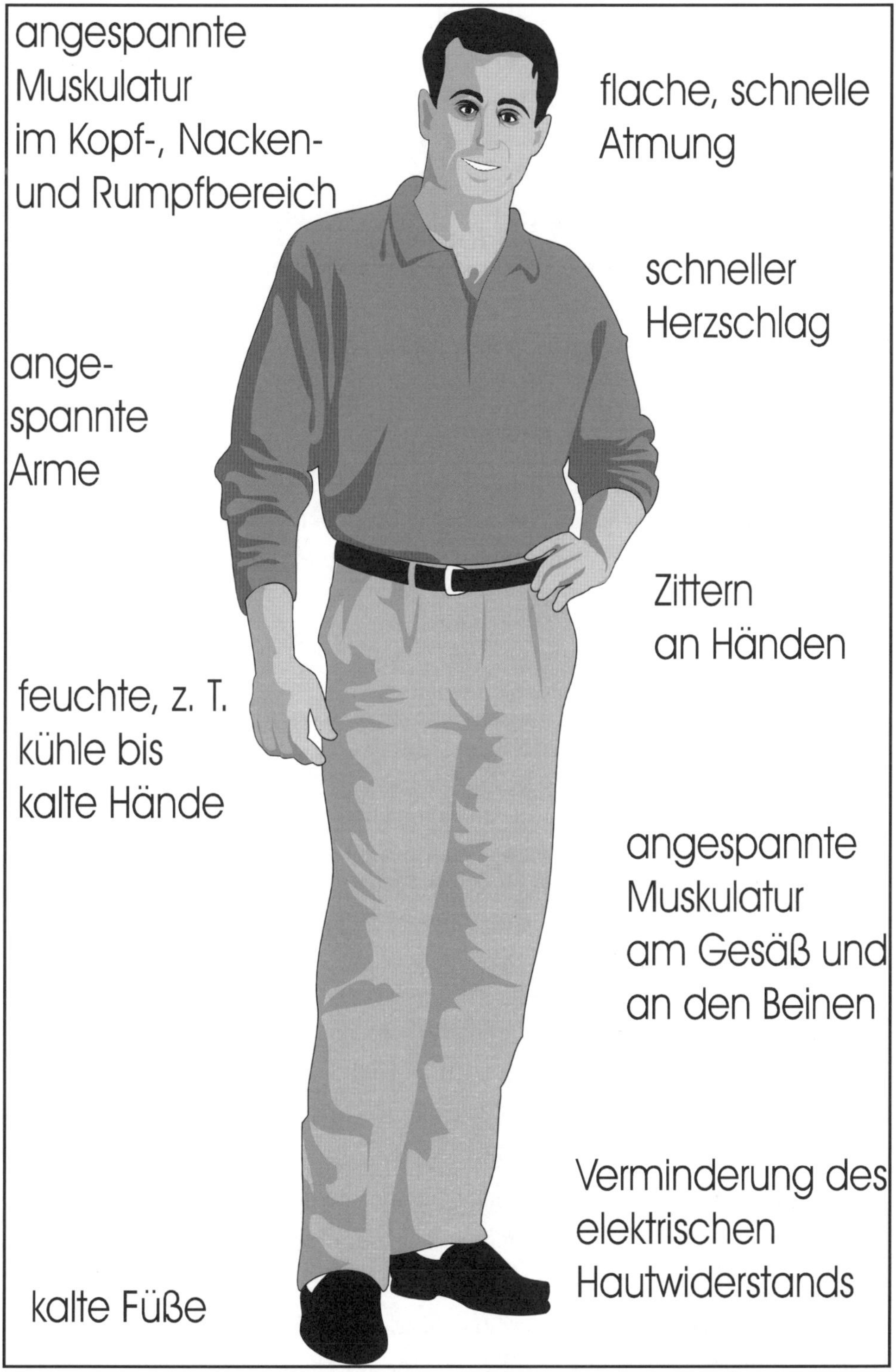

Abbildung 1: Physiologische Wirkungen von Stress

Lehrer sind also skeptisch mit Blick darauf, was und ob sie überhaupt etwas erreichen und bewirken können (vgl. zur Klärung von Selbstwirksamkeit bei Lehrern: Bauer 2012). Alle diese Faktoren führen in wenigen Jahren bereits zu Stress, der sich meist zunächst physiologisch bemerkbar macht, zum Beispiel durch Verspannungen und Schmerzen der Muskulatur oder eine gehäufte Anfälligkeit für Erkältungskrankheiten, sich aber auch in emotionaler Erschöpfung, Verminderung der persönlichen Leistungsfähigkeit und Depersonalisierung zeigt (siehe Abb. Seite 123).

Als Ursachen für den schlechten Gesundheitszustand vieler Lehrer nennt Rudow (1994) diese Faktoren:

- Unzufriedenheit mit der Schulleitung
- Wenig Entscheidungsspielraum
- Überforderung durch Häufung von Arbeit in bestimmten Zeitabschnitten
- Keine Identifikation mit Anforderungen außerhalb von Unterricht
- Hektisches Arbeitsklima
- Geringe Wertschätzung
- Selbstwertbedrohung durch Schülerverhalten

Dauer / Vollstädt (2003) befragten pensionierte Lehrer über Hauptbelastungsfaktoren während ihrer Dienstzeit; genannt wurden vor allem:

- Immer mehr Erziehungs- und Disziplinierungsaufgaben
- Hohe Klassenfrequenz
- Heterogenität
- Lärm
- Hoher Verwaltungsaufwand

Alle diese Belastungsfaktoren spielen auch für Referendare eine Rolle; in der Ausbildung kommen für Referendare aber Belastungen in anderen Bereichen hinzu (vgl. Balliet 2009; Kliebisch / Meloefski 2009):

- Vor- und Nachbereitung von selbstständigem Unterricht (BdU)
- Im Vergleich mit der Studiensituation hoher Verantwortungsdruck durch selbständigen Unterricht
- Notwendigkeit der Selbst-Entwicklung vor allem mit Blick auf Erziehungsaufgaben (verpflichtendes Coaching; vgl. MSW 2011c)

- Statuspassage mit Rollenproblemen (selbstverantwortlicher Lehrer und zugleich Referendar)
- Hoher Beobachtungsdruck durch Fachlehrer, Ausbildungskoordinatoren, Schulleitung und Seminarausbilder
- Teilnahme an Seminarveranstaltungen einschließlich Vor- und Nachbereitung
- Planung und Durchführung von Hospitationen
- Dauernder Bewertungsdruck
- Hoher Anspruch an das Selbst-Management (Zeitplanung und Stressverarbeitung vor allem im Umgang mit Seminarausbildern, Ausbildungslehrern und Schülern)
- Prüfungen (Unterrichtspraktische Prüfungen, Kolloquium)

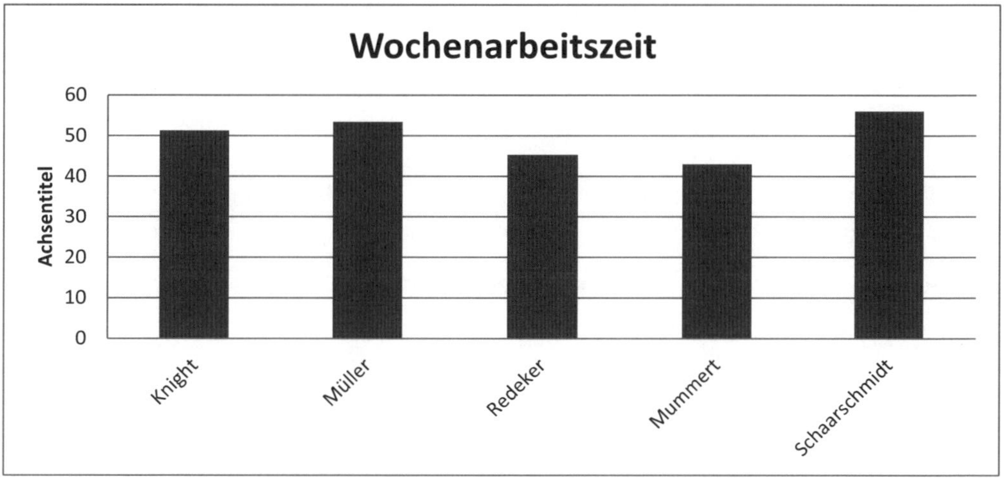

Abbildung 2: Wochenarbeitszeit bei Lehrern

(Quellen: Knight / Wegenstein 1973; Müller-Limmroth 1980; Redeker 1993; Mummert & Partner 1999; Schaarschmidt 2008)

Seit 1958 wurden durch Gutachten immer wieder **Lehrerarbeitszeiten** ermittelt, **die die der Industriearbeiter zum Teil erheblich überschreiten** (siehe Abb. 2). Die von Uwe Schaarschmidt (2007) im Rahmen der Potsdamer Lehrerstudie erhobenen Daten sind weiterhin beunruhigend: Er stellte bei den befragten Lehrern eine durchschnittliche Wochenarbeitszeit von 56 Stunden fest. Zwar sind die ermittelten Arbeitszeiten der Lehrer in der Öffentlichkeit auch schon früher angezweifelt und bestritten worden. Insbesondere bei Langzeitbeobachtungen bestätigen sich aber die hohen Gesamtarbeitszeiten der Lehrer, die die verschiedenen Lehrerbefragungen ergeben haben. Mummert & Partner (1998) stellen aber fest, dass die tatsächliche

Arbeitszeit der Lehrer sehr unterschiedlich ausfällt; sie liegt zwischen 30 und 60 Wochenstunden.

Redeker konnte bereits 1993 einen Zusammenhang zwischen der Befindlichkeit von Lehrern und der Beziehung zu ihren Schülern zeigen. Außer durch objektiv messbaren Faktoren wie etwa Klassenfrequenzen stellen sich Befindlichkeitsprobleme bei Lehrern vor allem durch Beziehungsstörungen ein: Die Lehrkräfte streben positive menschliche Beziehungen zu ihren Schülern an; diese Beziehungen sind aber (nicht zuletzt wegen der Alters- und Interessenunterschiede) oft nachhaltig gestört. Zwischen den Personen stellt sich daher kein angemessenes Verhältnis von Nähe und Distanz ein. Gerade jüngere Schüler allerdings artikulieren oft ein intensives Bedürfnis nach Nähe zur Lehrperson; der Lehrer sollte das Bedürfnis der Schüler aber nicht erwidern, weil dadurch sein eigenes berechtigtes Verlangen nach (professioneller) Distanz gefährdet ist.

Ein Teil der Lehrerängste sind – so gesehen – **Beziehungsängste**, die bis in die Kindheit des Einzelnen zurückreichen können (vgl. Obidzinski 2008; Miller 2011). Solche Ängste sind keine Seltenheit, aber oft sind und bleiben sie ein Tabu: Viele Lehrer erleben und durchleiden täglich Ängste, die durch negative Erfahrungen beim Unterrichten, durch Konflikte mit undisziplinierten und als auffällig eingestuften Schülern, durch Konflikte mit Eltern oder auch durch öffentlichen Druck gesteigert werden. Referendare sind in besonderem Maße gefährdet: Ihr Wunsch nach Anerkennung durch die Schüler ist nicht zuletzt wegen ihrer geringen Berufserfahrung, wegen einer gewissen Altersnähe zumindest zu Oberstufenschülern und wegen insgesamt mangelnder Professionalität oft zu groß; ihnen fehlt die notwendige Balance zwischen notwendiger Beziehung und angemessener Führung. **In der Ausbildung haben Referendare darüber hinaus existenziellere Ängste als die Kollegen**, die festangestellt sind: Arbeitsvolumen, Bewertungs- und Prüfungsdruck belasten die Auszubildenden oft bis an die Grenze des subjektiv Erträglichen.

Uwe Schaarschmidt (2005; Schaarschmidt / Fischer 2012) hat über sechs Jahre etwa 16.000 Lehrer, davon ungefähr 2.500 Referendare mit Blick auf deren Belastung im Berufsalltag untersucht. Wie gehen Lehrer mit den Belastungen an ihrem Arbeitsplatz um? Wie engagiert sind die Lehrer? Und welche Gefühle haben Sie bei ihrer

Tätigkeit? Das Ergebnis der Potsdamer Lehrerstudie: Man kann vier Typen von Lehrern und damit vier charakteristische Verhaltensmuster bei Lehrern unterscheiden:

- Muster G (Gesundheit): Diese Lehrer engagieren sich, fühlen sich bei ihrer Arbeit wohl und sind weitgehend resistent gegenüber Belastungen.
- Muster S (Schonung): Lehrer mit diesem Verhaltensmuster sind eher passiv, sie engagieren sich wenig und schützen sich dadurch vor beruflicher Überlastung.
- Muster A (Anstrengung): Diese Lehrer engagieren sich beruflich unverhältnismäßig stark und haben gleichzeitig wenig Widerstandskraft gegenüber Belastungen.
- Muster B (Burnout): Lehrer mit diesem Verhaltensmuster sind gesundheitlich stark gefährdet. Sie sind wenig engagiert und trotzdem nur wenig widerstandsfähig gegenüber Belastungen im Schulalltag.

Interessant ist die Verteilung der Muster in der Lehrerschaft:

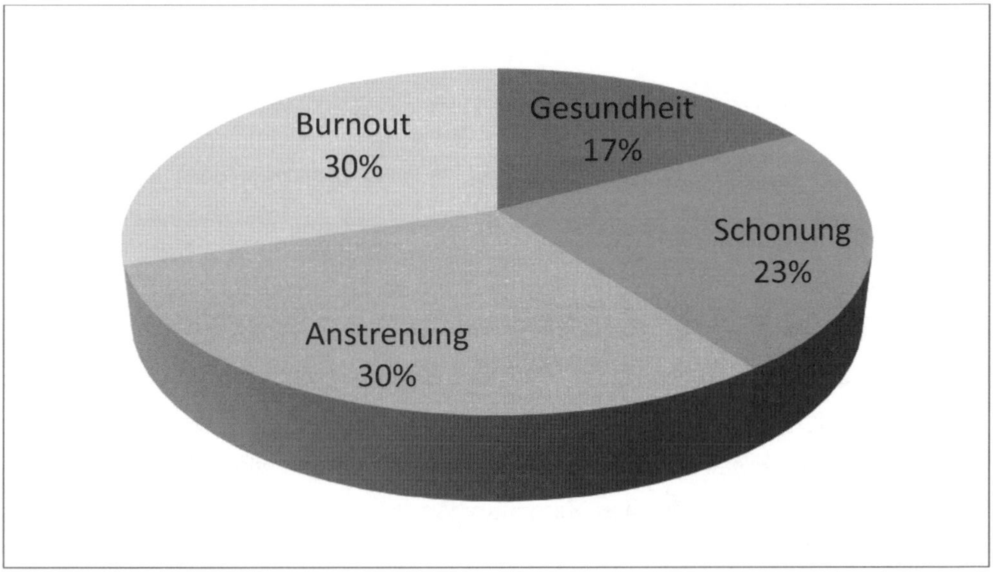

Abbildung 3: Musterverteilung nach Schaarschmidt (2005)

Bei Referendaren sieht die Musterverteilung etwas anders aus: Bei jedem vierten Referendar kommt das Risikomuster B vor, drei von zehn Referendaren zeigen das Muster S. Etwa zehn Prozent der Berufsanfänger erlebt nach etwa vier Jahren Dienstzeit ein Burnout. Gefährdet sind allgemein die Lehrer, die den Mustern A und B zuzuordnen sind. Kombinationen bestimmter Verhaltensmuster, wie sie Schaarschmidt darstellt, und ungünstigen Kompetenzprofilen (vgl. Heyse / Erpenbeck / Ortmann 2010; Kliebisch 2011) können die Gesundheitsgefährdung des einzelnen Lehrers weiter steigern. Zur Belastung am Arbeitsplatz Schule kann noch **Stress aus dem privaten Lebensbereich kommen**. Die individuellen Lebensereignisse eines Lehrers können den bis dahin geradlinig verlaufenen Lebensweg stark beeinträchtigen oder sogar unterbrechen. Partnerschaftsprobleme, erziehungsschwierige Kinder, eine plötzlich auftretende Krankheit, ein Unfall oder Veränderungen in der Familiensituation wirken belastend. Solche stressbedingenden Ereignisse entziehen sich oft den Einflussmöglichkeiten einer Person und kommen meistens zum „falschen Zeitpunkt". Die Summe aller Belastungen kann im Einzelfall bis zur Depression führen.

2.1.3. Lebensbereiche und Situationen

Die Lebensgestaltung eines Menschen wird allgemein in folgenden **Lebensbereichen** bestimmt:

- Lebensereignisse
- Umwelt / Arbeitsplatz
- interpersonale Beziehungen

Lebensereignisse verändern die Lebenssituation eines Menschen. Man unterscheidet dabei zwischen normativen und nicht-normativen Lebensereignissen. Die normativen Lebensereignisse sind entwicklungs- und gesellschaftsbedingt (z. B. Schulabschluss, Berufsqualifizierung, Heirat, Beförderung), die nicht-normativen sind durch zufällige Umstände bedingt (z. B. Unfall, Krankheit). **Umwelt** kann sozialer und physischer Natur sein. Erstere umfasst das soziale Netzwerk mit allen Einrichtungen der Gesellschaft. Die Struktur sozialer Einrichtungen (Organisationen, Arbeitsplatz) und die Qualität sozialer Netzwerke wirken sich auf die Lebensgestaltung eines Menschen aus. Bei der physischen Umwelt lässt sich zwischen einer vom Menschen produzierten Umwelt (Struktur eines Lebensraums, z. B. Wohnlandschaft, Lärm u. a.) und der natürlichen Umwelt (z. B. Klima, Klimakatastrophen) unterscheiden. Der Aspekt **interpersonale Beziehungen** meint die Qualität von Beziehungen in Gruppen, denen man angehört: Unterschieden werden Primärgruppen (z. B. Familie, Lebensgemeinschaften) von Sekundärgruppen (Schulklasse, Kollegium an der Schule, Sportverein usw.).

Alle diese Bereiche beeinflussen sich gegenseitig. Mehrere günstige oder ungünstige Bedingungen können sich wechselseitig verstärken (vgl. Balliet 2009); Belastungen in dem einen Bereich können sich aber auch durch günstige Bedingungen in einem anderen Bereich ausgleichen. Die konkreten Ereignisse und Bedingungen dieser Lebensbereiche werden als Situationen oder auch als Reize bezeichnet.

⇨ **Bevor Sie weiterlesen:**

- In welchen Lebensbereichen fühlen Sie sich besonders beansprucht oder schon belastet?
- Woran merken Sie, dass Sie stark beansprucht oder belastet sind?
- Welche Auswirkungen hat(te) diese Beanspruchung beziehungsweise Belastung, die Sie bei sich festgestellt haben, auf Ihren Körper, Ihr Erleben, Ihre Leistung und Ihr Sozialverhalten?

2.1.4. Was ist Stress? – Eine allgemeine Beschreibung

Der **Begriff „Stress“** wurde von dem Zoologen Hans Selye 1936 (1991) aus der Physik entlehnt. Im Englischen bedeutet dieser Begriff „Zug oder Druck auf ein Material“ (stress <engl.> – Druck, Anspannung; stringere <lat.> – anspannen). Mit diesem Begriff kennzeichnete man in der Verhaltenspsychologie Reaktionen bei Tieren und Menschen auf jegliche Art von Anforderungen. Ursprünglich wurde der Begriff auf das Verhalten von Flucht oder Angriff bezogen, das im Tierreich als Notfallreaktion das Überleben sichert. Diese alternative Handlungsbereitschaft wird durch eine vegetative Reaktionskette ausgelöst, die durch körpereigene Hormone geregelt wird. Im Körper folgt dann die Aktivierung der Muskulatur, des Kreislaufs und der zentralnervösen Aufmerksamkeit (vgl. Kaluza 2011).

Die physiologischen Bedingungen von Stress werden beim Tier durch die Aktivitäten Flucht, Angriff oder durch Übersprungshandlungen zurückgefahren. Auch der Mensch ist auf diese Notfallreaktionen physiologisch ausgerichtet, kann diese aber in konkreten Situationen im Alltagshandeln nicht ausleben. Entsprechende Situationen bedeuten daher Stress für einen Menschen. Dieser Stress muss „abgearbeitet“ werden. Sonst befindet sich ein Mensch ständig in einem erhöhten Erregungszustand, der sich schädigend auf seinen Körper auswirkt. Durch die in der zivilisierten Gesellschaft bestehende **Flucht- und Aggressions-Bremse** kann Stress zu chronischen Erkrankungen sowohl der Seele als auch des Körpers führen.

⇨ **Bevor Sie weiterlesen:**

- Manche Einstellungen zur Schule und zum Referendariat beziehungsweise zu bestimmten Ausbildern erzeugen Stress. Nennen Sie einige Beispiele für solche Einstellungen. Begründen Sie Ihre Aussagen.
- „Stress verändert die Wahrnehmung.“ Erläutern Sie diese Aussage mit Hilfe von Beispielen aus Ihrem Schul- oder Ausbildungsalltag.
- Angst ist eine Art Stress. Erläutern Sie die folgende Aussage: „Wer Angst vor dem Unterrichten verdrängt, den holt die Angst umso schneller ein.“

In einem ersten Schritt können körperorientierte **Methoden der kurzfristigen Belastungserleichterung** einen Erregungszustand mildern. Dies ist grundsätzlich möglich wegen der Vernetzung von körperlichen und mentalen Reaktionen des Organismus. Atemübungen und Übungen zur Muskelentspannung greifen in die unwillkürlichen Körperreaktionen ein. Bei jeder Belastung wird die Atmung schneller und flacher; der Stress wird vermindert, wenn man die Atmung vertieft und verlangsamt. Bei mentaler Anspannung verkrampft auch die Muskulatur; Muskelentspannung sorgt daher auch für eine psychische Entspannung. Auch über das Autogene Training wird ein entspannter Zustand des Körpers mit positiver Rückwirkung auf den geistigen Zustand erreicht: **Die körperliche Entspannung entspannt auch den Geist** (vgl. insgesamt Geisselhart / Hofmann 2009; Petermann / Vaitl 2009).

Wir stellen drei **Entspannungsübungen** vor, die die physiologischen und vegetativen Bedingungen verbessern. Sie dienen gleichzeitig als Gedankenbremse. Zweckmäßig ist es, wenn man die gewählte Übung für einige Wochen täglich durchführt. Bei der Durchführung der Übungen sollte man sich wohlfühlen. Eine Übung sollte man nur dann nutzen, wenn sie einem gefällt und bei der Durchführung Wohlbehagen aufkommt. Nach dem dritten Übungsbeispiel ist eine Reihe von Fragen angeführt, mit deren Hilfe Sie Ihre Erfahrungen mit den Übungen beschreiben und bewerten können.

Übung: Atmung kontrollieren

• Übungshaltung einnehmen Nehmen Sie eine bequeme Haltung im Sitzen oder im Liegen ein; vermeiden Sie jede unnötige Muskelanspannung. Schließen Sie die Augen. Atmen Sie ohne Anstrengung ganz normal ein und aus.
• In den Bauchraum einatmen Beobachten Sie Ihre Atmung. Wenn Sie einatmen, sollte sich Ihr Zwerchfell heben. Haben Sie den Eindruck, dass sich beim Einatmen Ihr Brustkorb hebt, verändern Sie dies. Stellen Sie sich vor, Sie drücken beim Einatmen die Luft direkt in den Bauchraum. Sie werden bemerken, dass sich auf diese Weise die Zwerchfellatmung einstellt. Atmen Sie völlig normal – ohne jede Anstrengung.

- Atmung verlangsamen
  Jetzt kommen Sie zur eigentlichen Übung: Atmen Sie bewusst und intensiv ein, etwa fünf bis sieben Sekunden lang, halten Sie dann die Luft für ungefähr drei bis fünf Sekunden an und atmen Sie anschließend langsam – mindestens zehn, möglichst zwölf bis fünfzehn Sekunden lang – aus. Wiederholen Sie den gesamten Vorgang drei- bis fünfmal.

- Zurücknehmen
  Nehmen Sie die Übung zurück: Dazu beugen und strecken Sie die Arme ein-, zweimal kräftig, atmen (kurz) tief ein und öffnen die Augen.

Profitipp

Sollten Sie Schwierigkeiten haben, den Vorgang des Ausatmens entsprechend zu verlängern, benutzen Sie als Hilfe die **Lippenbremse**: Atmen Sie dazu nicht durch die Nase, sondern durch den Mund aus. Lassen Sie dabei die Luft langsam mit einem leisen Zischen durch die fast geschlossenen Lippen strömen.

Übung: Progressive Muskelentspannung

- Ausgangsposition einnehmen
  Diese Übung in verkürzter Form ist geeignet in dem Fall, dass Sie nur wenig Zeit haben. Legen Sie sich auf den Rücken; spreizen Sie die Beine leicht, legen Sie die Arme neben den Körper, etwas angewinkelt, und schließen Sie die Augen. Atmen Sie ohne Anstrengung ganz ruhig ein und aus.

- Muskeln anspannen
  Spannen Sie nun *nacheinander* ohne zeitliche Unterbrechung folgende Muskeln an:
  - Drücken Sie die Zehen in Richtung Boden.
  - Spannen Sie dann die Beinmuskeln an; sorgen Sie dafür, dass die Beine gestreckt sind.
  - Spannen Sie zusätzlich das Gesäß an, heben Sie es leicht von der Unterlage

ab.

- Spannen Sie die Bauchmuskeln an.
- Ballen Sie die Hände zu Fäusten, spannen Sie die Armmuskeln an.
- Beißen Sie die Zähne zusammen und kneifen Sie die Augen zu.
- Halten Sie die Spannung etwa 15 bis 20 Sekunden lang, und entspannen Sie dann. Wiederholen Sie diesen Vorgang ungefähr drei- bis fünfmal.

- Zurücknehmen

  Nehmen Sie die Übung zurück. Beugen und strecken Sie dazu die Arme ein-, zweimal kräftig, atmen Sie tief ein, und öffnen Sie dann die Augen. Warten Sie mit dem Aufstehen, bis Sie sich reorganisiert haben.

Übung: Autogenes Training

- Übungshaltung einnehmen

  Legen Sie sich bequem auf den Boden oder auf eine Couch oder ein Bett; unterstützen Sie den Kopf mit einem Kissen. Spreizen Sie die Beine leicht, die Arme liegen angewinkelt neben dem Oberkörper; schließen Sie dann Ihre Augen. Atmen Sie ruhig ein und aus.

- Text vorsprechen

  Sprechen Sie sich im Geiste den folgenden Text vor. Sprechen Sie dabei langsam und möglichst monoton. Wenn Ihre Gedanken abwandern, lenken Sie sie wieder auf den Text zurück.

  Ich bin vollkommen ruhig,
  ruhig, gelöst und entspannt. (5mal wiederholen)
  Mein rechter Arm ist schwer. (5mal wiederholen)
  Ich bin vollkommen ruhig,
  ruhig, gelöst und entspannt. (5mal wiederholen)
  Mein linker Arm ist schwer. (5mal wiederholen)
  Ich bin vollkommen ruhig,
  ruhig, gelöst und entspannt. (5mal wiederholen)

Die Arme sind schwer. (5mal wiederholen) Ich bin vollkommen ruhig, ruhig, gelöst und entspannt. (5mal wiederholen) Mein rechter Arm ist warm. (5mal wiederholen) Ich bin vollkommen ruhig, ruhig, gelöst und entspannt. (5mal wiederholen) Mein linker Arm ist warm. (5mal wiederholen) Ich bin vollkommen ruhig, ruhig, gelöst und entspannt. (5mal wiederholen) Die Arme sind warm. (5mal wiederholen) Ich bin vollkommen ruhig, ruhig, gelöst und entspannt. (5mal wiederholen) Die Arme sind schwer und warm. (5mal wiederholen) Ich bin vollkommen ruhig, ruhig, gelöst und entspannt. (5mal wiederholen)
• Zurücknehmen Nehmen Sie die Übung zurück. Dazu beugen und strecken Sie die Arme ein-, zweimal kräftig, atmen Sie tief ein und öffnen Sie danach wieder die Augen. Schauen Sie auf Ihre Uhr. Warten Sie mit dem Aufstehen, bis Sie sich reorganisiert haben.

Fragen zur Auswertung der drei Übungen

Wo in meinem Körper habe ich vor der Übung Anspannung gespürt?	
Wie genau habe ich diese Anspannung gespürt?	

Was habe ich während der Übung erlebt?	
Welche körperlichen Empfindungen sind aufgetreten?	
Wie erkläre ich mir diese Effekte? Wie fühle ich mich jetzt im Vergleich zum Zustand vor der Übung?	
Was bringt mir die Übung im Alltag?	
Wo und wann kann ich die Übungen in meinem Alltag tatsächlich nutzen?	
Welche Beobachtungen im Zusammenhang mit den Übungen sind mir noch wichtig?	

2.2. Das Stressmodell von Richard S. Lazarus

2.2.1. Die Bedeutung der subjektiven Bewertung

Die Bedingungen in den verschiedenen Lebensbereichen verändern sich und bringen dadurch den von einer Person erreichten Gleichgewichtszustand in ein Ungleichgewicht. **Als Indikator gilt das Wohlbefinden eines Menschen.** Das Wohlbefinden ist beeinträchtigt oder schon verloren gegangen, wenn eine neue Situation als Missverhältnis erlebt wird. In dieser Situation wird der Mensch aktiv; denn er möchte (ähnlich wie bei einem Konflikt) den Gleichgewichtszustand, d. h. sein persönliches Wohlbefinden, wiederherstellen. Im Zustand eines inneren Gleichgewichts besteht eine weitgehende Übereinstimmung zwischen den Zielen und Bedürfnissen eines Menschen und den Anforderungen aus den Lebensbereichen. Der Mensch strebt also einen Ausgleich von Unterschieden an, der zu einer „Homogenität" zwischen dem Individuum und seinem Lebensbereich führt. Unter diesem systemischen Gesichtspunkt kann von einer Ausrichtung nach Soll-Werten gesprochen werden. Daher drängt sich das Bild eines Regelkreises als Beschreibungsmodell auf. **Der Soll-Wert resultiert als Ergebnis verschiedener Sollwert-Kategorien**, die physiologischer, sozialer, emotionaler und rationaler Herkunft sind.

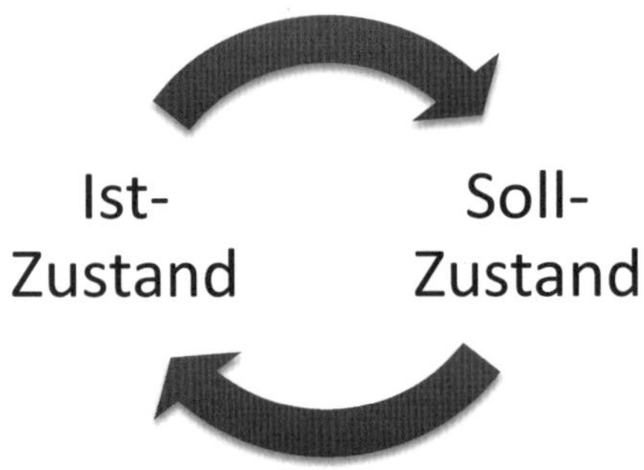

Die Empfindungen bei einem Zustand des inneren Ungleichgewichts werden als Stress bezeichnet, wenn die betroffene Person mit ihren Fähigkeiten und Ressourcen bis zu ihrer Grenze oder darüber hinaus gefordert ist, um ihr „Wohlbefinden" wiederzuerlangen. Bei der Bestimmung des Begriffs Stress kann man bei dieser Sichtweise unterscheiden:

- Situationen beziehungsweise Reize, die den Stress auslösen. Man spricht dann von Stressoren oder Stressstimuli.
- Reaktionen einer Person beziehungsweise die Stressfolgen, die sich bei einer Person auf Grund der Belastung einstellen.

⇨ **Bevor Sie weiterlesen:**

- Denken Sie an eine Situation aus Ihrem Unterrichts- oder Ausbildungsalltag, die Sie als stressig empfunden haben.
- Beschreiben und erläutern Sie den Zustand des inneren Ungleichgewichts, der durch den Stress bei Ihnen eingetreten ist.
- Beschreiben Sie in Bezug auf die gewählte Stresssituation die Stressoren und die Stressfolgen.

Nach dem Stressmodell von Richard S. Lazarus (1999) wird eine Stresssituation als ein komplexer **Prozess von Wechselwirkungen zwischen den Anforderungen einer Situation oder eines Reizes und der handelnden Person** betrachtet. Hierbei ist nicht die Beschaffenheit eines Reizes oder einer Situation von Bedeutung, sondern die individuelle **kognitive Verarbeitung von Reiz oder Situation durch die betroffene Person**. Für einen bestimmten Stressor können Menschen in ganz unterschiedlicher Weise anfällig sein: **Was für die eine Person Stress bedeutet, ist für eine andere noch lange kein Stress.** Situationen und deren Belastung werden von einzelnen Menschen unterschiedlich bewertet; damit wird auch die Bedrohlichkeit der Situationen jeweils anders empfunden. **Stress ist also etwas, was durch die subjektive Bewertung einer Person zustande kommt** (vgl. Kliebisch 2012a). Nach Lazarus spielen dabei unterschiedliche Bewertungsprozesse eine Rolle.

Die Interpretation einer Situation vollzieht sich auf drei Ebenen, nämlich der gedanklichen, der körperlichen und der gefühlsmäßigen Ebene. Die gedankliche Ebene ist darüber hinaus in der Regel mindestens zweigeteilt: Die Gedanken, die man sich zu einer Situation macht, existieren gewöhnlich nicht nur auditiv als innerer Monolog oder Dialog, sondern sind meistens gleichzeitig gekoppelt an visuelle Erfahrungen, also an Bilder und Bildfolgen bzw. „Filmsequenzen". Manchmal sind die Gedanken auch mit Gerüchen oder sogar mit Geschmackswahrnehmungen verbunden (vgl. Ellis 2008; Ellis / Jacobi / Schwartz 2011; Schwartz 2011).

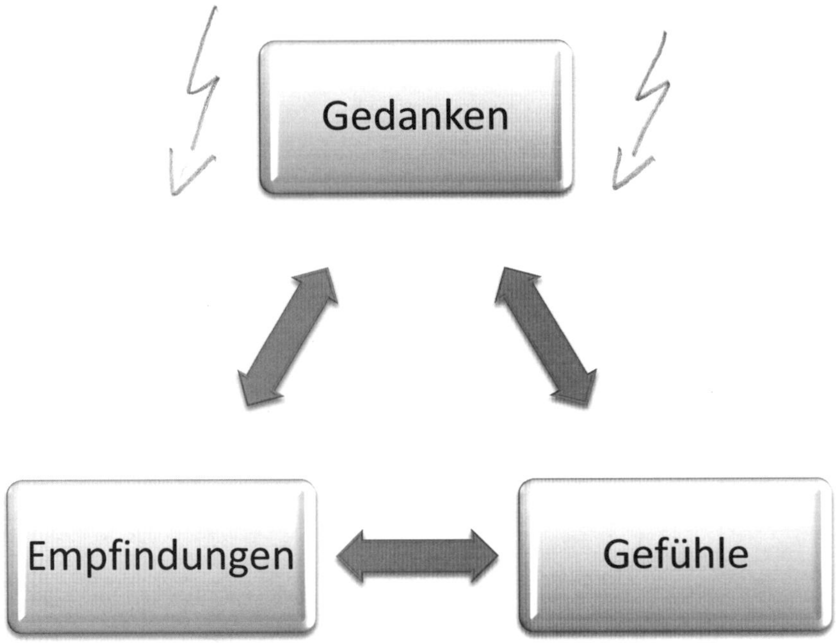

Abbildung 4: Interpretationsebenen

Die drei Interpretationsebenen sind eng miteinander vernetzt (siehe Abb. oben). Dazu ein Beispiel: Hat eine Person den Gedanken *„Mein Gott, wie peinlich!"*, so wird sie diesen Gedanken auch innerlich hören: Den Gedanken wird dieser Mensch in einer Situation haben, die ihn sehr betroffen gemacht hat. Entsprechend werden sich negativ konnotierte innere Bilder oder Filme einstellen. Vor diesem Hintergrund ergibt sich auch eine körperliche Reaktion, die – mehr oder weniger stark – Schweißbildung, erhöhte Pulsfrequenz und kalte Hände auslöst. Diese physiologische Reaktion bestätigt sozusagen die negativen Gedanken. In diesem Zustand treten gleichzeitig

Gefühle der Peinlichkeit und Verwirrtheit oder gegebenenfalls auch Angst auf. Die entstandene emotionale Lage verstärkt dann das Gefühl und den Gedanken der Peinlichkeit. Es entwickelt sich in Folge eine Spirale „nach unten": Das negative Gesamtempfinden der Person wird intensiviert; sie selbst erlebt sich dabei als Opfer einer nicht kontrollierbaren Macht und wird (im schlimmsten Fall) handlungsunfähig.

2.2.2. Die drei Interpretationsebenen

- **Die gedankliche (kognitive) Ebene der Interpretation**

Manche Gedanken sind durchaus sinnvoll, die sich Menschen in einer Belastungssituation machen. Diese sinnvollen Gedanken helfen der Person, vorsichtig zu bleiben und weiteren Gefahren auszuweichen. Andere Gedanken zu bestimmten Situationen sind hingegen unangemessen und unvorteilhaft. Solche Gedanken haben einen eher irrationalen Charakter und blockieren den Versuch einer genauen Einschätzung der Situation; sie helfen daher über die aktuelle Bedrohung nicht hinweg. Im Gegenteil: **Irrationale Gedanken** führen in der Regel zu einer Verschlimmerung der Bedrohungserfahrung und zu Stressreaktionen. Ein wichtiger Schritt: Man muss sich von den Gedanken befreien, die Stress aufbauen und aufrechterhalten. Dazu muss man herausfinden, welche Gedanken man sich in einer Belastungssituation tatsächlich macht und wie diese Gedanken zu beurteilen sind.

Man kann irrationale Gedanken durch alternative Gedanken ersetzen. Dazu muss man erst herausgefunden, welche der vorhandenen Gedanken irrational sind. Auf Grund der Vernetzung der drei Interpretationsebenen führen alternative Gedanken über eine Situation zu positiven Veränderungen auch auf der körperlichen und emotionalen Interpretationsebene.

⇨ **Bevor Sie weiterlesen:**

- Nehmen Sie diese Situation an: Sie unterrichten in einer achten Klasse. Einige Schüler unterhalten sich; insgesamt wird es im Raum immer lauter.
- Formulieren Sie Ihre (möglichen) Gedanken in dieser Situation.
- Welche Ihrer Gedanken führen vermutlich zu welchen Gefühlen?
- Wie werden Sie handeln?
- Welche alternativen Handlungen fallen Ihnen ein?

- **Die Gefühlesebene (emotionale Ebene) der Interpretation**

Gefühlsmäßige Reaktionen wie zum Beispiel Ärger, Wut oder Angst sind beurteilende Meta-Repräsentationen, die man als Folge körperlicher Empfindungen ansehen kann. Die unvorteilhaften Gedanken, die in belastenden Situationen entstehen, führen zu Gefühlen, die ebenfalls belasten. Diese Gefühle wiederum haben Rückwirkungen auf die Gedanken und körperlichen Reaktionen. Im Fall einer Stresssituation erlebt das Individuum diese Vernetzung von Gedanken, Gefühlen und physiologischen Reaktionen stets als negativ.

Beispiel: Einschätzung einer Situation

Kognitive Ebene	Emotionale Ebene
Bedrohung →	Angst
Schaden / Verlust →	Ärger (Sache) / Trauer (Person)
Herausforderung →	Freude

Je nach Ergebnis der Einschätzung fällt die Reaktion aus, die der Mensch zeigt. Das negative Gefühl der Angst kann durch folgende Merkmale zum Ausdruck kommen:

- Angst kann sich subjektiv-verbal äußern (z. B. „Ich habe Angst, dass ...).
- Angst kann sich im Verhalten zeigen (z. B. durch Rückzug aus einer Situation, aber auch durch Aggression).

- Angst kann durch körperliche Erregungszustände spürbar werden (z. B. Zittern, Schweiß).

⇨ **Bevor Sie weiterlesen:**

Die Situation: Sie unterrichten gern in Ihrer Klasse 5b. Sie freuen sich jeden Tag, wenn Sie in die Klasse kommen.

- Beschreiben Sie, wie Ihre positiven Gefühle Ihre Gedanken über die 5b beeinflussen.
- Wie werden Sie sich körperlich fühlen? Denken Sie dabei an die Vernetzung der drei Interpretationsebenen.
- Wie werden Sie in der 5b sowohl in unbelasteten als auch in schwierigen Situationen handeln? Begründen Sie Ihre Einschätzung.

- **Die körperliche (physiologische) Ebene der Interpretation (Empfindungen)**

Körperliche Reaktionen können als Berührungserfahrungen, aber auch als sensorische Rückmeldungen des Organismus, insbesondere der Muskulatur, oder als andere interne Empfindungen auftreten. Die körperliche Ebene der Interpretation steht mit der gedanklichen und der emotionalen Ebene in einer Beziehung. Mit negativen Gedanken zu einer Situation treten die entsprechenden Gefühle auf, die zum Beispiel als physiologische Reaktionen innere Unruhe, Herzklopfen und feuchte Hände zur Folge haben können. Die betroffene Person empfindet die Situation als Stress und

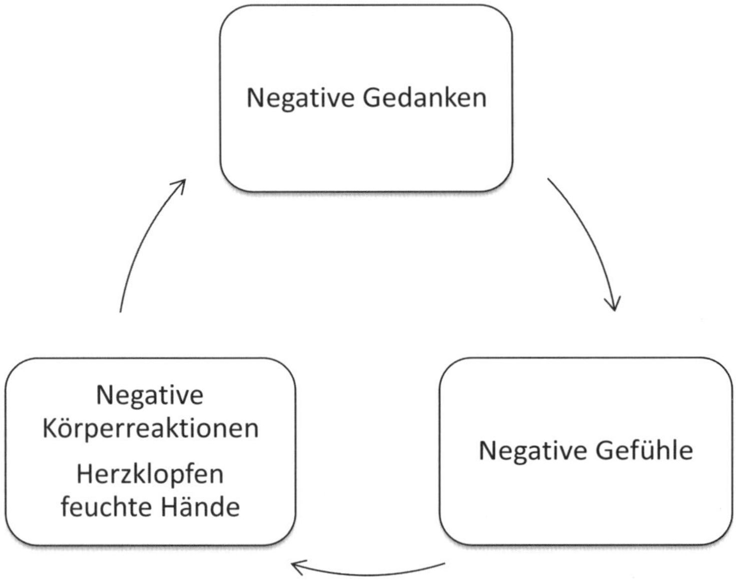

Abbildung 5: Teufelskreis aus Gedanken, Körperreaktionen und Gefühlen

weiß es auch. Durch dieses Wissen wird die körperliche Reaktion ebenso weiter unterhalten wie die emotionale. Die Belastung wird als zunehmend empfunden; ein Teufelskreis beginnt zu wirken (siehe Schwartz 2011).

⇨ **Bevor Sie weiterlesen:**

- Wenden Sie das Gesagte auf das folgende Beispiel an: Ihr Fachleiter bespricht mit Ihnen eine Unterrichtsstunde. In der beobachteten Stunde ist aus Ihrer Sicht einiges nicht nach Plan gelaufen. Sie hören sich die kritische Analyse und die Ratschläge des Fachleiters an.
- Beschreiben Sie die Gefühle, die Sie in dieser Situation haben.
- Welche Gedanken gehen Ihnen parallel dazu durch den Kopf?
- Wie reagiert Ihr Körper?
- Klären Sie den Zusammenhang zwischen Ihren Gedanken, Ihren Gefühlen und Ihren Körperreaktionen in der konkreten Situation.

- Wie werden Sie nach Ihrer Erfahrung in einer solchen Situation handeln? Begründen Sie Ihre Einschätzung.
- Welche alternativen Handlungsweisen fallen Ihnen ein?

Die vernetzte Beziehung der gedanklichen, körperlichen und gefühlsmäßigen Ebenen lässt sich zielgerichtet beeinflussen. Wegen der Vernetzung wird eine Intervention auf nur einer der genannten Ebenen entsprechende Konsequenzen für die anderen beiden Ebenen zeigen. Wird es einer von Stress betroffenen Person möglich, innerlich positive Bilder wahrzunehmen, durch welche sie entspannt wird, so werden sich auch ihre Körperfunktionen normalisieren, möglicherweise wird sich bei ihr auch ein beruhigendes Gefühl einstellen. Das Handeln eines Menschen resultiert stets aus der Summe der Erfahrungen auf allen drei Interpretationsebenen (vgl. Charney / Nestler 2011; Ellis 2008; Ellis / Jacobi / Schwartz 2011).

2.2.3. Die Bewertung von Situationen

Jeder Mensch bewertet den Grad der Belastung und Bedrohung anders, der sich aus bestimmten Situationen ergibt. Wie bedroht sich ein Mensch fühlt, ist daher ebenfalls unterschiedlich. Lazarus (1999) unterscheidet dabei drei Bewertungsstufen:

- Bewertung der Situation (**Primärbewertung**)
- Einschätzung der Ressourcen (**Sekundärbewertung**)
- **Neubewertung** von Situation und Möglichkeit der Bewältigung

Reize und Situationen werden zuerst immer darauf hin beurteilt, ob sie eine Bedrohung enthalten. Die Situation kann positiv (Herausforderung), als potenziell gefährlich (Schaden oder Verlust) oder als irrelevant beurteilt werden. Im Fall einer Belastung überprüft man danach, inwieweit man den Reiz oder die Situation mit den gegebenen Ressourcen bewältigen kann. Es folgt in der Regel eine Analyse der Bedingungen, auf deren Grundlage ein Vorgehen überlegt wird. Dabei kann es zu einer Neubewertung des Reizes beziehungsweise der ganzen Situation kommen (vgl. Lazarus 2006; Berkenfeld 2012).

In der Regel kann auf Grund der individuellen Handlungsmöglichkeiten dann ein Gleichgewicht zwischen den Anforderungen hergestellt werden, wenn man das erlebte Missverhältnis zwischen sich und der Situation (dem Reiz) zunächst als auflösbar bewertet. Man erlebt die Situation dann als **Herausforderung** (= **Eustress**, positiver Stress; eu <griech.> – wohl ...., gut ... im Sinne von „anregend“). Eine Person kommt immer dann in Stress, wenn ihre **Ressourcen nicht ausreichen**, das gewünschte innere Gleichgewicht herzustellen. Der Stress wiederum löst ein spezifisches Stressverhalten aus. Das Empfinden dabei wird als negativer Stress bezeichnet (auch **Disstress**; dis <gekürzt di> <lat.> – als verneinende Vorsilbe miss..., un...).

Negativer Stress kann **zwei Ursachen** haben:

- Die neuen Anforderungen sind tatsächlich hoch und die eigenen Fähigkeiten und Ressourcen im Vergleich mit den Anforderungen tatsächlich gering.
- Die betroffene Person glaubt nur, die Anforderungen seien größer als die eigenen Möglichkeiten, den Anforderungen gerecht zu werden.

Wie und ob eine Person Stress empfindet, ist abhängig von

- ihren individuell ausgeprägten Eigenschaften (z. B. hohe / niedrige Belastbarkeit, Bewältigungskompetenzen),
- ihrer Erfahrung und damit ihrer Erwartung hinsichtlich der Beeinflussbarkeit von Situationen (Kontrollerwartung),
- ihren Anforderungen an sich selbst und
- ihrer Bereitschaft, persönliches Versagen einzuordnen (Kausalattribuierung).

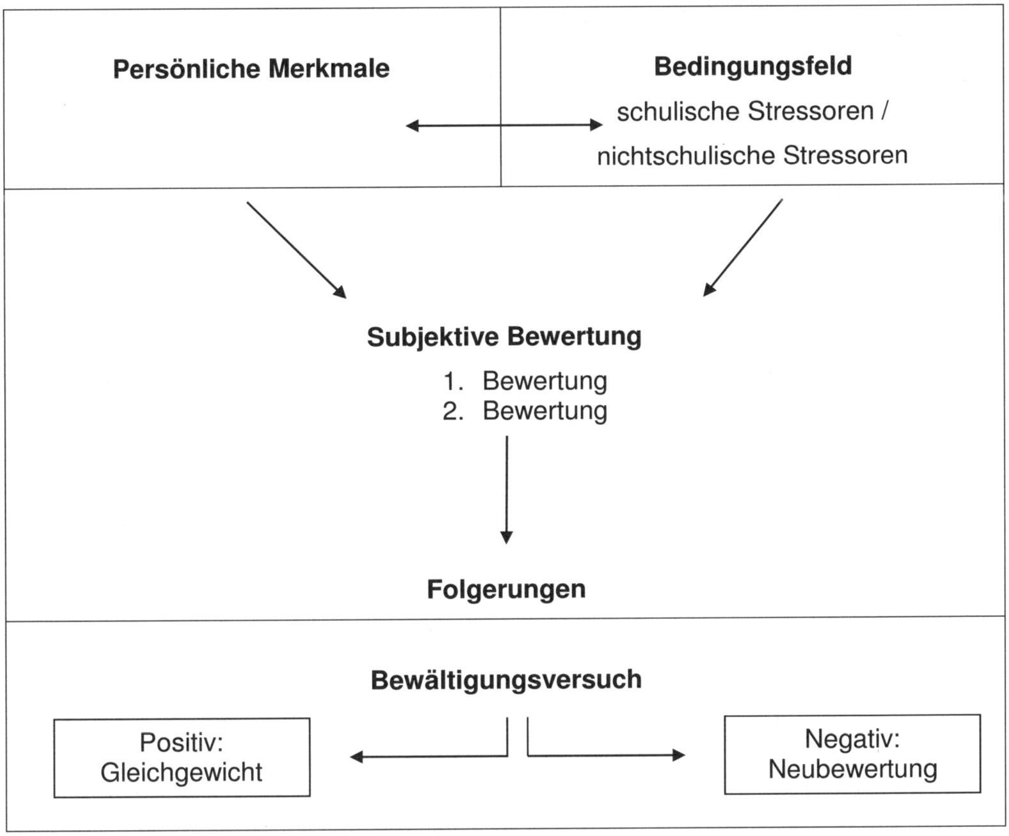

Abbildung 6: Umgang mit Stresssituationen

Vier Faktoren stehen demnach in einer komplexen Wechselwirkung: Die Person und ihre Ressourcen, dann Lebensereignisse, die spontan auftreten, und schließlich die Bewertungen, die die Person vornimmt. Mit der subjektiven Bewertung einer Situation verändern sich die inneren (Ressourcen) und äußeren Bedingungen (Situationen, Reize); die Neubewertung führt zu einem Rückblick, bei dem die betreffende Person einen Vergleich mit der ursprünglichen Situation anstellt. Kann zum Beispiel eine Bedrohung nicht abgebaut werden, dann findet eine Neubewertung statt, bei der eine Veränderung des Soll-Wertes vorgenommen wird. Das kann in der Praxis etwa bedeuten, seine Ziele an sich selbst oder andere zu reduzieren. **Die Bewertungen haben letztlich das Ziel, die Ressourcen des Menschen zu erhalten.** Die Bewertungen sollen das Missverhältnis auflösen, das zwischen Anforderungen und Bedürfnis besteht, und dadurch das innere Gleichgewicht des betroffenen Menschen wiederherstellen.

Übung: Anwendung des Bewertungsverfahrens

Fall A

Als Referendar waren Sie sicher schon von den Terminnöten Ihres Fachleiters betroffen. Sie kommen an einem Nachmittag im Seminar mit Ihrem Fachleiter überein, dass Sie von heute innerhalb von sieben Tagen eine Hospitation durchführen werden. Tags darauf erfahren Sie an der Schule, dass Sie kurzfristig im Rahmen des bedarfsdeckenden Unterrichts schon in dieser Woche noch eine Klasse 7 übernehmen sollen. Dadurch haben Sie in den nächsten sechs Wochen mehr Unterricht.

Oder:

Fall B

Sie haben in dieser Woche zwei Klausuren schreiben lassen (jeweils 25 Arbeiten, einmal Englisch, einmal Deutsch). Die Arbeiten müssen Sie kurzfristig korrigieren, damit Sie die Quartalsnoten termingerecht festlegen und in eine Liste eintragen können. Heute ruft Sie eine alte Freundin an, die Sie seit langer Zeit nicht gesehen haben. Sie sei noch bis morgen in der Stadt und könne sich nichts Besseres vorstellen, als den heutigen Abend und auch (soweit wie möglich) den morgigen Tag mit Ihnen zu verbringen.

Oder:

Fall C

Wählen Sie einen anderen Fall, der Ihnen aus der Alltagspraxis näher liegt.

Nehmen Sie sich einige Minuten Zeit und denken Sie sich in Ihre Situation hinein. Bearbeiten Sie danach die folgenden Aufgaben:

Beschreiben Sie die situativen Bedingungen für alle drei Lebensbereiche: • Lebensereignisse • Umwelt / Arbeitsplatz • Interpersonale Beziehungen	

Machen Sie stichwortartig Angaben über Ihre eigenen Fähigkeiten im Umgang mit schwierigen (neuen) Situationen. Nutzen Sie dabei konkrete Ereignisse und Ihre persönlichen Erfahrungen damit.	
Wie schätzen Sie die Situation ein (erste Bewertung)? Machen Sie konkrete Angaben.	
Wie schätzen Sie Ihre Ressourcen im Blick auf die Situation ein (zweite Bewertung)?	
Beschreiben und erläutern Sie das Ergebnis Ihrer Einschätzungen und die Folgerungen, die Sie daraus ziehen.	

2.2.4. Stress-Analyse

Eine Änderung der persönlichen Einstellungen eines Lehrers zum Beispiel gegenüber einer belastenden Unterrichtssituation setzt ein Verstehen der psychologischen Mechanismen voraus, die die persönlichen Einstellungen bedingen. Menschen reagieren auf Ereignisse in ihren Lebensbereichen nicht immer sofort durch Handeln. Zunächst werden die Ereignisse wahrgenommen und interpretiert (hierzu siehe Abschnitt 2.2.2.). Jeder Mensch entwickelt seine Einstellungen zu seinen Lebensbereichen über die drei Interpretationsebenen. **Das Ergebnis dieser Interpretation ist die subjektive Sicht der Wirklichkeit, nicht aber die Wirklichkeit selbst** (vgl. Bandler 2011; Kliebisch 2012a).

Es ist wie bei einer Landkarte der Welt, die auch nicht die Welt selbst ist. Auf diese subjektive Landkarte der Wirklichkeit reagiert der Mensch, obwohl er häufig glaubt, er reagiere direkt auf die Wirklichkeit. **Der Mensch reagiert also auf die Einstellungen, die er zu einem Lebensbereich hat; er reagiert auf das, was seine subjektive Interpretation ihm bietet.** Er reagiert also nicht auf eine objektive Wirklichkeit. Daraus ergibt sich konkret: **Lehrer können ihr Handeln ändern** in Bezug auf Situationen, die sie belasten, **indem sie die subjektive Landkarte verändern**, die sie von der Situation haben (vgl. Bandler / Grinder 2011).

Hierbei hilft eine rationale Selbstbefragung: Sie macht die Struktur die Gedanken klar, die im Rahmen einer belastenden Situation auftauchen. Ebenso lässt sich herausfinden, welche Körperreaktionen in belastenden Situationen bevorzugt auftreten; auch die Gefühle in entsprechenden Situationen kann man so genau beschreiben.

Hinweise zu den folgenden Übungsmethoden

An Ereignisse erinnert man sich entweder **assoziiert** oder **dissoziiert**. Assoziiert ist man, wenn man das Ereignis in der Vorstellung noch einmal so erlebt, als würde es gerade stattfinden. Dagegen ist man dissoziiert, wenn man eine Beobachterposition zu dem Ereignis einnimmt. Man erlebt das Ereignis dann so, wie wenn zum Zeitpunkt des Ereignisses ein Film gedreht worden wäre, den man jetzt im Fernsehen oder im Kino anschaut. Durch diese Perspektive wird es dem Betroffenen möglich, einen Abstand zu dem Ereignis einzunehmen und dieses neu zu sehen und zu bewerten. Im

Falle der Stresserfahrungen ist eine assoziierte Erinnerung für den Beteiligten sehr unangenehm: Denn im assoziierten Zustand tauchen alle die Anteile der Erinnerung wieder auf, die der Betroffene gerade meiden möchte. Die assoziierte Methode wird daher eher genutzt, um die eigenen Ressourcen zu ermitteln und zu nutzen. Sie dient dann dazu, positive Gefühle hervorzurufen und zu stabilisieren. Für Ereignisse, die gedanklich und gefühlsmäßig negativ belegt sind, ist dagegen die Dissoziation angebracht. In diesem Fall reduziert man durch die Beobachterrolle die unangenehmen Gefühle. Das wiederum hilft, das Ereignis neu zu bewerten (vgl. zu den folgenden Übungen Bandler 2011).

Übung: Analyse einer Stresssituation

Situation erinnern

Erinnern Sie sich an eine Situation aus dem Unterricht oder aus dem Schul- oder Seminaralltag, die für Sie stressig war. Am besten: Sie nutzen eine typische Situation, die immer wieder auftritt. Wählen Sie ein Beispiel, das zeitlich nicht zu lange zurückliegt.
Profitipp: Gehen Sie bitte sofort zur nächsten Übung „Dissoziieren“ über, wenn Sie die negativen Gefühle beim Assoziieren zu stark erleben.

Interpretationsprozesse beschreiben

- Welche Gedanken hatten Sie in dieser Situation?
- Welche Körperreaktionen traten damals auf?
- Welche Gefühle begleiteten diese Situation?
- Prüfen Sie, wie sich die drei Wahrnehmungsebenen wechselseitig negativ aufgeschaukelt haben.

Einschätzungen vornehmen • Welche Gedanken, Körperreaktionen und Gefühle waren Ihrer Meinung nach für die Situation angemessen (+), welche eher unangemessen (-)? • Kennzeichnen Sie die Punkte entsprechend. • Begründen Sie Ihre Bewertung.	
Belastung prüfen • Wie lassen sich die Belastungen abschwächen? • Welche Interventionen sind sinnvoll?	

Mit der folgenden Übung „Gedanken-Test“ können Sie speziell die Gedanken in einer (Stress-)Situation auf Rationalität hin prüfen (vgl. Kliebisch 2012c).

Übung: Gedanken-Test

Entspannen Schaffen Sie die Voraussetzungen dafür, dass Sie während der Übung nicht gestört werden. Dann setzen oder legen Sie sich bequem hin. Schließen Sie die Augen für eine Weile. Atmen Sie einige Male kräftig ein und aus.
Stress-Situation durch „Selbstbeobachtung“ erinnern Erinnern Sie sich an eine Schul-/Ausbildungssituation, die für Sie stressig war.

Beispiele:

- Wegen einer Revision kündigt sich der Schulleiter zu einer Hospitation an.
- Vor dem Staatsexamen müssen Sie in einem Fach noch die entscheidende Hospitation anbieten.
- Sie unterrichten zum ersten Mal eigenverantwortlich.

Wählen Sie genau eine Situation aus. Schauen Sie sich die Situation vor Ihrem geistigen Auge wie einen Film an. Sie sind der Hauptdarsteller dieses Films und können sich als Betrachter wahrnehmen.

Gedanken identifizieren

Machen Sie sich klar, was Sie damals in der Situation gedacht haben. Lassen Sie sich Zeit dabei. Seien Sie sehr genau; finden Sie jeden Gedanken. Wenn Sie glauben, die damaligen Gedanken hinreichend erinnert zu haben, dann öffnen Sie die Augen. Notieren Sie sofort alle Gedanken, die Ihnen eingefallen sind.

Gedanken prüfen

Prüfen Sie jetzt die Gedanken, die Sie notiert haben. Welche der Gedanken erscheinen Ihnen für die Situation angemessen (+)? Welche der Gedanken sind unpassend (-)? Kennzeichnen Sie die Gedanken entsprechend. Begründen Sie dann schriftlich jeweils genau Ihre Zuordnung. Nutzen Sie dazu ein gesondertes Blatt.

Zurücknehmen

Legen Sie Unterlagen und Schreibgerät zur Seite. Atmen Sie zweimal kräftig ein und aus und verlassen Sie nunmehr Ihre Position.

2.2.5. Stressbewältigung

Das Empfinden von Stress hat zur Folge, dass die betroffene Person eine Bewältigungsstrategie entwirft und umzusetzen versucht. Die Art der Strategie ist abhängig von der Situation beziehungsweise dem Reiz, der auf den Menschen wirkt, und von der Persönlichkeit und der kognitiven Struktur der betroffenen Person. Dieser Umgang mit der Bedrohung wird **Coping** genannt (vgl. Kaluza 2011; Lazarus / Folkman 2010). Als mögliche Verhaltensweisen kommen vor:

- Verleugnung der Situation
- Vermeidung der Situation beziehungsweise des Reizes
- Suchen nach Verhaltensalternativen
- Änderung der Bedingungen

Bewältigungsstrategien lernt man und man kann sie mit zunehmender Erfahrung selektiv nutzen. **Die Bewältigung einer Situation bedeutet die Herstellung des inneren Gleichgewichts**, die Bewältigung einer Stresssituation verhindert also den Verlust an Ressourcen. Ursachen für ein Scheitern eines Bewältigungsversuchs sind eine falsche Einschätzung der Situation und / oder der vorhandenen beziehungsweise vom Handelnden aktivier- und nutzbaren Ressourcen. Zu den Bewältigungsstrategien zählt auch das Verfahren, negative, irrationale Gedanken zu beeinflussen oder auch zu ersetzen. Irrational ist ein Gedanke, der eine Situation nicht adäquat abbildet, zu der er gehört (vgl. Ellis / Jacobi / Schwatz 2011; Kliebisch 2011; Kliebisch 2012a).

In der folgenden Übung geht es darum, die in einer belastenden Situation aufgekommenen ungünstigen Gedanken gegen solche zu tauschen, die vorteilhafter sind und in einer Stresssituation eine andere Perspektive einzunehmen erlauben (**kognitive Umdeutung**; vgl. Bandler / Grinder 2010; Dilts 2010; Kliebisch 2012c).

Profitipp

Die Übung ist vor allem bei Strukturproblemen sinnvoll. Nutzen Sie sie also dann, wenn Sie mit einem bestimmten Problem immer wieder zu tun haben, wenn Ihnen etwas Bestimmtes immer wieder passiert oder immer wieder misslingt.

Übung: Gedanken tauschen – anders denken

Entspannen

Machen Sie es sich bequem. Schließen Sie für eine Weile die Augen. Atmen Sie einige Male kräftig ein und aus. Kommen Sie zur Ruhe.

Gedanken identifizieren und notieren

Erinnern Sie sich an eine Situation im Unterricht oder im Schul- bzw. Seminaralltag, die für Sie stressig war. Lassen Sie die Situation vor Ihrem geistigen Auge noch einmal vorbeiziehen. Setzen Sie sich im Geiste dazu in ein Kino und schauen Sie sich das Ereignis wie einen Film an, in dem Sie die Hauptrolle spielen. Was haben Sie damals gedacht? Notieren Sie alle Gedanken, die Ihnen jetzt noch einfallen.

1.
2.
3.
4.
5.

Gedanken prüfen

Welche der Gedanken erscheinen Ihnen für die Situation unangemessen / irrational? Kennzeichnen Sie diese Gedanken mit (-). Begründen Sie jeweils Ihre Bewertung und stellen Sie dabei fest, welche Gefühle bei Ihnen durch die unangemessenen Gedanken ausgelöst wurden. Ordnen Sie die irrationalen Gedanken anschließend: Wie sehr waren die unangemessenen Gedanken für Ihre Stresserfahrung verantwortlich?

Ungünstige Gedanken visualisieren

Wählen Sie den irrationalen Gedanken aus, der Ihre Stresserfahrung am intensivsten gefördert hat. Machen Sie sich ein assoziiertes Bild von diesem Gedanken. Gibt dieses Bild den Gedanken wieder, dann speichern Sie dieses Bild vorübergehend in Ihrem Gedächtnis. Auf dieses Bild kommen Sie noch einmal zurück.

Alternative Gedanken bestimmen und visualisieren Was könnten Sie an Stelle des unangemessenen Gedankens auch denken? Formulieren Sie diesen Gedanken positiv. Machen Sie sich danach ein dissoziiertes Bild von dem alternativen Gedanken. Speichern Sie dieses Bild vorübergehend in Ihrem Gedächtnis. Auch auf dieses Bild kommen Sie noch einmal zurück.
Bilder auspacken Rufen Sie sich zunächst das Bild Ihres unangemessenen Gedankens vor Ihr geistiges Auge zurück. Lassen Sie dieses Bild groß und hell erscheinen und geben Sie ihm einen weißen Rahmen. Rufen Sie dann das Bild Ihres alternativen Gedankens ab. Lassen Sie dieses Bild klein und dunkel erscheinen und platzieren Sie es in die linke untere Ecke des ersten Bildes. Behalten Sie dieses Arrangement in Ihrem Gedächtnis.
Bilder überblenden Geben Sie sich das Kommando „Jetzt". Dabei lassen Sie das kleine Bild schnell groß und hell werden, bis es den Rahmen des großen Bildes vollständig ausfüllt. Gleichzeitig lassen Sie das große Bild immer kleiner und dunkler werden und schließlich ganz verschwinden. Geben Sie sich anschließend wieder das Kommando „Jetzt" und stellen Sie das Ausgangsarrangement vor Ihrem geistigen Auge wieder her. Wiederholen Sie den Vorgang mindestens fünfmal.
Ergebnis testen Stellen Sie jetzt das große, helle Bild Ihres unangemessenen Gedankens wieder her. Wenn das Schwierigkeiten bereitet, dann sind Sie am Ziel. Es ist Ihnen gelungen, unangemessene Gedanken gegen solche zu tauschen, die für Sie von Vorteil sind. Sollten Sie keine Veränderung feststellen, dann wiederholen Sie den achten Schritt „Bilder überblenden" mit denselben Bildern noch weitere fünfmal.
Zurücknehmen Atmen Sie zweimal kräftig durch, öffnen Sie die Augen und verlassen Sie Ihre Position.

Profitipp

Die Übungen sind der kognitiven Ebene zuzuordnen. Solche Übungen können zum Beispiel analog auch auf der emotionalen Ebene durchgeführt werden, zum Beispiel „Gefühle –Test", „Gefühle tauschen".

Bei der Deutung der Wirklichkeit nutzen Menschen stets alle drei Interpretationsebenen; bei Versuchen, mit Stress umzugehen, verändern sich daher die betroffene Person und / oder die auftretende Situation beziehungsweise der auftretende Reiz. Zu einer **Neubewertung** der Situation beziehungsweise des Reizes kommt es dann, wenn die Bedrohung nicht beendet oder zumindest nicht hinreichend gemildert werden konnte. Hierbei werden wieder dieselben Fragen gestellt wie bei dem ursprünglichen Bewertungsprozess. Wiederholte Neubewertungen führen nicht zwangsläufig dazu, dass man durch die Veränderungen der Person und / oder der Situation der Stress beseitigen oder vermindern kann (vgl. Lazarus 2006; Lazarus / Aldwin 2000).

⇨ **Bevor Sie weiterlesen:**

- Was verstehen Sie in diesem Zusammenhang unter einer „Neubewertung"?
- Inwieweit könnte eine Neubewertung auch bedeuten, die Welt in Zukunft durch eine „rosarote Brille" oder „tiefschwarz" zu sehen beziehungsweise sie so sehen zu wollen?
- Weshalb führen auch wiederholte Neubewertungen nicht zwangsläufig zum Abbau oder zur Beseitigung der Stressbelastung?

Bei kognitiven Stressmodellen spielen also individuelle Bewertungsprozesse eine Rolle. Diese entscheiden darüber, ob eine Situation als Herausforderung oder als Bedrohung wahrgenommen wird. Lazarus (2006; vgl. Lazarus / Lazarus 2006; Lazarus / Aldwin 2000) unterscheidet **zwei Strategien** der Stressbewältigung, die auch als **Coping** bezeichnet werden (engl. „to cope" with sb. / sth.: mit jmd. / etw. fertig werden):

1. **Problemorientierte Stressbewältigung** – Hierbei versucht man, einen Reiz beziehungsweise eine (Problem-)Situation durch direkte Handlungen oder durch Unterlassung von Handlungen zu überwinden. Alternativ passt man sich den Gegebenheiten an. Häufig beschafft man sich auch weitere Informationen, die zu einer anderen Bewertung von Reiz oder Situation führen können.
2. **Emotionsorientierte Stressbewältigung** (intraspezifisches Coping) – In dem Fall versucht man, den Erregungszustand abzubauen, der durch äußere Reize hervorgerufenen wurde. Die Ursachen für die Erregung, also für den Stress, bleiben dabei unberücksichtigt.

⇨ **Bevor Sie weiterlesen:**

- Denken Sie an eine Schul- oder Ausbildungssituation, die Ihnen vor kurzem Stress bereitet hat.
- Worin genau bestand der Stress in der Situation?
- Wie haben Sie den Stress abgebaut? Nutzen Sie bei der Beschreibung die Begriffe „Problemorientiertes Coping" und „Emotionsorientiertes Coping".

Für die Entwicklung und Anwendung von Bewältigungsstrategien (Coping-Strategien) ist eine Voraussetzung, dass die betroffene Person über **geeignete Ressourcen** verfügt. Lazarus beschreibt **vier Bewältigungsformen**:

1. **Informationssuche**

   Mögliche Fragen:

   - Was weiß ich über die Situation?
   - Was ist geschehen?

   Informationssuche bedeutet zunächst einmal, Auskunft einzuholen, dann aber auch, die Merkmale einer stressreichen Situation selbstständig herauszuarbeiten. Die gezielte Suche nach Informationen hat also eine problemlösende Funktion. Beide Gesichtspunkte sind bedeutsam; denn sie ermöglichen es der betroffenen Person, die richtigen Problemlösestrategien auszuwählen. Allerdings können auch Ungewissheit und Mehrdeutigkeit einer Information für manche Situationen bestimmter Lebensbereiche stressreduzierend sein.

2. **Direkte Aktion**

   Mögliche Fragen:

   - Was soll(te) ich tun?
   - Was kann ich tun?

   Hierunter fallen alle Aktivitäten, mit denen eine Person stressvolle Situationen zu meistern versucht. Beispiele: Ausleben von Ärger oder Wut, Anwenden von Entspannungstechniken einschließlich Sport, Aussprache mit Bekannten oder Freunden, Stützungsmaßnahmen (z. B. Supervision, Beratung, Coaching, Therapie).

3. **Aktionshemmung**

   Mögliche Fragen:

   - Was habe ich zu viel getan?
   - Was kann oder sollte ich in Zukunft unterlassen?

   Darunter versteht man das Unterdrücken von Handlungen in dem Sinne: „Dann kann ich wenigstens nichts falsch machen." Eine wirkungsvolle Bewältigungsstrategie baut häufig darauf auf, dass die betroffene Person zunächst nachteilige Aktionen unterlässt.

4. **Intraspsychische Bewältigungsformen**

   Mögliche Fragen:

   - Wie kann ich dem Stress ausweichen?

- Wie kann ich die Belastung umdeuten und weitermachen wie bisher?

Hiermit sind alle kognitiven Prozesse gemeint, die der Regulation der Emotionen dienen. Diese Bewältigungsform umfasst zum Beispiel die Selbsttäuschung, Abwehrreaktionen wie Verleugnung und Vermeidung, aber auch den Versuch, sich von einer Bedrohung zu distanzieren. Alle diese Aktionen vermitteln der betroffenen Person das Gefühl, die Bedrohung kontrollieren oder ausschalten zu können. Sie vermindern in jedem Fall die emotionale Belastung.

⇨ **Bevor Sie weiterlesen:**

- Denken Sie wiederum an eine Schul- oder Ausbildungssituation, die Ihnen in letzter Zeit Stress bereitet hat.
- Worin genau bestand der Stress in der Situation?
- Welche der vier Bewältigungsformen (siehe Seite 157f.) haben Sie genutzt, um dem Stress zu begegnen? Inwieweit haben Sie mehrere der Bewältigungsformen gleichzeitig oder nacheinander verwendet?
- Wie erfolgreich waren Sie bei Ihrem Vorgehen? Wie erklären Sie sich das Ergebnis Ihrer Stressbewältigung?

Bei der Bearbeitung von Stresserfahrungen greift jeder Mensch auf individuelle Ressourcen zurück. **Bewältigungsressourcen** einer Person sind zum Beispiel:

- Objektressourcen (wie Informationsmaterial, technische Hilfsmittel)
- Bedingungen (wie Unabhängigkeit, freie Zeit, soziale Beziehungen, Geld)
- persönliche Charakteristika (wie Motivation, Ehrgeiz, Selbstwirksamkeit)
- Energieressourcen (ermöglichen einen Zugewinn von Ressourcen)

Die **Coping-Strategien** besitzen zwei grundlegende **Funktionen**:

- Veränderung der Situation und damit Lösung des Problems
- Veränderung negativer emotionaler Zustände (z. B. Verringerung von Angst) zugunsten der Möglichkeit aktiver Eigensteuerung (mit positiver Rückwirkung)

Effektive Bewältigungsformen sollten sowohl auf direkte Aktionen zielen als auch negative Emotionen regulieren. Allerdings müssen die gewählten Strategien miteinander vereinbar sein, um Fehlanpassungen zu verhindern. In der Regel wird problemlösendes Handeln dazu führen, dass emotionales Unbehagen vermindert wird. Jede der vier genannten Bewältigungsformen kann sowohl problemlösende als auch emotionsregulierende Funktionen erfüllen. Auch lässt sich jede auf die eigene Person als auch auf die drei Lebensbereiche beziehen und dabei auf aktuelle, vergangene (z. B. Verlust) oder zukünftige Ereignisse (Bedrohung oder Herausforderung) ausrichten (vgl. Lazarus 2006; Lazarus / Folkman 2010; Roloff 2010; Schwartz 2011).

Beispiel: Mögliche Bewältigungsformen bei „Zustandsangst“

Ein Beispiel für Zustandsangst ist die Prüfungsangst (Staatsexamen, Revision für ein Beförderungsamt, Unterrichtsbesuch u. a.). Sie äußert sich in den Komponenten Besorgnis (kognitive Ebene), Angstgefühl (emotionale Ebene) und körperliche Erregung (physiologische Ebene). Die Komponenten sind miteinander verknüpft (siehe Abschnitt 2.2.2.), so dass sie gleichzeitig auftreten und sich gegenseitig verstärken. Von den Bewältigungsformen ist auf alle Fälle eine hilfreich: Entspannungsübungen jeglicher Art können die vegetativen Symptome dämpfen und damit eine positive Rückwirkung auf die anderen beiden Komponenten haben. Die Bewältigung der Besorgnis kann recht verschieden aussehen. Man kann die Situation zum Beispiel erleichtern

(Rat suchen) oder ihr ausweichen (die Prüfung oder den Unterrichtsbesuch absagen).

Eine weitere Form der möglichen Bewältigung: Man kann unrealistische und übertriebene (irrationale) Vorstellungen ablegen, also solche auf realistische Bedingungen zurückführen. Die kognitive Umdeutung der Situation ist daher als Bewältigungsform sehr hilfreich, um die Bedrohung aktiv anzugehen (siehe Übung „Gedanken tauschen" und Bandler / Grinder 2010). Auch ermunternde Vorsätze wie „Es gibt für mich nur Herausforderungen und ich nehme Herausforderungen gern an." können hilfreich sein, wenn sie die Realität nicht verleugnen oder verzerren. Außerdem sollte man rechtzeitig lernen, sich mit bestimmten Realitäten abzufinden, also zum Beispiel Kritik, Niederlagen und Enttäuschungen produktiv zu verarbeiten: Man sollte Frustrationstoleranz entwickeln.

Bei jedem Bewältigungsversuch sollte man sich ein realistisches Anspruchsniveau setzen. Wer zu viel will, wird zwangsläufig scheitern! Es hängt von den konstruktiven und produktiven Fähigkeiten des Einzelnen ab, inwieweit er Belastungssituationen realistisch beurteilen kann und Stress in den Griff bekommt.

⇨ **Bevor Sie weiterlesen:**

- Stellen Sie sich vor, ein (Referendar-)Kollege hat regelmäßig Angst, in einer bestimmten Klasse zu unterrichten: „Die Schüler machen mich fertig! Ich bin immer schweißgebadet, wenn die Stunde zu Ende ist."
- Wie können Sie dem Kollegen helfen? Entwickeln Sie mögliche Bewältigungsformen für diese Zustandsangst. Bewerten Sie die Bewältigungsformen nach Kriterien, die Ihnen nützlich erscheinen.
- Welche Bewältigungsform erscheint Ihnen die nützlichste? Begründen Sie Ihre Auffassung. Inwieweit ist die aus Ihrer Sicht nützlichste Bewältigungsform auch für den Kollegen selbst die nützlichste? Begründen Sie Ihre Ansicht und formulieren Sie Schlussfolgerungen, die sich aus Ihrer Antwort ergeben.
- Ordnen Sie die Bewältigungsformen danach, inwieweit der Kollege sie sofort, mittel- oder langfristig nutzen kann / sollte. Wie bedeutsam beziehungsweise ratsam ist es, eine belastende Situation sofort zu bewältigen beziehungsweise sofort bewältigen zu wollen?

2.3. Bedeutung von Ressourcen

Positive Ressourcen (persönlicher oder sozialer Art) kann man nutzen, um ein Gleichgewicht zwischen den Anforderungen in den verschiedenen Lebensbereichen und der Bewältigung belastender Situationen und Reize herzustellen. Man sollte daher Techniken der Stressbewältigung kennen und anwenden können. Die Persönlichkeitsstruktur eines Menschen nimmt immer dann Schaden, wenn der Versuch scheitert, die Stresssituation zu bewältigen. Dies kann eine andauernde Beeinträchtigung nach sich ziehen und langfristig die körperliche und seelische Gesundheit gefährden (Burnout; vgl. Schaarschmidt 2005).

Stress-Management ist eine Herausforderung für den Einzelnen. Stress-Management hilft, positive Ressourcen freizusetzen und die Situationen beziehungsweise Reize der Lebensbereiche zu beeinflussen. Eine aktive und erfolgreiche Auseinandersetzung mit Stress **setzt** unter anderem **voraus**:

- Das Wissen, dass Stress individuell ist
- Das Wissen, dass das Stresserleben nicht durch einzelne Stressoren, sondern durch die persönliche Bewertung der Situation beziehungsweise des Ereignisses hervorgerufen und gesteuert wird
- Die Fähigkeit zur rationalen Analyse einer Stresssituation
- Das Bewusstsein, dass aktives Stress-Management sinnvoll ist
- Die Übernahme von Eigenverantwortung für die Stressbewältigung
- Einen starken Willen (Motivation), der Handlungen zur Stressreduzierung ermöglicht und die Umsetzung der Veränderung steuert
- Genügend Ressourcen, um den Stress in Grenzen zu halten und zu bewältigen

Wichtige **Ressourcen** für die Bewältigung von Stress sind außerdem zum Beispiel:

- Zeit-Management (siehe Abschnitt 2.4. und folgende)
- Entspannungstechniken (siehe Seite 131ff.)
- Das soziale Netzwerk

Entspannungstechniken

Stress vermindernde Entspannung bezieht sich auf eine **mentale Komponente und** auf **eine passive Einstellungshaltung**. Die mentale Komponente zielt darauf ab, die Gedankenflut bewusst zu unterbrechen und sich den Kopf frei zu machen. Die passive Haltung ist notwendig, um ablenkende oder wieder auftretende Gedanken auszugrenzen. Viele Formen der Entspannung bauen auf diesen Komponenten auf, zum Beispiel das Autogene Training (siehe Seite 133f.) oder die Lamaze-Atem-Methode. Entspannungsübungen dieser Art dämpfen den körperlichen Erregungszustand, verringern dadurch zum Beispiel Angst und wirken sich positiv auf das körpereigene Immunsystem aus. Es ist daher wichtig, solche Entspannungsübungen zu beherrschen, um sie in belastenden Situationen auch anwenden zu können. Allerdings: Es braucht viel Übung, damit Entspannungstechniken in Stresssituationen auch tatsächlich automatisch wirken.

Das soziale Netzwerk

Gespräche mit anderen Menschen können die Auseinandersetzung mit Belastungen aller Art erleichtern und vor schädlichen Auswirkungen von Stress schützen. Unter sozialer Unterstützung versteht man: Miteinander reden, sich aussprechen, sich Probleme von der Seele reden. Die Kommunikation kann informell oder systematisch erfolgen. Eine wichtige Rolle spielen zum Beispiel die informative Unterstützung (Beratung, Bereitstellung von Informationen), die Selbstwertunterstützung (Lob, Anerkennung) und die motivationale Unterstützung (Vermittlung von konkreten Zielvorstellungen, Ermutigung). Dieses sogenannte Puffer-Modell geht davon aus, dass die soziale Unterstützung wie ein Puffer die Auswirkungen psychischer Belastungen abmildert (vgl. La Rocco / House / French 1980; Schaarschmidt / Kieschke 2007).

Ein Beratungsverfahren ist die **„Kollegiale Fallberatung“**; diese wird im Kapitel 1.6. vorgestellt. Auch dieses Verfahren kann entlastend wirken.

Übung: Eigene Ressourcen ermitteln

Entspannen Nehmen Sie auf einem Stuhl Platz und schließen Sie die Augen. Atmen Sie kräftig durch die Nase ein und langsam durch den Mund wieder aus. Wiederholung Sie diesen Atemvorgang mehrmals. Kommen Sie zur Ruhe!
Belastende Situationen ermitteln Denken Sie an Ihren Unterricht beziehungsweise an Ihren Schul- und Seminaralltag. Produzieren Sie in Ihrer Vorstellung zu einem Tagesablauf einen Film. Lassen Sie anschließend den Film vor Ihrem geistigen Auge ablaufen. Sie sind nunmehr Betrachter dieses Films und beobachten sich sozusagen als Akteur von außen. In welchen Situationen gerieten oder geraten Sie unter Druck beziehungsweise fühlten oder fühlen sich belastet? 1. Situation: 2. Situation:

Maßnahmen gegen die Belastungen beschreiben Welche Fähigkeiten beziehungsweise welches Verhalten könnten Sie in der belastenden Situation anwenden, um sich zu entlasten? Nennen Sie drei Möglichkeiten. 1. 2. 3.
Auf alternative Situationen übertragen Welche der Maßnahmen könnten Sie in ähnlichen Situationen anwenden? Beschreiben Sie die weiteren Situationen so genau wie möglich. Nennen Sie drei Möglichkeiten. 1. 2. 3.
Zurücknehmen Atmen Sie zweimal kräftig ein und aus und öffnen Sie Ihre Augen. Verlassen Sie anschließend Ihren Platz.

2.4. Zeitdruck als Stressauslöser

Viele Lehrer stehen heutzutage unter Zeitdruck, weil sie täglich viele unterschiedliche Aufgaben zu erledigen haben und viele Termine wahrnehmen müssen. Lehrer müssen sich (wie viele andere Menschen auch) sowohl beruflichen als auch privaten Anforderungen stellen. Beide Lebensbereiche sind miteinander verschränkt, müssen jeweils für sich organisiert und aufeinander abgestimmt werden. Die zur Verfügung stehende Zeit ist eine vorgegebene Größe und begrenzt. **Für den Einzelnen kön-**

nen sich insbesondere Belastungen ergeben, wenn er nicht über die Zeit bestimmt, sondern von Zeitvorgaben beherrscht wird. Die Folgen sind ein Verlust an Zeitübersicht und ein Mangel an Konzentration für die Arbeit. Daraus ergibt sich der Zeitdruck, der in der Regel Auslöser von Stress ist. Wird die tägliche Situation als Überlastung empfunden, dann befindet sich der Betroffene im Stress. Spätestens dann ist es erforderlich, die längerfristige, aber auch die kurzfristige Zeitplanung zu überdenken. Im eigentlichen Sinne handelt es sich um das Selbst-Management in Bezug auf die eigene Tätigkeit und die Zeiteinteilung.

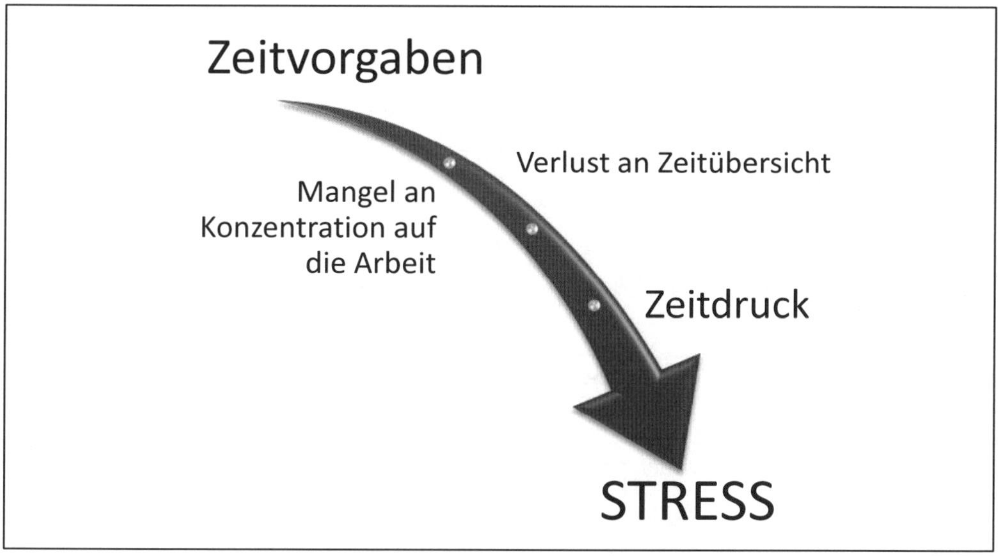

Abbildung 7: Entstehung von Stress

In der Regel wird man kaum die Anzahl der üblichen Aufgaben und deren zeitlichen Anspruch verringern können. Es geht also um die Zeit, die für das Erledigen von Aufgaben zur Verfügung steht: Aufgaben müssen in der Zeit zweckmäßig verteilt sein. Wie kann man das erreichen? **Arbeiten oder Aufgaben ordnet man einer Zeitleiste zu.** Durch eine Reihe von Strategien lässt sich ein Zeitplan so organisieren, dass man auf seiner Grundlage Arbeiten und Aufgaben weitgehend ohne Stress erledigen kann. Beim Aufstellen eines solchen Zeitplans wird außerdem klar, ob man sich – aus welchen Gründen auch immer – zu viel Arbeit vorgenommen hat. Das **Ziel des Zeit-Managements ist es, sich vom Zeitdruck zu befreien**. Man muss Zeit für die regelmäßig erforderliche Erholung reservieren, außerdem muss man sich die Motivation für seine Tätigkeit beziehungsweise seinen Beruf erhalten, gewinnen beziehungsweise zurückgewinnen. Dies gelingt einem vor allem dann, wenn man Kontrolle über die eigene Zeitplanung behält, sich also nicht als Opfer von Zeitvorgaben erlebt (vgl. Malik 2006; Holk / Hoof / Rohe 2011).

Ausgangslage für ein Zeit-Management ist zunächst die genaue **Bestandsaufnahme:** Wie hat man die Arbeit bisher verteilt, die man zu leisten hat? Wie hat man die Zeit genutzt, die zur Verfügung stand? Auf dieser Grundlage ermittelt man dann alle Zeitverluste, die eingetreten sind: Zeitverluste können sich auf verschiedenen Ebenen ergeben: Zum Beispiel durch die bisherige Organisation der Tätigkeiten, als „Störungen" bei der Erledigung der Aufgaben oder auf Grund unzureichender Strukturierung der Arbeit, die man erledigen muss. Die Analyse dieser Bedingungen ist die Voraussetzung dafür, die Zeitplanung überschaubar zu machen. Die Zeitplanung ist dabei stets auf das konkrete Handeln in unmittelbarer und in naher Zukunft gerichtet. Die Bestandsaufnahme über die bisher gewohnte Zeitnutzung dient als Grundlage zur Analyse der Zeitaufteilung. Die beiden folgenden Übungen sollen Ihnen helfen, Ihren bisherigen Umgang mit Zeitressourcen angemessen einzuschätzen

Übung: Bestandsaufnahme „Arbeitsaufkommen"

1. Welche Arbeiten und Aktivitäten haben Sie in den letzten beiden Wochen erledigt? Beziehen Sie sich dabei sowohl auf den beruflichen (B) als auch auf den privaten (P) Bereich. Erfassen Sie auch die Wege- und Fahrtzeiten, die angefallen sind.

Beruflich (B)	Privat (P)

2. Geben Sie zu jeder Tätigkeit die Zeit an, die Sie dafür pro Tag beziehungsweise pro Woche aufgewendet haben. Kennzeichnen Sie außerdem Ihre Tätigkeiten in folgender Weise: sehr wichtig (+), wichtig (o) oder weniger wichtig (-).

Tätigkeit	Zeit (in Minuten)	Wichtigkeit + / o / -

3. Vergleichen Sie in Ihrer Übersicht die einzelnen Arbeiten und Aktivitäten in Bezug auf Wichtigkeit und Zeitaufwand. Wie beurteilen Sie das Ergebnis? Markieren Sie auffällige Missverhältnisse.

4. Bei welchen Arbeiten und Aktivitäten hätten Sie gegebenenfalls Zeit einsparen können? Welche Arbeiten und Aktivitäten hätten gegebenenfalls wegfallen können („Zeitdiebe")? Begründen Sie jeweils Ihre Bewertung.

Zeiteinspar-Potenziale bei	Begründung
Wegfallen konnten	**Begründung**

Übung: Eigener Umgang mit Zeit und Arbeit

1. Welche Zeitprobleme haben Sie bisher bewusst erfahren?

2. Können Sie „Nein“ sagen, wenn Sie kurzfristig Arbeitsaufträge angeboten bekommen und Termine wahrnehmen sollen? Mit welchen Gefühlen verbinden Sie Ihre jeweilige Antwort?

3. Wie häufig und wie lange machen Sie täglich Pausen? Was tun Sie während dieser Zeit? Beurteilen Sie Ihre Aktivitäten während der Pausen.

Zahl der Pausen	Länge der Pausen
Tätigkeiten während der Pausen	

4. Inwieweit kommt es vor, dass Sie Arbeiten bis zum letzten Moment hinausschieben? Um welche Arbeiten handelt es sich dabei? Welche Gründe haben Sie für Ihr Verhalten?

Hinausgeschobene Arbeiten	Gründe für das Hinausschieben

2.5. Zeitnutzung und Zeitplanung im Alltag

Lehrer geraten in ihrem (Arbeits-)Alltag immer mehr in Zeitnot, obwohl ihnen durch den Arbeitsauftrag und den Arbeitsrhythmus täglich eine bestimmte Zeiteinteilung vorgegeben ist. Als Ursache für die Zeitnot wird in erster Linie eine Arbeitsüberlastung genannt, die außerhalb der Zeit in der Schule liegt. Wodurch entsteht Arbeitsüberlastung? Sie stellt sich ein, weil sich verschiedene Aufgaben beziehungsweise Arbeiten überschneiden und man viele Aufgaben oft kurzfristig und fast gleichzeitig erledigen muss. Das Arbeitsaufkommen der Lehrer ist zweifellos hoch; die Arbeitszeit ebenfalls (siehe oben Seite 125f.). **Dennoch entsteht der Zeitmangel in der Regel durch eine ineffektive Zeitplanung**. Eine ineffektive Zeitplanung kann einmal auf einer **falschen Zeiteinteilung** beruhen, zum anderen aber auch mit der **Vergeudung von Zeit** zusammenhängen. Eine solche Zeitvergeudung wird vielen Menschen gar nicht bewusst.

Zeit-Management ist die zielorientierte und konsequente Planung der Arbeit in der täglichen Praxis. Dabei geht es darum, die eigenen Lebensbereiche so zu führen und zu organisieren, dass man die zur Verfügung stehende Zeit sinnvoll und optimal nutzen kann. **Nicht die Zeit ist also das Problem, sondern das, was wir aus ihr machen.** Verlorene Zeit ist unwiederbringlich. **Zeit-Management heißt somit, die Zeit, die zur Verfügung steht, zu beherrschen, statt sich von ihr beherr-**

schen zu lassen. Die entscheidende Frage ist: Wie gut nutzen wir die zur Verfügung stehende Zeit? Zeit lässt sich nicht vermehren: **Zeit-Management ist die Rationalisierung der eigenen Zeit.**

Beim Zeit-Management geht es um **drei Fragen** (**ZOM**):

1. Was ist zu tun? (**Zielfunktion = Z**)
2. Wann ist es zu tun? (**Organisationsfunktion = O**)
3. Wie ist es zu tun? (**Methodenfunktion = M**)

Alle drei Fragen müssen beachtet und geklärt werden, da sonst die Zeitplanung unvollständig bleibt. Man muss außerdem die Zeitbegrenzungen erkennen, darf Zeitleerlauf nicht entstehen lassen beziehungsweise sollte Zeitlücken sinnvoll nutzen. Zeit-Management bedeutet letztlich, Arbeiten zu systematisieren und Routinen zu gewinnen, damit die richtige Aufgabe zur rechten Zeit und mit der rechten Intensität erledigt wird (vgl. Meloefski 2012; Seiwert / Küstenmacher 2010; Weingärtner 2010).

Übung: Zeitnutzung und Zeitplanung

Im Folgenden werden einige Probleme genannt, die im Umgang mit Zeit häufig auftreten. Mit Blick auf Umfang und Ausprägung betreffen diese Probleme den einen Menschen mehr, den anderen weniger. Kreuzen Sie die Punkte an, die auf Sie persönlich zutreffen. Beurteilen Sie anschließend das Ergebnis Ihrer Selbstanalyse: Welche Ursachen gibt es für Ihr Verhalten? Wie vernünftig ist Ihr Verhalten? Was sollten Sie ändern? Welche Änderungen trauen Sie sich zu?

- Man vereinbart zu viele Termine.
- Einen Zeittakt kann oder möchte man nicht immer einhalten.
- Arbeit schiebt man vor sich her, unabhängig davon, ob man sie gerne oder nicht gerne macht.
- Der Eindruck, dass viel Arbeit ansteht, macht einen nervös.
- Man ist oft von der Arbeitsweise und der Zeitplanung anderer Menschen abhängig und das bringt die eigene Zeiteinteilung durcheinander.
- Mehrere Aufgaben möchte oder muss man oft gleichzeitig erledigen und will es auch.
- Man unterschätzt den Zeitaufwand für das Erledigen einer Aufgabe.
- Man möchte möglichst alle wichtigen Aufgaben an sich reißen.
- Man möchte Aufgaben nicht ablehnen, die einem aufgetragen werden.

- Man hat keine Zeit für persönliche Pausen beziehungsweise allgemein zu wenig Zeit zur eigenen freien Verfügung.
- Unvorhergesehenes bringt einen zeitlich durcheinander und macht einen nervös und gereizt.

2.6. Regeln für das Zeit-Management

Für einen Lehrer gibt es im Rhythmus eines Schuljahres zwei **Hauptbereiche von Arbeit**:

- die täglich wiederkehrende Unterrichtszeit an der Schule, die durch den Stundenplan geregelt ist
- die sich täglich wiederholende Vor- und Nachbereitung des Unterrichts (Auswahl / Reflexion von Inhalt und Methode, Bereitstellung von Experimenten, Gestaltungsmaterialien und Arbeitsunterlagen, Lektüre von Ganzschriften), die teils zu Hause, teils an der Schule (Experimentierraum, Bibliothek) stattfindet

Dieser Arbeit zugeordnet sind obligatorische **Veranstaltungen der Schule**:

- Konferenzen (Lehrer-, Fach-, Zeugniskonferenzen)
- Beratungen (von Eltern, Schülern, Kollegen)
- Gespräche (Klassenpflegschaft, Elternsprechtag)
- Fortbildungsveranstaltungen
- Projekte, Sport oder Schulfeste und ähnliche Großveranstaltungen
- Schülerfahrten und Exkursionen

Außerdem besteht die Notwendigkeit und zum Teil auch die Verpflichtung, **zusätzliche Aufgaben und Funktionen** zu übernehmen:

- Teilnahme an der Schulpflegschaft
- Leitung einer Sammlung
- Berater für Sicherheitsfragen
- Vorbereitungen für den „Tag der offenen Tür“ oder ein Schulfest
- Vorsitz einer Fachschaft
- Verantwortung für die Medien an einer Schule
- Verantwortung für Gesundheitsfragen

Parallel zu diesen Tätigkeiten sind – mehr oder weniger regelmäßig – **weitere Arbeiten** zu bestimmten Terminen zu erledigen:

- Korrektur von Schülerarbeiten (z. B. Klassenarbeiten, Hausarbeiten, Facharbeiten, Tests)
- Notengebung
- Arbeitsvorlagen für Konferenzen
- Protokolle
- Vorbereitung von Schulfahrten / Exkursionen / Elternsprechtagen
- Arbeitspläne auf der Grundlage neuer Erlasse u. a.
- Führen von Klassenbüchern, Kursheften, Personalbögen usw.
- Prüfungsvorbereitungen und Durchführung von Prüfungen

Hinzu kommen noch **kurzfristig zu übernehmende Aufgaben** wie etwa Unterrichtsvertretungen. Für einige dieser Tätigkeiten kann längerfristig keine feste Terminierung eingeplant werden, so dass Lehrer kurz- und mittelfristig flexibel auf entsprechende Anforderungen reagieren müssen.

Die sicher nicht vollständige Übersicht lässt erahnen: Die Arbeit eines Lehrers ist fast in jedem Zeitabschnitt des Schuljahres in großer Dichte und meistens auch mit großer Dringlichkeit zu erledigen und flexibel zu gestalten. Darum muss man **die anfallende Arbeit zeitlich so koordinieren,** dass man nicht einem täglichen Zeitdruck ausgeliefert ist. Beachtet werden muss außerdem: **Auch der private Bereich stellt Ansprüche,** die nicht allein durch die Aufgaben der Lebenserhaltung bestimmt sind, sondern auch durch soziale Verpflichtungen in der Familie, in der Partnerschaft oder im Freundeskreis. Viele Lehrer leiden weit vor Erreichen ihrer Altersgrenze am **Burnout-Syndrom** (s. Schaarschmidt 2005; 2012); das weist auf die Folgen des Zeitstresses hin, der mit dem Fortschreiten der Arbeitsjahre zu körperlichen und seelischen Schäden führt.

Man muss Arbeitsabläufe organisieren, Termine planen und eine klare Zeiteinteilung in seinem Tagesablauf vornehmen, wenn man nicht unter Zeitdruck geraten und unter Zeitstress leiden möchte. Arbeit sollte man nicht – so behaupten manche – vor sich herschieben; dadurch entsteht ein innerer Druck, weil man ein schlechtes Gewissen bekommt. Andererseits ist es auch nicht angebracht, jede Arbeit sofort erledigen zu wollen; dadurch entwickelt sich häufig ein innerer Druck auf Grund des Gefühls des Getriebenseins (vgl. Rückert 2011). **Hier gilt es, sich Regeln zu geben, um die genannten Wege nach Nützlichkeit zu beschreiten und um die Motivation für die jeweiligen Tätigkeiten zu erhalten.**

Grundlegend für das Zeit-Management ist der Zeitplan. Jede Arbeit oder Aufgabe ist in einen Zeitplan einzuordnen. Damit verschafft man sich einen Überblick über die Termine und über die Arbeiten und Aufgaben, die man in einem bestimmten Zeitabschnitt erledigen möchte. Darüber hinaus sind einige **Regeln** zu beachten, die den Zeitplan ökonomisieren und dadurch den Zeitdruck verringern oder ganz aufheben. Solche Regeln sind zum Beispiel:

- komplexe / umfangreiche Arbeiten und Aufgaben strukturieren (Strukturierungsmaßnahmen)
- für Arbeiten und Aufgaben Prioritäten setzen
- die Zeitplanung im Hinblick auf Zeitverluste durch „Zeitdiebe" („Zeitfallen") überprüfen
- die Zeitplanung bezüglich des Verhältnisses von Anspannung und Entspannung überdenken

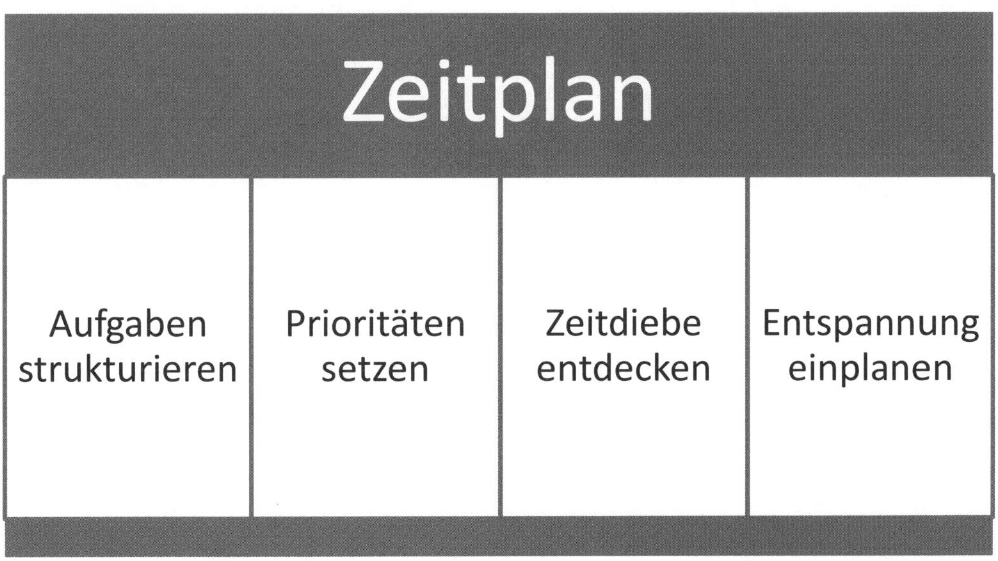

⇨ **Bevor Sie weiterlesen:**

- Nennen Sie „Zeitfallen", in die Sie immer wieder tappen.

- Erklären Sie sich, weshalb die jeweiligen Ereignisse beziehungsweise Situationen für Sie immer wieder zu „Zeitfallen“ werden.
- Wie beurteilen Sie Ihr Verhalten im Blick auf die „Zeitfallen“?
- Was könnte Ihnen helfen, Ihre Zeitplanung zu optimieren?

2.7. Zeitplanung – Monats-/Wochen-/Tagespläne

Der tägliche Arbeitsrhythmus und feststehende Veranstaltungstermine machen es notwendig, sich variabel handhabbare Terminvorgaben für die Erledigung von Aufgaben zu machen, verschiedene Aufgaben terminlich aufeinander zu beziehen und abzugleichen und die Einhaltung von Terminen und die Erledigung von Aufgaben zu überwachen. Diese Maßnahmen bieten eine übersichtliche Möglichkeit des Eingriffs in die Zeitplanung, wenn „Störungen“ auftreten – und die kommen nicht selten vor – und wenn Aufgaben terminlich neu verplant werden müssen. Je schneller man auf solche Störungen reagieren kann, desto weniger gerät man unter Zeitdruck; denn durch die Umstellung von Arbeiten und gegebenenfalls durch Terminverlegungen kann man einen Zeitausgleich herstellen (vgl. Geißler 2010).

Der erforderliche Überblick über die Zeitplanung wird durch die visualisierte Darstellung in einem **Zeitrasterplan** erreicht. Einen solchen Plan benötigt man für die **Tages- und Wochenplanung,** aber auch für die **Monatsplanung**. Die Planvorlagen müssen den Zeitraum als Übersicht zeigen, der dokumentiert wird, und **für die Eintragung** aller Termine **ausreichend Platz** haben. Die Vorlagen sollten außerdem eine **Stundeneinteilung** enthalten. In der Regel wird man mit allen drei Vorlagen arbeiten und aus einem Monatsplan die Wochenpläne und aus diesen die Tagespläne generieren. Dieses Verfahren ist zweckmäßig: Es gibt nämlich viele Wochen- und Tagesgeschäfte, die kurzfristig auftreten und sozusagen zwischendurch erledigt werden müssen und auch erledigt werden können. Außerdem kann man im Hinblick auf die längerfristige Planung geeignete Entscheidungen darüber treffen, wie man mit Terminen und Aufgaben umgehen möchte, die kurzfristig aufkommen. Dieses Verfahren garantiert eine gute Übersicht über die zeitliche Verteilung der Arbeit einerseits und sichert die tägliche Arbeitsgestaltung andererseits.

Profitipp

Natürlich kann man auch mit den bekannten **Software-Planern** wie etwa Microsoft Outlook® oder einem **Handheld** (PDA) arbeiten. Man kann auch einen Google™-Kalender in Betrachtet ziehen. Vielfach gibt es auch die Möglichkeit, Daten mit den Timern von Handys zu synchronisieren. Die elektronischen Hilfsmittel sind oft hilfreich, sollten aber ähnlich strukturiert sein, wie wir es für handgefertigte Pläne vorschlagen (vgl. Seiwert / Wöltje / Obermayr 2010).

Eine **Langzeitplanung** (z. B. über vier Wochen) ist zweckmäßig. Sie schafft die Voraussetzung dafür, dass genügend zeitliche Spielräume (**Pufferzeiten**) vorgesehen werden können. Unter dieser Bedingung kann man kurzfristig notwendige Neuplanungen vornehmen und zeitliche Engpässe vermeiden. In welchem Umfang man die Zeitkontingente für den zeitlichen Puffer vorsieht, muss man aus der Dichte des Arbeitsaufkommens und der sonstigen Aktivitäten erschließen. **Puffer bis zu 50% der Zeit, die für die Arbeit nutzbar ist, sind sinnvoll!** Die Zeitplanung sollte sich nicht nur auf den Arbeitsbereich beziehen, sondern auch die übrigen Lebensbereiche einschließen.

Weitere **Vorteile eines strukturierten Zeitplans** sind:

1. Durch die Zeitplanung erhält man Transparenz: Wie sind die Tätigkeiten auf die verschiedenen Lebensbereiche verteilt? Dadurch wird erkennbar, in welchen Zeitabschnitten zum Beispiel der private Bereich zu kurz kommt oder welche Arbeitsverdichtungen auftreten.
2. Die Koordination der verschiedenen Arbeiten untereinander wird deutlich. Verschränkungen kann man erkennen. So wird es möglich, bestimmte Aufgaben neu zu strukturieren und zu bündeln. Schwerpunktzeiten kann man so entzerren.
3. Man erkennt, welche Arbeiten oder Aufgaben man erledigen oder (noch) nicht erledigen konnte. Dadurch kann man sich einerseits über den Abschluss eines Vorhabens freuen und andererseits Unerledigtes kurzfristig in die bestehende Zeitplanung neu einordnen.

Übung: Überprüfung des täglichen Arbeitsablaufs

1. Verwenden Sie zur Feststellung Ihrer täglichen Aktivitäten Stundenpläne (selbst hergestellt oder erworben). Erinnern Sie, welchen Tätigkeiten Sie in der vergangenen Woche (Montag bis einschließlich Freitag) an den einzelnen Tagen und zu den einzelnen Stunden nachgegangen sind (Zeitrahmen von 6:30 Uhr bis 20:00 Uhr). Tragen Sie die Tätigkeiten in das Stundenraster ein und beschreiben Sie die Tätigkeiten möglichst genau. Das könnte so aussehen:

Dienstag	
07.15 – 07.45	Wohnung verlassen / Fahrt zur Schule
07.45 – 08.00	Lehrerzimmer / Materialien sortiert für den Unterricht in Kl. 7c
08.00 – 08.45	Unterricht in Kl. 7c
08.50 – 09.35	Freistunde / Gespräch mit Kollegin im Lehrerzimmer
09.35 – 09.50	Unterrichtspause / Lehrerzimmer / Gespräch mit Referendar M.
09.50 – 10.35	Unterricht in Kl. 10 / Feststellung: Arbeitsblatt 3 + 4 für Lerngruppe nicht kopiert
10.35 – 10.50	Lehrerzimmer
10.50 – 11.20	Verlassen der Schule / Fahrt zur Wohnung
11:20 – 12:55	Vorbereitung des Mittagessens

2. Ordnen Sie dann in den Stundenplänen der einzelnen Tage die Tätigkeiten bestimmten Tätigkeitsbereichen zu. Kennzeichnen Sie die verschiedenen Bereiche mit unterschiedlichen Farbmakern.
   Gesichtspunkte der Zuordnung:
   - verpflichtende Tätigkeiten (z. B. Unterrichtsstunde, Unterrichtsnachbesprechung mit dem Fachlehrer, Fahrten Schule / Zentrum für schulpraktische Ausbildung – Wohnung, Essenszeit, Kernseminar, Fachseminar, Unterrichtsvorbereitung für Klasse XX u. a.)
   - Freizeitaktivitäten (Kollegensport einschließlich der Fahrtzeiten zum / vom Einsatzort u. a.)
   - sonstige Tätigkeiten (z. B. Gespräch mit einem Kollegen in einer Freistunde, Telefonat mit ehemaliger Schulfreundin u. a.)

3. In diesem Schritt setzen Sie die „sonstigen Tätigkeiten", die in der Woche angefallen sind, in Bezug zu den Arbeitsvorhaben, die Sie für dieselbe Woche geplant hatten. Bearbeiten Sie die folgenden Aspekte:
   - Haben die sonstigen Tätigkeiten Sie in zeitliche Schwierigkeiten gebracht? Haben Sie die sonstigen Tätigkeiten mit Blick auf Ihre beruflichen Verpflichtungen und Ihre Freizeitaktivitäten zeitlich behindert?
   - Hätten Sie die Zeit für die sonstigen Tätigkeiten – bei nachträglicher Beurteilung – für andere Zwecke besser nutzen können?
   - Wenn ja: In welchem Ausmaß hätte das geschehen können? Hätten Sie dadurch die für Samstag beziehungsweise die täglich nach 20:00 Uhr vorgesehenen Arbeiten teilweise oder ganz vorziehen können?
   - Wenn nein: Dann erläutern und begründen Sie kurz die Planung Ihrer Arbeit in der Woche, die Sie analysiert haben. Inwieweit hatten Sie von vornherein obligatorische Arbeiten für die Zeit am Samstag beziehungsweise an anderen Wochentagen nach 20:00 Uhr vorgesehen?

Profitipp

Ziehen Sie Schlüsse aus der Analyse der Arbeitswoche! Mögliche Fragen dabei:

- Was sollten Sie ändern?
- Was können Sie kurzfristig ändern?
- Welche Änderungen wollen Sie tatsächlich sofort umsetzen?

2.8. Ökonomisierung der Zeitplanung

Übung: Selbsteinschätzung der eigenen Zeitökonomie

Kreuzen Sie das Zutreffende an:

	fast immer	häufig	manch-mal	fast nie
1. Oft muss ich versuchen, viele Aufgaben fast gleichzeitig zu erledigen.				
2. Manche Termine kann ich nur im letzten Moment wahrnehmen, da immer etwas dazwischenkommt.				
3. Ich habe zu viel Papierkram auf meinem Schreibtisch liegen; ich komme kaum dazu, die Papiere zu sortieren.				
4. Manchmal fehlt mir die nötige Zeit, um das zu tun, was ich zu einer bestimmten Zeit eigentlich machen wollte.				
5. Unangenehme Arbeiten schiebe ich meistens auf. Unter Termindruck schaffe ich es, diese Arbeiten dann doch noch zu erledigen.				
6. Texte und Abbildungen für eine Lerngruppe kopiere ich meistens unmittelbar vor Beginn der Unterrichtsstunde aus Lehr- oder Handbüchern.				
7. Beim Erledigen einer Aufgabe arbeite ich ohne Pause durch, bis die Aufgabe fertig ist.				

Aufgaben:

- Beurteilen Sie anhand Ihrer Einschätzungen, ob Sie einer Zeitplanung folgen oder eher von der Zeit „getrieben“ werden. Begründen Sie Ihre Meinung.

- Welche Kriterien müssten Sie Ihrer Meinung nach bei einer Zeitplanung für Ihr eigenes Leben beachten?

2.8.1. Setzen von Prioritäten

Eine Arbeit lässt sich im Blick auf einen (End-)Termin planen. Der Termin kann einem vorgegeben sein oder man hat ihn selbst gewählt. Dabei darf man die Zeitvorgabe nicht zu eng fassen: Man sollte berücksichtigen, dass Unvorhergesehenes den Zeitplan beeinflussen kann. **Prinzipiell sollte nicht mehr als die Hälfte der zur Verfügung stehenden Zeit verplant werden; der Rest dient als Puffer.** Je nach Wichtigkeit wird man für das Erledigen von Arbeiten eine Reihenfolge festlegen. Denn man kann manche Arbeiten auch aufschieben, wenn sie nur geringe Bedeutung haben (vgl. Meloefski 2012; Hausner u. a. 2011; Weingärtner 2010).

Prioritäten zu setzen ist wichtig! So garantiert man das Erledigen der Arbeiten und Aufgaben, die regelmäßig anfallen. **Die gesetzten Prioritäten müssen dann unbe-**

dingt handlungsbestimmend sein! D. h.: Alle Arbeiten und Aufgaben werden auf die festgelegte Rangfolge ausgerichtet. Die Bedeutung und der Nutzen einer solchen Maßnahme werden durch das **Pareto-Prinzip** (Vilfredo Frederico Pareto 1848-1923) oder die 80/20-Regel erkennbar. Nach dieser Regel kann man in 20% der Zeit, die zur Verfügung steht, 80% der anfallenden Arbeiten und Aufgaben erledigt. Für die restlichen 20% der Arbeit müsste man aber 80% der Arbeitszeit aufwenden. Es stellt sich daher die Frage: Soll man eine erhebliche Zeit aufwenden, um eine gewisse Vollständigkeit bei der Bearbeitung einer Aufgabe zu erreichen? Soll man also das Arbeitsergebnis perfektionieren?

©Sigrid-Rossmann@pxielio.de

Einstellungen und Wünsche beeinflussen die eigene Arbeit; das kann man am Beispiel des Perfektionismus klar machen. Als Adressat wünschen Sie sich, dass eine Arbeit perfekt ausgeführt ist. Ein berechtigter Wunsch. Bei der Reparatur eines Autos zum Beispiel kann die Fahrsicherheit davon abhängen, ob die Werkstatt die Arbeit einwandfrei erledigt hat. Kann man das perfekte Erledigen des Reparaturauftrags negativ beurteilen? Wohl kaum!

Was aber ist mit Perfektionismus gemeint? Aus Erfahrung kennen Sie das Gefühl: Sie glauben, eine Arbeit nicht vollständig erbracht zu haben; Sie denken, Sie hätten mehr tun können und müssen. Der Adressat Ihrer Arbeit wiederum weist vielleicht darauf hin, dass Sie etwas vergessen haben zu tun. Sie haben Ihre Arbeit scheinbar nicht perfekt geleistet. Woran wurde festgemacht, dass die Arbeit nicht perfekt ist?

Ist das Arbeitsergebnis nicht perfekt, weil die grundlegende Aufgabe nicht oder nicht vollständig bearbeitet wurde? Wer legt fest, was grundlegend ist und wie die Lösung aussieht? Ist die Arbeit nicht perfekt, weil sie in den obligatorischen Details oder in den fakultativen Details unvollständig erledigt ist, obwohl die Grundlagen des Auftrags umfassend behandelt wurden? Die Bedeutung der Details wird von Schwerpunkt bestimmt, der bearbeitet wurde. Müssen alle bekannten Details herangezogen werden? Wunsch und Notwendigkeit können hierbei auseinander gehen. Oder liegt es grundsätzlich an Ihrer Einstellung? Wollen Sie sich durch Ihre Arbeit bei anderen ins rechte Licht setzen?

Eine häufig geäußerte These lautet: „Zu viel Perfektion schadet bei der Arbeit". Die These stützt sich auf Erfahrungen aus der Praxis der Arbeitswelt: **Es kostet einen Menschen überdurchschnittliche viel Zeit und Energie, wenn er sich bei allen Aufgaben um jedes kleinste Detail kümmert.** Der Mensch überfordert sich selbst, wenn er jederzeit von sich (und anderen!) perfekte Ergebnisse erwartet. Hinter perfektionistischem Verhalten steckt die Angst, Fehler zu machen und diese verantworten zu müssen.

Perfektionismus ist danach eine menschliche Schwäche; sie scheint die Fähigkeit auszuschließen, in den wichtigen Dingen perfekt zu handeln. Man kann demnach sagen: Perfektionismus kann damit einhergehen, das Wesentliche aus dem Blick zu verlieren. Perfektionismus ist mit Unsicherheit verbunden, weil die Qualität der Leistung, die jemand erbringt, in erster Linie am Urteil anderer orientiert ist. Und perfektionistisches Verhalten deutet auf ein schwach entwickeltes Selbstbewusstsein hin. Für die Beurteilung eines Arbeitsergebnisses müssen die Gesichtspunkte feststehen, unter denen ein Arbeitsauftrag als perfekt erfüllt angesehen wird (vgl. Nussbaum 2007).

Perfektionistisches Arbeiten beschäftigt sich zudem meistens mit Nebensächlichem; das Wesentliche wird durch zusätzlichen Zeiteinsatz nicht mehr verändert. Die eingesparte Zeit kann man daher anderweitig sinnvoller verwenden. Das Fazit: **Perfektionisten sind Menschen, die unökonomisch arbeiten. Es gilt also: Der Mut zum Wesentlichen sollte das Ziel sein!**

Um Prioritäten setzen zu können, muss man Arbeiten beziehungsweise Aufgaben zunächst auf ihre Bedeutung hin analysieren und Prioritäten definieren. Mittels der **ABC-Methode** ordnet man alle Arbeiten und Aufgaben in drei Kategorien ein:

- A – sehr wichtig, hohe Priorität
- B – wichtig, mittlere Priorität
- C – weniger wichtig, geringe Priorität

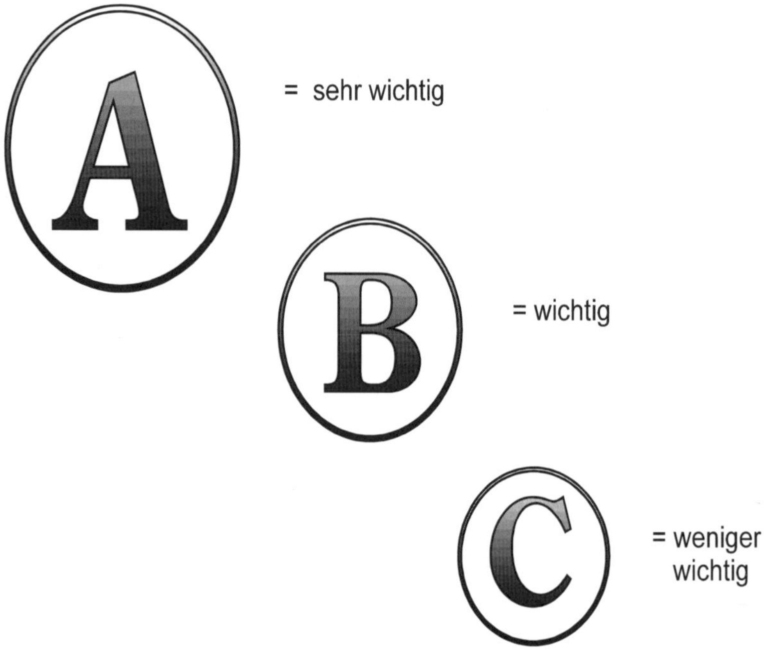

Bei einer **anderen Methode** setzt man **Wichtigkeit und Dringlichkeit** als bestimmende Faktoren an. In der Kombination dieser beiden Faktoren kommt es insbesondere auf zwei Fälle an: a) Eine Arbeit oder Aufgabe ist wichtig und sie ist dringlich. Das ist der Fall der höchsten Priorität. Eine solche Arbeit oder Aufgabe sollte man möglichst sofort erledigen. b) Im anderen Fall ist die Arbeit oder Aufgabe wichtig, aber nicht dringend. Für eine solche Aufgabe legt man einen Termin fest, bis zu dem die Aufgabe spätestens erledigt sein sollte. Im Vergleich verschiedener Arbeiten und Aufgaben ergibt sich danach eine Rangfolge, die für die zeitliche Festlegung maßgeblich ist. Arbeiten oder Aufgaben, die neu hinzukommen, sind im Vergleich zu bereits kategorisierten Arbeiten und Aufgaben zu bewerten. Die Zeitplanung muss danach neu erstellt werden. Ändert sich dabei auch der Arbeitsumfang, dann wird zusätzlich Zeit benötigt. Daher ist es wichtig, im Zeitplan stets **Pufferzeiten** auszuweisen. Pufferzeiten sind außerdem nötig, weil immer damit zu rechnen ist, dass Vorhaben des Arbeitsalltags oder des privaten Bereichs durch Unvorhergesehenes unterbrochen werden. Pufferzeiten sind auch wichtig, um flexibel reagieren zu können und Zeit für neue beziehungsweise spontane Vorhaben zur Verfügung zu haben (vgl. Meloefski 2012).

„Dringlichkeit“ von Arbeiten oder Aufgaben wird im Schulalltag oft durch verschiedene Bedingungen hergestellt. Dabei wird häufig ein Zeitdruck aufgebaut. Oft fallen ganz kurzfristig verschiedene Arbeiten und Aufgaben an, die möglichst gleichzeitig und sofort zu erledigen sind. Dringlichkeit geht immer mit Zeitdruck einher. **Grundsätzlich sollte man Dringlichkeit verhindern, indem man die Wichtigkeit einer neu hinzugekommenen Arbeit oder Aufgabe bewertet.** Die Bewertung schafft die Möglichkeit, die Dringlichkeit einzuschätzen. Durch eine neue Zeitplanung für die anstehenden Arbeiten und Aufgaben kann man sich dann einem unnötigen Zeitdruck entziehen.

Prioritäten zu setzen und Arbeiten und Aufgaben zu terminieren geht damit einher, **im eigenen Arbeitsverhalten Verbindlichkeit herzustellen**. Dies bezieht sich sowohl auf die **Einhaltung der persönlichen Zeitplanung** als auch darauf, seine **Arbeitskapazität gezielt in Anspruch zu nehmen**. **Man kann nicht immer alles machen und auch nicht immer wieder neue Aufgaben übernehmen wollen.** Der Vorteil der Zeitplanung liegt darin, die Erledigung von Arbeiten und Aufgaben als kurz- und mittelfristige Ziele fixieren zu können. Man muss außerdem lernen, **„Störungen“ auszuschalten**, die den Fortgang einer laufenden Bearbeitung unterbrechen und diese oft auch unkontrolliert werden lassen. Das Zeitkontingent wird häufig eng, wenn man neue Aufgaben zu schnell akzeptiert und übernimmt. In solchen Fällen ist es zweckmäßig, sich an einige Regeln zu halten:

- Prioritäten klären mit dem Ziel, den Zeitplan neu zu gestalten
- Entscheidungen treffen – dabei auch Aufgaben ablehnen (Nein-Sagen-Können)
- Zeitrahmen einhalten (z. B. bei Telefonaten, Elterngesprächen, Beratungen usw.)
- Störungen während einer bestimmten Arbeitszeit ausschalten (keine Telefonate entgegennehmen, nicht telefonieren wollen, für Gespräche nicht zur Verfügung stehen usw.)
- Leerlaufzeiten vermeiden (= Zeitverschwendung)
- Zeitpuffer zwischen Terminen einplanen (Fahrtzeiten, Überbrückungszeiten kalkulieren)

Die Bedeutung solcher Regeln ist einleuchtend. Es fällt jedoch anfangs schwer, sie auch anzuwenden. Dazu muss man sich einige Zeit bewusst zwingen, bis man die Regeln routinemäßig einhält. Vorausgehen muss dabei, die eigene Einstellung für ein planmäßiges Verhalten zu stärken.

Beispiel: Dringlichkeit und Wichtigkeit im Schulalltag

Ein Beispiel aus dem Schulalltag kann helfen, die Beziehung „Dringlichkeit – Wichtigkeit“ aufzuzeigen: Für den Tag X haben Sie sich als Endphase der Korrektur einer Klassenarbeit die Beurteilung der Leistungen vorgenommen. Am darauf folgenden Tag müssen Sie die Noten der Klassenarbeit in die Notenliste eintragen. Dieser Termin steht fest. Am Tag X ereignet sich in der Klasse, in der Sie Klassenlehrer sind, im Unterricht eines Kollegen ein schwerwiegender Disziplinarvorfall mit einem Schüler. Ihre Schulleiterin glaubt, dass der Fall am Nachmittag unbedingt mit den Eltern telefonisch abgeklärt werden muss. Die Schulleiterin fordert Sie auf, das Gespräch zu führen. Aus Erfahrung wissen Sie: Ein solches Gespräch kann schwierig sein und wird lange dauern. Was ist in dieser Konstellation von Aufgaben wichtig? Was ist dringend? Beide Aufgaben erledigen zu wollen, bedeutet für Sie sowohl mental als auch zeitlich Stress. Stress sollten Sie aber unbedingt vermeiden!

Was ist zu tun? Sie vergleichen Dringlichkeit und Wichtigkeit und entscheiden sich anhand der gewonnenen Einschätzung, wie Sie sich verhalten wollen. Beides ist in diesem Falle erforderlich: Sowohl die vergleichende Bewertung als auch die Notwendigkeit, eine Entscheidung zu treffen. Dazu müssen Sie Mut aufbringen. **Sie müssen Mut aufbringen, sich gegen die Situation zur Wehr zu setzen, die den Stress auslöst.** Vermeiden Sie also den Drang, beide Aufgaben „gleichzeitig“ erledigen zu wollen! **Nehmen Sie die Konsequenzen in Kauf, die sich durch eine Entscheidung gegen den Stress ergeben. Sagen Sie „Nein!“ zum Stress.**

Eine **Lösung** könnte so aussehen: Sie bleiben bei Ihrem Vorhaben und beenden die Korrektur der Klassenarbeit, danach beurteilen Sie die Schülerleistungen. Sie rufen die Eltern des Schülers an und vereinbaren mit ihnen für den folgenden Tag einen Gesprächstermin. Den Vorfall selbst erörtern Sie bei dem Telefonat nicht! Warum sollten Sie vermeiden, den Fall telefonisch zu erörtern? Konfliktsituationen können nicht und sollte man grundsätzlich nicht telefonisch erörtern und beraten. Sie benötigen Zeit, die Konfliktsituation zu recherchieren und zu analysieren. Außerdem können Sie sich nur von Angesicht zu Angesicht auf Ihre Gesprächspartner so einstellen, dass die sich in ihren Sorgen und Wünschen ernst genommen fühlen (vgl. Kliebisch / Meloefski 2011a).

Vorfälle dieser Art kommen im Schulalltag häufig vor. Sie sind Störungen in einem Zeitplan, den man für das Erledigen der Arbeiten und Aufgaben aufgestellt hat. Für eine erfolgreiche Zeitplanung und für die Einstellung zum eigenen Zeitplan sollte man daher unbedingt die Grundsätze einhalten, die für das Zeit-Management gelten.

2.8.2. Regenerationsphasen

Wer fortlaufend arbeitet, arbeitet in der Regel ineffizienter als derjenige, der sich Erholungsphasen gönnt. In der täglichen Arbeit sind es Pausen, die zur nötigen Entspannung beitragen; in den längerfristigen Arbeitsperioden zählt hierzu der Ausgleich durch Freizeitbeschäftigungen, die der Entspannung dienen. Bei der täglichen Arbeit macht fast jeder diese Erfahrung: Arbeiten, die eine bestimmte Dauer überschreiten, erledigt man immer weniger konzentriert und weniger schnell. Das Arbeitsergebnis wird mit fortschreitender Arbeitszeit immer schlechter. **Die tägliche Arbeit braucht ihre Pausen, durch die von Zeit zu Zeit Distanz zur Arbeit geschaffen wird.** Pausen dienen dazu, sich kurzzeitig allen Anforderungen zu entziehen, um sich regenerieren zu können. **Mit klarem Kopf lässt sich anschließend die Arbeit gezielter angehen und erfolgreicher ausführen als bei Dauerarbeit.** In der Arbeitsplanung sind Pausen ein konstitutives Moment. Pausenzeiten sind daher bei der Zeitbemessung für eine Arbeit zu berücksichtigen.

Pausen dienen der geistigen und der körperlichen Entspannung. Entspannung hebt die Anspannung auf, der man während der Arbeit mehr oder weniger ausgesetzt ist. Physiologisch gesehen werden durch Entspannung die bei der Arbeit mobilisierten geistigen und körperlichen Funktionen auf ein Niveau zurückgefahren, das dem eigenen Körper entspricht.

Dadurch beugt man einer möglichen Stresssituation vor; denn nichts ist stressiger als das Gefühl, intensiv zu arbeiten, aber nicht fertig zu werden. Ein solches ungünstiges Gefühl stellt sich mit zunehmender Ermattung immer stärker ein.

Erzwungene Arbeitsunterbrechungen, die auf Grund von „Störungen" zustande kommen, sind allerdings nicht als Pausen anzusehen; sie führen nicht zu der nötigen Regeneration. Durch Zwangsunterbrechungen entsteht eher Hektik, weil der Arbeitsrhythmus gestört wird. Unterbrechungen durch Störungen sollte man daher vermeiden. Vor allem für anspruchsvollere Arbeiten **richtet man die Arbeitszeit so ein, dass Störungen ausgeschlossen werden können**. Auch die **Zeit des Feierabends** legt man am besten im Voraus fest. Sie kann täglich variieren. Ist der Feierabend jedoch erreicht, dann ist er bedingungslos einzuhalten. Unerledigtes wird konsequenterweise für den folgenden Tag eingeplant, so dass dadurch ein endgültiger Abschluss der Arbeitszeit gegeben ist.

Im täglichen Arbeitsplan sollte man versuchen, seine persönliche **Leistungskurve** und seinen **Biorhythmus** zu beachten. Bei allen individuellen Unterschieden lässt sich folgende Gesetzmäßigkeit feststellen. Ein besonderes Leistungshoch liegt am Vormittag in der Zeit zwischen neun und elf Uhr. Nach einem Leistungsabfall am frühen Nachmittag steigt die Leistungskurve am späten Nachmittag wieder an und erreicht ein zweites Tageshoch in der Zeit zwischen 19 und 21 Uhr. Danach fällt die Leistungskurve wieder ab. In der Leistungssenke am Nachmittag ist ein kurzes Nickerchen angebracht (Mittagsschlaf). Versuche haben gezeigt, dass Probanden danach wieder sehr lange geistig fit und konzentriert arbeiten konnten (vgl. Charney / Nestler 2011; Zulley / Knab 2009).

2.8.3. Planungsmaßnahme: Strukturierung von Arbeitsvorhaben

Vielen Lehrern fehlt oft der Antrieb, eine Arbeit anzupacken und zu erledigen, viele haben oft keinen Spaß an ihrer Arbeit. Das hat meist seine Ursache darin, dass die Lehrer durch den Umfang oder durch die Komplexität der Arbeit bedrückt sind: Man kann das Ende der Arbeit kaum vorhersehen oder man weiß nicht so recht, wie man anfangen soll. Auch solche Arbeiten sind mit Unlust verbunden, die man schon häufig erledigt hat und daher routinemäßig abwickelt. Man ist – z. B. bei der Korrektur von Klassen- oder Kursarbeiten im Fach Deutsch – gar nicht so begierig darauf zu erfahren, welche mehr oder weniger qualifizierten Ideen und Argumente die Schüler verschriftlicht haben. Man sieht einen Berg von Heften vor sich, die man innerhalb einer bestimmten Zeit korrigieren muss; und die übrigen Dienstverpflichtungen müssen parallel dazu auch erledigt werden. Und man weiß, dass man für jede Schülerarbeit eine Beurteilung treffen und schriftlich begründen muss. Mehr noch: Mancher Lehrer mit vielen Korrekturklassen ahnt, dass er während des gesamten Schuljahres fortlaufend mit schriftlichen Arbeiten eingedeckt sein wird. Die Vorstellung dieser Dauerbeanspruchung frustriert viele Lehrer. Sie kommen sich vor wie Sisyphos. Ihre einzige Hoffnung: Die Schulferien! Für manche Lehrer ist dies die einzige Zeit, in der sie ungestört korrigieren können!

„Salami"-Taktik als Strukturierungsmaßnahme

Lernbiologie und Arbeitspsychologie liefern einige Grundsätze, die auf die Behandlung von umfangreichen und komplexen Arbeiten erfolgreich angewendet werden können. Dazu zählt zum Beispiel die sogenannte „Salami-Taktik" (vgl. Moritz / Rimbach 2006). **Komplexe Arbeiten werden nach dem Divide-and-Conquer-Prinzip in überschaubare Schritte zerlegt.** Diese Schritte arbeitet man in einer festgelegten Reihenfolge ab. Dabei kann es bei der Portionierung um eine lineare Schneidung des Arbeitsumfanges gehen; es kann sich auch um das Festlegen elementarer oder funktionaler Einheiten handeln. Das gilt auch für umfangreiche Aufgaben, zu deren Erledigung ein erheblicher Zeitaufwand nötig ist. Auch umfangreiche Aufgaben können bei Zeitdruck schon allein durch ihren Umfang demotivieren, selbst wenn sie einem inhaltlich gelegen kommen.

„Elefanten verspeist man also in kleinen Häppchen." Kleinere Einheiten, die man in kurzer Zeit erledigen kann, führen zu einer **kurzen (positiven) Feedbackschleife** und damit zur Motivation für die Arbeit. Man hat etwas geschafft; dadurch wird das Gefühl vermittelt, erfolgreich gearbeitet zu haben. Erfolgserlebnisse spornen an für die weitere Arbeit, die entsprechend leichter von der Hand geht. Vorausgesetzt: Man sieht einen Sinn in der Arbeit und traut sich grundsätzlich zu, die Aufgaben zu schaffen (vgl. Kehr 2011). Das Gegenteil ist der sogenannte „Gewaltmarsch", auch wenn er wiederholt unterbrochen wird. Jede Unterbrechung lässt in diesem Fall stets etwas Unvollendetes zurück; das Gefühl, das dabei entsteht, bedrückt (demotiviert).

Grundsätzlich liefert das Arbeiten nach der „Salami-Taktik“ die Voraussetzung dafür, den Arbeitsaufwand für die einzelnen Arbeitsschritte nach eigenen Vorstellungen zu bestimmen. Ferner kann man dadurch einen geeigneten Zeitplan erstellen und den Endtermin selbst festlegen, bis zu dem die Arbeit erledigt sein muss. Damit kann man bestimmen, was wann erledigt sein soll. **Folgt man diesem Plan, dann kann man die sonstige Zeit getrost für andere Dinge vorsehen, ohne dabei ein schlechtes Gewissen zu haben!**

„Skelett vor Detail“ als Strukturierungsmaßnahme

Eine andere Maßnahme mit ähnlicher Zielsetzung lautet „Skelett vor Detail“. Ein Skelett verschafft Übersicht über das Ganze. Das „Skelett“ lässt sich mit Informationen und Erkenntnissen in Beziehung setzen, die schon bekannt sind. Dadurch wirkt Komplexes und Unübersichtliches vertrauter. Das „Skelett“ wird sich auf vielen Ebenen im Gehirn verankern und ein empfangsbereites Netz aus Details schaffen, die man später hinzufügt. Man kann die neuen Details besser aufnehmen, weil man sie besser einordnen kann. Daraus folgt: **Man erschließt ein Arbeitsvorhaben oder eine Aufgabe zunächst dadurch, dass man die jeweilige Struktur zu erfassen versucht.** Die Struktur einer Arbeit oder Aufgabe findet sich nicht von selbst. Man ermittelt die Struktur, indem man die anstehende Arbeit oder Aufgabe auf das Anliegen beziehungsweise den Abnehmer bezieht und sich dabei auf das Wesentliche ausrichtet. Abnehmer sind für Lehrer oft die Schüler, zum Beispiel beim Unterrichten. Aber auch die Institution Schule kann für den Lehrer Abnehmer sein, wenn es etwa um die formale Seite der Leistungsbewertung geht. **Die Frage nach dem Abnehmer ist ein subjektiver Zugriff;** er charakterisiert das individuelle Vorgehen. Eine Arbeit oder Aufgabe liefert aber auch unter den Gesichtspunkten „Anliegen“ und „Abnehmer“ selbst Hinweise auf eine mögliche Strukturierung (vgl. Oppolzer 2010; Vester 2001).

Verschränkung von Arbeitsvorhaben

Die Strukturierung, wie sie oben beschrieben ist, bietet die Möglichkeit, die Arbeit an einem Vorhaben nacheinander in Portionen durchzuführen, und zwar in einem zeitlich festgelegten Rahmen mit geplanten Unterbrechungen. **Darüber hinaus kann man die Unterbrechungszeit nutzen, um auf andere Arbeitsfelder zu wechseln.** Dadurch kann man die Arbeitszeit, die zur Verfügung steht, insgesamt besser nutzen. Die Abwechslung erhält die erforderliche Konzentration und vermittelt neue Motivation, auch wenn insgesamt ein intensives Arbeitsprogramm zu erledigen ist. Zu langes Arbeiten an einer Sache führt zu Ermüdungserscheinungen: Verantwortlich dafür sind die zu große Anspannung, aber auch der Gewohnheitseffekt, der sich durch die Gleichartigkeit der Aufgaben einstellt. Die Ermüdung wiederum trägt zu Mängeln beim Ausführen der Arbeit bei.

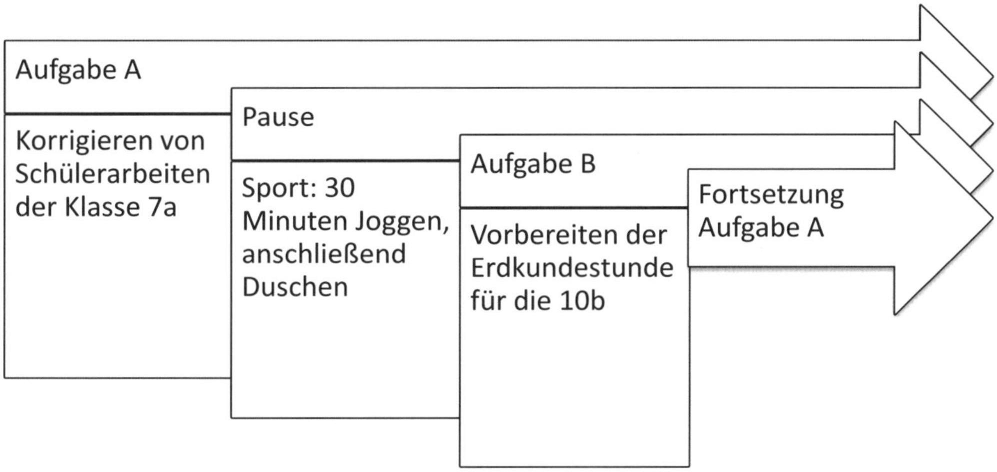

Abbildung 8: Verschränkung von Aufgaben

Auch bei einer Verschränkung von Aufgaben lässt sich jeder Einzelauftrag termingereicht erledigen, weil man in einem vorher festgelegten Zeitraster arbeitet. Durch den Wechsel der Arbeitsfelder wird die Arbeit für jedes der Einzelvorhaben effizient. Die Strukturierung eines Vorhabens und die Bearbeitung der Einheiten in zeitlich aufeinander abgestimmten Phasen haben einen Vorteil: Es entsteht keine Stresssituation; man gerät – in der Regel – nicht in Zeitnot! **Insgesamt wird bei der Integration verschiedener Arbeitsvorhaben in einem Zeitraster meistens ein Zeitgewinn erzielt.**

Ein Zeitraster hat seine Tücken, wenn man keine Ausgleichszeiten für den Fall vorsieht, dass man mit Blick auf ein Vorhaben oder eine Teilaufgabe die vorgesehene Zeit wider Erwarten nicht einhalten kann. Wie kann man eine solche Entwicklung vermeiden? Der Arbeitsaufwand und die nötige Zeit muss man in jeder Zeitphase kontrollieren. Die Zeitplanung ist bei Bedarf unmittelbar zu korrigieren beziehungsweise zu modifizieren. Nach dem Abschluss einer Aufgabe sollte man die Zeitplanung und die Strukturierung des Arbeitsprozesses nachträglich beurteilen (**Meta-Planung**). Das Ergebnis der Meta-Planung kann man nutzen, um die Zeitplanung für weitere Arbeitsvorhaben zu optimieren. Grundsätzlich gilt: Klarheit muss über die Aufgabe oder den Arbeitsauftrag selbst bestehen; die Zielsetzung des Anliegens muss also klar gefasst sein. Darüber hinaus muss der Arbeitsumfang erkennbar sein beziehungsweise festgelegt werden.

Übung: Arbeitsvorhaben in Teilaufgaben zergliedern –
Beispiel: Vortrag über Reihenplanung oder Kooperation unter Lehrern

Als Referendar werden Sie aufgefordert, für die kommende Woche im Fachseminar eines Ihrer Fächer einen Vortrag zu halten. Ihr Thema: „Die Reihenplanung zum Inhalt Ihres bedarfsdeckenden Unterrichts im Fach X in der Klasse 9 für das kommende Schuljahr“
Oder:
Sie haben als Lehrer gerade an einer Fortbildungsveranstaltung teilgenommen. Von der Schulleitung erhalten Sie den Auftrag, für die Erörterung des schulinternen Entwicklungsprogramms auf einer Konferenz in der kommenden Woche einen Vortrag zu halten. Das Thema: „Lehrerfortbildungen und ihre Wirkung auf die Kooperation der Lehrer/innen“.

1. Überlegen Sie, welche Punkte Sie dabei bearbeiten werden (maximal: 5-Punkte-Plan). Ermitteln Sie den Zeitbedarf für die einzelnen Bearbeitungspunkte.

Arbeits-/Teilschritte	Zeitbedarf (Stunden / Minuten)
1.	
2.	
3.	
4.	
5.	

2. Stellen Sie Ihre Tagesplanungen für die Zeit bis zum Tag des Vortrages anhand der täglich anfallenden bzw. zu erledigenden Arbeiten / Aufgaben auf und versuchen Sie, die Bearbeitung des Vortrages in die Zeitplanung einzuordnen.

Datum	**Teilschritt ....**	**von .... bis**

Profitipp

Falls Sie konkrete Zeitpläne vorliegen haben, sollten Sie die Konsequenzen beurteilen für den Fall, dass Sie keine oder nicht ausreichend Pufferzeiten berücksichtigt haben.

Übung: Arbeitsvorhaben in Teilaufgaben zergliedern –
Beispiel: Korrektur und Beurteilung einer Klassenarbeit

Entweder: Sie haben schon Erfahrungen mit der Korrektur und Beurteilung von Arbeiten. Oder: Sie stehen zum ersten Male vor der Aufgabe, eine Klassenarbeit korrigieren und bewerten zu müssen.

Aufgabe: Entwickeln Sie einen Plan, wie Sie bei der Korrektur vorgegangen sind beziehungsweise wie Sie vorgehen wollen. Überlegen Sie mindestens drei und höchstens acht Teilschritte.

Arbeits-/Teilschritte	**Zeitbedarf (Stunden / Minuten)**
1.	
2.	
3.	
4.	
5.	
6.	
7.	
8.	

Beispiel: Planung einer Unterrichtsstunde in 60 Minuten (Prinzip „Skelett vor Detail“)

©Gerd-Altmann@pielio.de

Ausgangssituation: Eine Unterrichtsstunde ist als geschlossen zu bezeichnen, wenn einige wichtige Strukturelemente realisiert sind: Zielentscheidung – Anbahnung (Problemorientierung) – Bearbeitung – Ergebnissicherung und Vernetzung (Strukturierungsvorschlag auf Grund von Erfahrung).

Vorgehensweise:

1. Festlegung des Zeitrahmens für die Planung
2. Entscheidungen über die Inhalte der Strukturelemente
3. Anschlussarbeiten (Beschaffung der Materialien) (Wann? Wie? Wo?)

Zu 1): Festlegung des Zeitrahmens für die Planung
Annahme: Als Zeit stehen 60 Minuten zur Verfügung.

Profitipp
Arbeiten Sie unbedingt mir einer Uhr, die Sie fortlaufend sehen können!

Die 60 Minuten teilen Sie für die Bearbeitungsschritte so auf:

- Bereitstellung von Orientierungshilfen (z. B. Schülerbuch, Handbuch für Lehrer usw.): 5 Minuten
- Zielentscheidung: 15 Minuten
- Anbahnung / Einstieg / Problemorientierung: 10 Minuten
- Erarbeitungsphase: 10 Minuten
- Ergebnissicherung (inklusiv Präsentation): 10 Minuten
- Vernetzung: 10 Minuten

Zu 2): Entscheidungen über die Inhalte der Strukturelemente

Ausgangslage: Eine bestimmte Lerngruppe in einem Ihrer Fächer.

Hier zum Beispiel Klasse 7b (Erdkunde) [Mittwoch, 4. Unterrichtsstunde]

- Bereitstellung der Orientierungshilfen
- Zielentscheidung
  - Wählen Sie einen Unterrichtsgegenstand und formulieren Sie dazu ein mögliches Anliegen (Problemorientierung).
  - Wählen Sie drei bis fünf Lernziele auf der kognitiven Ebene (deklarative und prozedurale Wissensebene).
  - Formulieren Sie das Thema für die Unterrichtsstunde.

Profitipp

Halten Sie die Zeitvorgaben ein! Treffen Sie Ihre Entscheidungen schnell! Bleiben Sie bei Ihren Entscheidungen auch dann, wenn Sie mit ihnen nicht ganz zufrieden sind.

- Anbahnung / Einstieg
  - Überlegen Sie zwei Möglichkeiten der Hinführung auf den Sachverhalt / auf das Thema (z. B. Bild, Comic, provokante Frage, These). Entscheiden Sie sich für eine Alternative.
  - Formulieren Sie die leitende Fragestellung (Problemfrage).
  - Klären Sie die Überleitung zur Erarbeitungsphase.

- Erarbeitungsphase
  - Wählen Sie die Sozialformen für die Unterrichtsstunde (Bezug: Anliegen / Ziele).
  - Entscheiden Sie über die Handlungsmuster / Funktion der Lehrperson.
  - Formulieren Sie die Aufgabenstellung.
  - Bestimmen Sie die Arbeitsunterlagen (Materialien, Medien, Hefte usw.).

- Ergebnissicherung (einschließlich Präsentation)
  - Entscheiden Sie über die Art der Ergebnispräsentation.
  - Bestimmen Sie, wie Sie die Auswertung der Ergebnisse gestalten wollen.
  - Legen Sie fest, welche Art der Visualisierung Sie nutzen wollen.

- Vernetzung
  - Bestimmen Sie die Art der Vernetzung (Anwendung, Kritik, Lösungsfindung, Beurteilung, Vergleich usw.).
  - Überlegen Sie inhaltliche Aspekte / Fragen / Problemstellungen, die Sie in der Phase einbringen wollen. Machen Sie sich Notizen dazu.
  - Entscheiden Sie über das Vorgehen (die Methode) in dieser Phase.
  - Klären Sie die Lehrerrolle für diese Phase.

Zu 3): Anschlussarbeiten (Beschaffung der Materialien) (Wann? Wie? Wo?)
Sie haben sich für den Einsatz eines bestimmten Arbeitsmaterials im Unterricht entschieden. Eine entsprechende Vorlage liegt Ihnen in den Handreichungen eines Lehrwerks vor, das in der Schule genutzt wird. Gegebenenfalls müssen Sie außerdem ein Arbeitsblatt schülergerecht gestalten. Für den Einstieg haben Sie ein geeignetes Bild in einem Bildband gefunden. Sie müssen nun die Arbeitszeit festlegen, die Sie für die einsatzbereite Anfertigung aller Unterlagen im Unterricht benötigen. Dazu gehört auch die Klärung folgender Fragen: Wo wird kopiert? Wann wird kopiert? Kann ich eventuell diese Arbeit mit anderen Arbeiten gleichzeitig erledigen? Achtung: Die für diese Tätigkeiten nötige Zeit überschreitet das Kontingent von 60 Minuten.

Anmerkungen:

a) **Diese Kurzplanung macht Sie im Unterricht handlungsfähig**, auch wenn einige Details noch ungeklärt sind. Sie wissen, über welchen Sachverhalt und mit welchem Ziel und auf welchem Wege und mit welchem Material die Schüler sich auseinandersetzen sollen. Für die Steuerung des Unterrichtsgeschehens haben Sie die wichtigen Gelenkstellen im Blick.

b) **Die Zeit von 60 Minuten sollten Sie auf keinen Fall überschreiten**, auch wenn Sie mehr Zeit für die Planung einer Unterrichtsstunde zur Verfügung haben. Die darüber hinaus nutzbare Zeit verwenden Sie zur Bearbeitung der erforderlichen Details. Dabei sollten Sie sich zunächst nur auf ein Strukturmoment und auf wenige Details hierzu konzentrieren. Die weitreichendere Auseinandersetzung mit ausgewählten Details ermöglicht Ihnen, sich eine größere Variabilität in der gewählten Sache anzueignen.

c) **Ihre Entscheidungen sollten Sie in jedem Fall schriftlich festhalten.** Ein Dokument hilft bei der Evaluation Ihres Unterrichts und ist damit Grundlage der Evaluation Ihrer Unterrichtsarbeit. Sie sollten das Verfahren soweit einüben, dass Sie die Planungszeit zum Beispiel auf 45 Minuten verkürzen können. Mit mehr Routine können Sie – je nach Thema – eine Vorbereitungszeit von 30 Minuten erreichen. Als vollbeschäftigter Lehrer müssen Sie später im Durchschnitt fünf Unterrichtsstunden pro Tag vorbereiten; bei 30 Minuten Vorbereitungszeit pro Unterrichtsstunde sind dies 2½ Zeitstunden täglich. Dazu kommen weitere Arbeiten für Unterricht und Schule. Insbesondere ist auch Zeit für das Zusammenstellen und Bereitstellen der Unterrichtsmaterialien vorzusehen. Bei Einsatz von Experimenten im naturwissenschaftlichen Unterricht sollten Sie – auch bei vorhandener Routine – je Unterrichtsstunde zusätzlich etwa 45 Minuten für die Vorbereitung der experimentellen Arbeit kalkulieren.

2.9. Arbeitsanregungen

Selbst-Management des Lehrers

„Eine Lehrperson ist auf Grund ihrer Überzeugungen selbst am Zustandekommen der eigenen Belastung beteiligt.“ Erläutern Sie diese Aussage. Welchen Ausweg gibt es Ihrer Auffassung nach aus dieser Verflechtung? Machen Sie konkrete Vorschläge.

Im Rahmen der Stressanalyse sollten manche Situation assoziiert, andere dissoziiert „erlebt“ werden. Begründen Sie die Verfahren und beschreiben Sie entsprechende Beispiele.

Eine Lehrperson gelangt auf Grund der eigenen Wahrnehmungen zu folgender Interpretation ihres Unterrichts: „Ich kann keinen guten Unterricht erteilen. Außerdem sind die Schüler fast alle an dem Lehrstoff nicht interessiert.“ Welche Einschätzungen werden von der Lehrperson vorgenommen? Beschreiben Sie mögliche Folgen dieser Einschätzungen. Welche Verhaltens- und Handlungsweisen könnten bei einer solchen Einschätzung die Folge sein?

Machen Sie sich die Bedeutung der folgenden Ressourcen für das Erleben eigener Belastung klar:

- Arbeitsatmosphäre im Kollegium / in der Lerngruppe
- Kollegiale Beratung
- Körperliche Fitness
- Schulprogramm
- Entspannungstechniken

Welche Bedeutung hat das Selbstkonzept einer Person für ihre eigene Stress-Analyse?

Eine längerfristige Reduktion von Stress wird erreicht durch:

- Erhöhung der Belastbarkeit
- Änderung der Einstellung
- Veränderung der den Stress auslösenden Bedingungen

Nennen und erläutern Sie Maßnahmen, durch die Sie diese Ziele erreichen können.

Welche Maßnahmen sind geeignet, Stress kurzfristig zu verringern? Beurteilen Sie diese Maßnahmen.	
„Stress-Management ist eine individuelle Herausforderung." Erläutern Sie diese Aussage und begründen Sie Ihre Auffassung dazu.	

Hier finden Sie einige Beispiele für Einstellungen, die Stress auslösen können. Erklären Sie, weshalb diese Einstellungen zu Stress führen können. Analysieren Sie dabei jede Einstellung einzeln.

- Keiner hat das Recht, mich zu kritisieren.
- Ich bin vom Pech verfolgt.
- Ich werde es nie schaffen, mich zu ändern.
- Es ist wichtig, dass mich alle akzeptieren.
- Ich darf niemandem wehtun.
- Es ist wichtig, dass ich immer die Kontrolle über alles habe.
- Die Ansprüche in der Ausbildung sind viel zu hoch.
- Die Seminarinhalte sind viel zu weit von der Praxis entfernt.
- Das schaffe ich nicht!

Folgende Sachverhalte werden als Stressauslöser angesehen. Versuchen Sie, jeweils eine Erklärung dafür zu finden. • Unklare und widersprüchliche Aufgaben • Fehlende Kooperation mit Kollegen • Unsystematische und eher zufällige Kommunikation mit Kollegen • Schwelende Konflikte mit der Schulleitung oder mit Kollegen • Zunahme der Verantwortung bei (viel) zu geringem Gestaltungsspielraum	
„Sozialer Druck ist der Stress, der am stärksten an die Substanz geht.“ Was ist mit dieser Aussage gemeint? Wie kann man dieser Art von Stress begegnen?	
Der erste Schritt bei Stress ist, Abstand zu gewinnen. Wie können Sie Abstand herstellen?	
„Don't worry, be happy!“ – Erörtern Sie diese Aussage unter dem Gesichtspunkt der Stressbewältigung.	

Wie würden Sie vorgehen, um eine Stresssituation zu bewältigen? Geben Sie konkrete Beispiele.	
„Stress ist nicht gleich Stress." Was steht hinter dieser Aussage?	
„Unbekannt – feindlich – Stress". Erläutern Sie diese Aussage. Wie können Sie diesem Stress begegnen?	
„Grübeln" ist ein dysfunktionaler Zustand. Wodurch kommt es zu diesem Zustand?	
Welche Folgen bringt ein solcher dysfunktionaler Zustand mit sich? Wie kann man diesen Zustand beenden?	

Formulieren und begründen Sie Ihre drei wichtigsten Einsichten, die Sie aus diesem Kapitel gewonnen haben. Begründen Sie Ihre Entscheidung für diese Einsichten.	
Planen Sie eine Unterrichtsstunde in einem Ihrer Fächer für eine Klasse in der Sekundarstufe I nach der 60-Minuten-Methode. Beschreiben und bewerten Sie die möglicherweise dabei auftretenden Schwierigkeiten.	
Entwickeln Sie ein „Skelett" für die Planung einer Unterrichtsreihe.	
Arbeitsökonomen empfehlen, bei der Durchführung von Arbeiten häufiger die Arbeitsbereiche zu wechseln. Was halten Sie davon? Begründen Sie Ihre Einschätzung.	
„Klassenarbeiten / Klausuren soll man in möglichst kurzer Zeit korrigieren". Was ist darunter zu verstehen? Wie sinnvoll ist diese Absicht?	

Die Strukturierung eines Arbeitsvorhabens vor der Bearbeitung wird auch als Motivationsstrategie bezeichnet. Wie berechtigt ist diese Bezeichnung?	
„Am Ende eines Arbeitstages ist es erforderlich, einen Ist-Soll-Vergleich herzustellen." Erörtern Sie diese Aussage.	
Inspektor Columbo – eine Figur einer amerikanischen Krimi-Serie – hat bei seinen Recherchen meist seinen Notizblock in der Hand (er notiert, er schaut nach). Prüfen Sie, ob es sich bei diesem Tun um eine Arbeitsstrategie handeln könnte.	
„Jeder Zeitplan muss genau überwacht werden." Versuchen Sie, eine Begründung für diese Aussage zu finden.	
„Eine systematische Strukturierung von Arbeitsvorhaben / Aufgaben kann auch zur Lösungsfindung führen." Was meinen Sie zu dieser Aussage?	

Bei komplexen / komplizierten Arbeiten / Aufgaben gilt: Erst Vorsortieren, dann Abstand gewinnen. Erläutern und begründen Sie diese Regel.	
„Zeit-Management bedeutet produktiver, nicht schneller zu arbeiten.“ Versuchen Sie, eine Erklärung für diese Aussage zu geben.	
„Eine unklare Zielausrichtung ist die Ursache für eine unklare Zeitplanung.“ Nehmen Sie Stellung zu dieser These.	
„Stress entsteht, wenn die notwendige Distanz zur Aufgabe / Arbeit fehlt.“ Versuchen Sie, eine Begründung für diesen Satz zu geben.	
Nennen und erläutern Sie Maßnahmen, die Sie vor einem Zeitstress bewahren können.	

Zum Zeit-Management gehört es auch, a.) sich Zeit zum Nachdenken zu gewähren und b.) sich Zeit für sich selber zu nehmen. Versuchen Sie, eine Begründung dafür zu geben.
Zwei wichtige Tipps im Rahmen des Zeit-Managements sind: „Mach mal Pause." und „Mach am Feierabend einen dicken Punkt." Sollte man diese Tipps befolgen, wenn die täglichen Arbeiten / Aufgaben noch nicht erledigt sind?
„Erledigtes verschafft ein Erfolgserlebnis. Unerledigtes zerrt an den Nerven – auch nach Feierabend." Versuchen Sie, diese Aussagen zu begründen. Mit welchen Folgen ist in den beiden Fällen gegebenenfalls zu rechnen?

Was verstehen Sie unter „Zeitdruck“? Wann haben Sie zuletzt Zeitdruck erlebt?	
Worin liegen für Sie im Schulalltag Probleme beim Setzen von Prioritäten?	
Welche Erfahrung haben Sie mit langfristiger Unterrichtsplanung? Wie gehen Sie dabei vor?	
Prüfen Sie Ihre Arbeitstechniken? Welche Ihrer Verfahren sind aus Ihrer Sicht wenig effizient? Überlegen Sie Änderungsmöglichkeiten.	
Ist die Korrektur einer Klassenarbeit für Sie wichtig oder eher dringlich? Bewerten Sie die Bedeutung, die die Korrektur für Sie hat.	

Manche Lehrer korrigieren eine Klassenarbeit beziehungsweise Klausur so, dass sie diese in der nächsten Unterrichtsstunde der Klasse oder des Kurses zurückgeben können. Was halten Sie von dem Vorgehen mit Blick auf das Zeit-Management der Lehrperson?	
Welche Teile der Unterrichtsplanung kosten Sie besonders viel Zeit? Fragen Sie sich nach möglichen Ursachen für dieses Phänomen.	
Welche Teile der Unterrichtsplanung möchten Sie in Zukunft effizienter gestalten? Wie gehen Sie vor?	
Was verstehen Sie unter Zeit-Management im Unterricht?	
Welche Zeitdiebe treten in Ihrem Unterricht auf? Wie reagieren Sie auf diese Zeitdiebe?	

Aufschieben ist eines der größten Probleme beim Erledigen von Aufgaben. Prüfen Sie die folgenden Thesen, inwieweit sie eine Lösung für Aufschiebeverhalten sein können.

- Unangenehme Arbeiten muss man immer sofort erledigen.
- Angenehme Arbeiten erledigt man am besten sofort und unmittelbar danach beschäftigt man sich mit etwas Unangenehmem.
- Man sollte immer nur nach Zeitplan arbeiten.
- Man sollte sofort mit dem Arbeiten anfangen, wenn man merkt, dass man etwas aufschiebt.
- Mit unangenehmen Arbeiten sollte man nie länger als dreißig Minuten am Stück beschäftigen.

Wie lautet Ihr eigener Tipp, um das Aufschieben von Arbeiten zu vermeiden?

Eine Unterrichtsstunde in 60 oder nur 30 Minuten vorzubereiten kann Unsicherheit bedeuten. Unsicherheit kann Stress auslösen. Wie gehen Sie mit dieser Unsicherheit um?

Wie wichtig sind Freizeitinteressen in Ihrer Zeitplanung? Begründen Sie Ihre Antwort.	

3. Individuelle Förderung

„Werde, der du bist.“

(Friedrich Nietzsche)

3.1. Fördern in der Schule

3.1.1. Individuelle Förderung – eine neue Aufgabe für Lehrer

Förderung der Schüler war immer schon eine konstitutive Komponente von Schule und Unterricht. Individuelle Förderung ist als Zielsetzung einer neuzeitlichen Gestaltung von Schule intendiert; sie wird durch die Ergebnisse der verschiedenen Leistungsstudien in den beiden letzten Jahrzehnten, insbesondere der PISA-Studien, begründet (vgl. Glattauer 2011; Klieme u. a. 2010; OECD 2004; Schneider 2011). Die Studien verdeutlichen den gesellschaftlichen Wandel, der sich im Verhalten der Schülerschaft spiegelt. **Aus den Studien wird eine zeitgemäße Förderung der Schüler abgeleitet. Durch sie will man das Potenzial eines Schülers ausschöpfen und ihm Kompetenzen vermitteln.** Schule wird in heutiger Zeit vom Schüler für die eigene Lebensqualität schon im gegenwärtigen Schülerdasein wie auch im späteren Leben verantwortlich gemacht. Sie wird dabei nicht mehr als Anstalt verstanden, die formend den Weg zum Erwachsenwerden begleitet. Die Ansprüche, die von den Schülern an Schule und Qualifikationen gestellt werden, erweisen sich dabei häufig als ungerechtfertigt und unrealistisch. Viele Schüler nehmen Schule als Zwangsmaßnahme wahr, die ihre individuelle Freiheit eingrenzt. **Das Einlassen eines Schülers auf Schule (und damit auch auf individuelle Förderung!) hängt unter anderem von seiner Bereitschaft ab, eine Werteordnung anzuerkennen.** Viele Bedingungen haben darauf einen Einfluss. Akzeptiert der Schüler die gegebenen Werte nicht, dann erfahren Schule und Unterricht eine geringe Wertschätzung. Das hat Folgen für das Bemühen der Lehrer, ihren Lehr- und Erziehungsauftrag zu erfüllen. Man muss den Bezugsrahmen für die Aufgabe der individuellen Förderung abstecken, bevor man mögliche Maßnahmen individueller Förderung beschreiben kann.

Ein Schüler wird am Ende seiner Grundschulzeit in der Regel nach der erreichten Leistung und dem erkennbaren Potenzial für eine (weiterführende) Schulform empfohlen. Erkennen und Anerkennen des Potenzials spielen dabei eine entscheidende Rolle. Das ist ein schwieriges diagnostisches Unterfangen. Fehleinschätzungen führen zu Fehlentscheidungen. **Bei der Einschätzung des Leistungspotenzials spielen oft Annahmen über ein bildungsnahes oder bildungsfernes Umfeldes des**

Schülers eine bedeutende Rolle. Diese Annahmen sind in der Regel mehr oder weniger begründet und daher nur bedingt zielführend.

Einem Schüler, der in einer Schulform aufgenommen ist, wird dadurch bescheinigt, dass er zunächst für diese beziehungsweise nur für diese Schulform geeignet ist. Die folgenden Ausführungen über die individuelle Förderung haben daher die Schüler im Blick, die sich in einer Schulform der Regelschule befinden. Individuelle Förderung richtet sich auf alle Schüler einer Klasse oder Lerngruppe der besuchten Schulform.
In Bezug auf das Lernen gilt:

- **Schüler mit schwächeren Lernleistungen an das Anspruchsniveau und die Standards heranzuführenden, die in den Lehrplänen dieser Schulform festgelegt sind.**
- **Schüler mit besseren Lernleistungen Möglichkeiten anzubieten, ihre Stärken auszuloten.**

Manche der besseren Schüler haben auf Grund günstiger Voraussetzung die Möglichkeit, selbstregulierend ihren Ansprüchen nachzugehen; viele andere sind auf die Unterstützung durch die Schule angewiesen. Bei den schwächeren Schülern ist die Ausschöpfung ihres Potenzials nicht allein durch Nachhilfe bei temporär einzulösenden Anforderungen zu erreichen. Das kann Schule im Rahmen eines Schulprogramms zur individuellen Förderung besser leisten, weil die Rückkoppelung zum alltäglichen Unterricht ein gezieltes Vorgehen erlaubt. Allerdings kann die Schule solche Fördermaßnahmen nur erfolgreich durchführen, wenn dafür günstige zeitliche und organisatorische Bedingungen realisiert sind.

Auch unter organisatorischen Voraussetzungen werden die fördernden Maßnahmen nicht immer zu dem gewünschten Ergebnis führen. Das bedeutet: Man muss auch bei einer individuellen Förderung nach einer bestimmten Zeit die erreichte beziehungsweise erreichbare Qualifizierung des Schülers neu bewerten. Man muss dabei auch über alternative Abschlüsse des Schülers nachdenken. **Wichtig: Auch bessere Schüler haben einen Anspruch auf individuelle Förderung!** Die Förderung besserer Schüler muss man aber so gestalten, dass nicht durch Sondermaßnahmen ein mehr oder weniger starkes Auseinanderdriften der Schülerleistungen in der Klasse oder Lerngruppe stattfindet und die Klasse oder Lerngruppe sich dadurch erkennbar in eine Gruppen der guten und eine Gruppe der schlechten Schüler trennt.

⇨ **Bevor Sie weiterlesen:**

- Welche Schwierigkeiten sehen oder vermuten Sie im Blick auf Möglichkeiten, Schüler individuell zu fördern?
- Welche Erfahrungen haben Sie mit individueller Förderung gemacht?

Der hier beschriebene Rahmen der individuellen Förderung bezieht sich auf die kognitive Entfaltung der Schüler. Häufig muss man Schülern aber zusätzlich helfen, ihr emotionales und soziales Verhalten besser zu kontrollieren (Emotionsregulation). Ursache für dieses Verhalten sind einerseits die Geringschätzung von Schule und Unterricht, andererseits aber auch Lernschwierigkeiten auf Grund von Lernschwäche und Überforderung. **In dieser Allianz ist Förderung ein Aufwand, der sowohl inhaltlich als auch zeitlich sehr schwierig zu gestalten ist, weil oft gleichzeitig Erziehungs- und Lernhilfen notwendig werden** (siehe Greving / Linser / Paradies 2011). In solchen Fällen sollte unbedingt auch die Frage nach alternativen Perspektiven für den Schüler gestellt werden (gegebenenfalls auch über Qualifizierungsmaßnahmen für bestimmte Berufsfelder).

3.1.2. Anliegen und Aufgaben

Individuelle Förderung ist die Forderung der heutigen Gesellschaft an die Schule; das differenzierte Anforderungsprofil von Berufen macht eine differenzierte Kompetenzentwicklung für die Berufswahl notwendig. Der einzelne Schüler braucht in unterschiedlicher Weise Unterstützung bei der bestmöglichen Entwicklung seiner Anlagen; es soll schließlich die vom Individuum intendierte Qualifikation erreicht werden. Das Unterrichten im Kollektiv einer Klasse stößt bei dieser Aufgabe auf Grenzen. Der zeitlichen Bedingung für die Entwicklung kann für viele Schüler im Unterricht nicht weitreichend nachgegangen werden. Hinzu kommt, dass ein Schüler seiner momentanen Leistung bestimmten Ursachen zuschreibt. Hierbei spielen seine Erfahrungen in der bisherigen Lebenszeit eine Rolle. Er ist im Kollektiv für direkte Lernhilfen oft nicht empfänglich. **Die Forderung nach individueller Förderung lässt es angebracht erscheinen, zwei Bedingungen im herkömmlichen Unterricht zu verändern. Es sollte darum gehen, weitreichender als bisher üblich den Unterricht zu individualisieren und Schüler begleitend zu beraten.**

Die verschiedenen Konzepte der Schul- und Unterrichtsentwicklung bieten eine hinreichende Grundlage für einen individualisierten Unterricht. Sie müssen zu einer anderen als der bisherigen Praxis arrangiert werden, die den Bedürfnissen des Individuums in einer Lerngruppe stärker entgegen kommt. Viele Erkenntnisse der Bildungsforschung werden in der Regel als Einzelmaßnahmen berücksichtigt, führen aber nicht grundsätzlich zu einer Strukturänderung der Lernarbeit im Unterricht. Die einzelnen Maßnahmen sind auf individuelles Agieren der Schüler gerichtet, was nicht unbedingt die individuelle Förderung nachhaltig einschließt. Über den Zeitrahmen eines Unterrichtsabschnittes betrachtet verwirklichen die Maßnahmen nicht einen individualisierten Unterricht. Es ist nicht damit getan, verschiedene Maßnahmen im Unterricht zu initiieren, die den einzelnen Schüler stärker in die Pflicht nehmen. Es geht um individuelle Förderung und individuelle Beratung. Der laufende Unterricht muss die Bedingung schaffen, damit Lehrer Leistungen und Verhalten diagnostizieren können. **Die pädagogische Diagnose ist die Grundlage, um die genannten Forderungen erfüllen zu können. Es geht um die Entwicklung von Lernprozessen und Lernansprüchen und Vertrauen in die eigene Leistung und betrifft sowohl die Förderung der Besseren als auch der Schwächeren.**

Das **Schulgesetz** in NRW – wie auch das in anderen Bundesländern – spricht von einem Recht auf Förderung (MSW NRW 2011a, § 1):

> Jeder junge Mensch hat ohne Rücksicht auf seine wirtschaftliche Lage und Herkunft und sein Geschlecht ein **Recht** auf schulische Bildung, Erziehung und **individuelle Förderung**.

Diese Forderung zielt auf das generelle Prinzip der Chancengleichheit junger Menschen. Die Forderung ist vor allem auch als Folge der PISA-Studien anzusehen, die inzwischen ein Jahrzehnt die Bildungsdebatte in der Bundesrepublik Deutschland mitbestimmen und zu zum Teil kontroversen Diskussionen geführt haben (vgl. Klieme u. a. 2010; Glattauer 2011). **Individuelle Förderung orientiert sich an den individuellen Ressourcen der Kinder und Jugendlichen. Diese Ressourcen zu aktivieren ist die wichtigste Voraussetzung für ein Lernen und Leisten, das den Ansprüchen einer modernen Industriegesellschaft gerecht wird.** Insoweit dient jede individuelle Förderung der Verwirklichung der persönlichen Fähigkeiten einerseits, wie sie andererseits der Gesellschaft hilft, Potenziale ihrer Mitglieder zu nutzen. Effektive Förderung führt in der Theorie zu einem reibungslosen Durchlaufen der Bildungsgänge. Daher kann das Schulgesetz in Nordrhein-Westfalen die Versetzung als „Regelfall" festschreiben (§ 50 (3)).

⇨ **Bevor Sie weiterlesen:**

- Welche Möglichkeiten individueller Förderung haben Sie schon genutzt?
- Welche Erfahrungen haben Sie damit gemacht?

Jeder Lehrer weiß: Individuelle Förderung ist wünschenswert; in der Praxis aber sind die Möglichkeiten zur individuellen Förderung begrenzt (vgl. Klippert 2010; Kunze / Solzbacher 2010): Große Klassen mit 30 oder mehr Schülern machen es schwierig, individuelles Fördern zu verwirklichen; viele Lehrer fühlen sich mit der Aufgabe überfordert (vgl. Brüning / Saum 2012).

Bei der individuellen Förderung spielen außer Anforderungen auf der Ebene des Wissens und Könnens auch Anforderungen auf sozialkommunikativer Ebene eine Rolle. Die anthropogenen und soziokulturellen Voraussetzungen der

Schüler sind vielfältig; die Schule kann dieser Vielfalt begegnen, wenn sie sich nach den Voraussetzungen ihrer Schüler ausrichtet und sich auch auf spezifische und unterschiedliche Förderprogramme einlässt, um den Erziehungsanspruch einzulösen. Folgende **Förderbereiche** sind zentral:

⇨ **Bereich *Lernschwierigkeiten***

- Probleme beim fachlichen Lernen (Vorstellungen, Bedeutungen, Operationen)
- Probleme bei der Nutzung von Lernstrategien (Lern-, Behaltens-, Arbeitstechniken)
- Probleme mit Methoden (Lernen, Präsentration, Sprache)
- Gebrauch der Schriftsprache
- Lese-/Rechtschreibschwäche, Rechenschwäche
- Besondere Probleme bei Über- und Unterforderung
- Persönliche Probleme im sozialen Umfeld

⇨ **Bereich *Schulmüdigkeit***

- Soziale Umgebung (Familie, Freundschaften, Beziehungen u. A.)
- Individuelle Situation (Lustlosigkeit, Werteverlust, Drogenabhängigkeit u. A.)
- Schulische Situation (Misserfolge, Strafen u. A.)

⇨ **Bereich *Besondere Interessen und Begabungen***

- Hochbegabung (Verkürzung der Lernzeit)
- Förderung in bestimmten Unterrichtsfächern (z. B. MINT-Konzept)
- Erweiterung von Angeboten (Musik und Kunst)
- Unterstützung zur Teilnahme an Regional- und Bundeswettbewerben (zum Beispiel in Musik, Mathematik, Naturwissenschaften, Literatur)

⇨ **Bereich *Sozialverhalten***

- Anti-Aggressionstraining
- Jungen-/Mädchenförderung (Gleichstellung, Rollenvorstellungen, Empathie, Öffnung von Fach- und Berufszugängen)
- Förderung von Handlungskompetenz und von kommunikativer Kompetenz in verschiedenen Alltagssituationen
- Förderung personaler Kompetenz (Wertschätzung, Ausdauer u. A.)

⇨ **Bereich *Schulvoraussetzungen***

- Migrantenförderung (Zielsprache / Sprachförderung, Muttersprache, interkulturelles Lernen)
- Frühförderung (Soziale Entwicklung, Spracherwerb, Selbstständigkeit)
- Übergänge Grundschule / weiterführende Schulen und Sekundarstufe I / Sekundarstufe II
- Gesundheitsprogramme (z. B. Bewegte Schule, Sport, Ernährung)
- Maßnahmen bei chronisch und akut Kranken

⇨ **Bevor Sie weiterlesen:**

- Welche Arten individueller Förderung haben Sie an Ihrer (Ausbildungs-)Schule schon kennen gelernt?
- Welche Erfahrungen haben Sie mit diesen Fördermaßnahmen gemacht?
- In welchen Bereichen besteht aus Ihrer Sicht an Ihrer (Ausbildungs-)Schule weiterer Förderbedarf?

Fördermaßnahmen werden sich häufig auf eine Kombination von Aspekten aus den verschiedenen Bereichen ausrichten. Sie können sich auf das ganze Schuljahr erstrecken oder nur auf eine Phase des Schuljahres begrenzt sein. Die Förderbereiche und -aspekte sollten vernetzt und als Schulprogramm konzeptionell gestaltet sein. Förderprogramme sind oft Anlass, die Organisation des Schulaltages zu überdenken. Zum Beispiel:

- Struktur von Unterricht (z. B. Blockungen, 60-Minuten-Takt, Zeitrahmen für Lernprojekte innerhalb und außerhalb der Schule [Außerschulischer Lernort], offener Schulbetrieb [Drehtürmodell])
- Struktur der Schule (geschlossene oder offene Ganztagsschule)

Die folgende Darstellung nimmt die Lernförderung schwerpunktmäßig in den Blick. Das Unterrichten zählt zu den vorrangigen Lehrerfunktionen. Die fördernde und fordernde Gestaltung des Lehr-/Lernprozess ist das Kerngeschäft des Lehrers. Durch die Gestaltung der Lehr-/Lernprozesse werden der Unterrichtserfolg und die gewählte Schullaufbahn gesichert. Eine ganzheitliche Förderung des Lernens und Arbeitsverhaltens berücksichtigt weitere Förderaspekte. Über die normale Vermittlungsarbeit hinausgehend gilt es, die individuelle Förderung einerseits für lernschwächere und andererseits auch für besonders begabte Schüler einzulösen. Bei allen Maßnahmen spielt die Lerndiagnose eine ausschlaggebende Rolle.

3.2. Lernförderung und Unterrichtsgestaltung

3.2.1. Lernbedingungen in einer Klasse oder Jahrgangsstufe

Im Vordergrund der individuellen Förderung steht das Lernverhalten der Schüler im Unterricht. Es gilt zum Beispiel, den Lernerfolg des Einzelnen zu sichern, damit die Versetzung nicht gefährdet oder ein Wechsel der Schulform möglich ist. Grundsätzlich sollen besondere Begabungen gefördert oder Schwächen ausgeglichen werden. Das ist Aufgabe eines jeden Unterrichts, ist aber meistens nicht hinreichend einzulösen. Die Aufgabe unterliegt heutzutage besonderen Schwierigkeiten, die etwas mit dem Entwicklungsstand und der Begabungsbreite der Schüler einer Klasse oder einer Jahrgangsstufe zu tun haben.

Der herkömmliche Unterricht in einer Klasse wendet sich in der Regel gleichzeitig mit gleichen Aufgaben und Anforderungen an alle Schüler der Klasse, die Abfolge der Unterrichtsschritte ist für alle gleich und weitgehend für den gleichgerichteten Unterricht vom Lehrer geplant, auch wenn differenzierende Schritte berücksichtigt werden. Die Idee vom Unterricht in Jahrgangsstufen, wie sie üblicherweise in den Klasse realisiert ist, beruht darauf, dass Schüler eines Jahrgangs – nach Lernansprüchen getrennt – sich weitgehend auf der gleichen Entwicklungsstufe des emotionalen, kognitiven und moralischen Erlebens und Verhaltens befinden. Entwicklung umfasst gleichzeitig Reifung und Lernen. Diese Prozesse zeigen aber offene und fließende Übergänge und verlaufen für jedes Individuum nach einer eigenen Zeitfolge, die außerdem bei Mädchen und Jungen wiederum verschieden ist (vgl. Hurrelmann 2009; Latzko / 2010; Piaget 2010). Die Jahrgangsstufe ist kein Kriterium mehr, nach dem der Entwicklungsstand eines Schülers ausgerichtet werden kann. Schüler einer Jahrgangsstufe oder eines Alters befinden sich heutzutage auf Grund der sozialen und ökonomischen Unterschiede in den Familien auf verschiedenen Entwicklungsstufen; sie können im herkömmlichen Unterricht meistens nicht angeglichen werden; sie werden von jedem Schüler einzeln „durchlaufen".

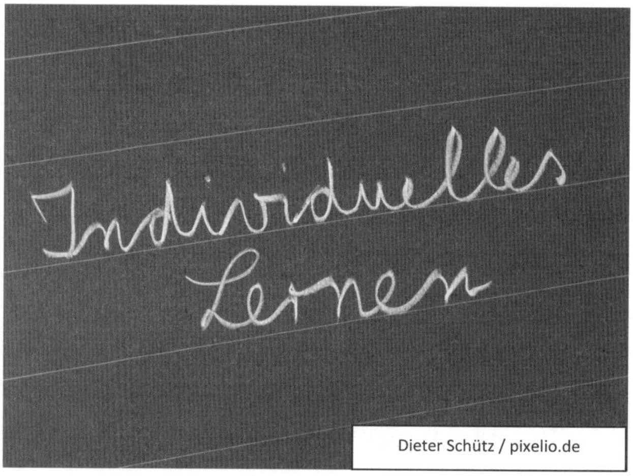

Dieter Schütz / pixelio.de

Auf Grund seiner individuellen Entwicklung gleicht in einer Jahrgangsstufe kein Schüler dem anderen in seinem Entwicklungs(zu)stand. Innerhalb einer Entwicklungsstufe zeigt jeder Schüler wiederum besondere Stärken und Schwächen, die durch individuelle Bedingungen hervorgerufen werden. **Die Bedingungen machen es nötig, einen individualisierten Unterricht zu gestalten.** Mit der gleichen Methode bei allen Schülern einer Jahrgangsstufe oder Klasse anzusetzen kann wegen der großen Unterschiede in den Voraussetzungen nicht angebracht sein. **Es gilt: Individualisierung im Unterricht zu einem Grundsatz zu machen, um den Besonderheiten der einzelnen Schüler gerecht werden zu können.** Diese Forderung führt zunächst zu einem individualisierten Unterricht.

⇨ **Bevor Sie weiterlesen:**

- Beschreiben Sie zwei Unterrichtssituationen, in denen Sie den Grundsatz individueller Förderung verwirklicht sehen.

- Welche Schwierigkeiten oder weiteren Maßnahmen ergeben sich für Sie aus diesen Unterrichtssituationen?

Es stellt sich die Frage, ob und wie weit die Individualisierung im Unterricht einer Klasse möglich ist. Der herkömmliche Unterricht ist nach didaktisch-methodischen Grundsätzen gestaltet, über die der Lehrer entscheidet: Schüler sollen sich dabei einem vom Lehrer initiierten Lehr-/ Lernprozess anpassen oder sie werden an diesen Prozess angepasst. Der Lehrer berücksichtigt bei seinem Vorgehen die anthropogenen und soziokulturellen Bedingungen der einzelnen Schüler. Dadurch wird – so nimmt man an – die Unterrichtsarbeit hinreichend an die Eigenarten und geistigen Fähigkeiten des Schülers ausgerichtet.

Die Forderung nach individueller Förderung zielt aber darauf, **die unterschiedlichen Fähigkeiten des einzelnen Schülers zur Informationsaufnahme und -verarbeitung und seine Lernbereitschaft und -interessen zu berücksichtigen.** Dieser Gesichtspunkt ist eine notwendige Bedingung des individualisierten Unterrichts. Einschneidende Unterschiede der Fähigkeiten lassen sich zum Beispiel daran erkennen,

- wie schnell und auf welchem Abstraktionsniveau ein Schüler lernt (Lerntempo, Lernniveau, Lernkonzept),
- welche Vorerfahrungen und welche Interessen ein Schüler zu einem Inhalt hat oder entwickeln kann (Lerninteressen),
- ob ein Schüler in einer lernfördernden (anregenden) Umgebung aufwächst (Lernmotivation).

Die Forderung an den individualisierte Unterricht geht aus konstruktivistischer Sicht heutzutage noch darüber hinaus: **Der Schüler soll mit Hilfe geeigneter Arbeitsmit-**

tel und Methoden seine eigene Arbeitsweise erwerben, eigene Arbeitsformen entwickeln und sich für die eigene Arbeit verantwortlich fühlen (siehe Reich 2010). Eine Voraussetzung für die individuelle Lernförderung ist somit der individualisierte Unterricht. Durch einen solchen Unterricht können besondere Begabungen erkannt und Lernschwächen diagnostiziert werden. Auf Grund einer differenzierten Bewertung lassen sich für die Betroffenen geeignete Fördermaßnahmen entwickeln und durchführen.

3.2.2. Individualisierter Unterricht

Die hier genannten Anforderungen an Förderung decken sich mit den aus der Didaktik bekannten Grundsätzen der Unterrichtslehre: **Aktivierung, Altersgemäßheit, Lebensnähe (Gegenwarts-/Zukunftsbezug), Anschaulichkeit und Erfolgssicherung** (siehe Kliebisch / Meloefski 2011b). Lehrer beachten – unter Berücksichtigung der Bedingungsanalyse für eine Klasse – diese Grundsätze bei der Planung und Durchführung von Unterricht. Dennoch: **Individuelle Förderung wird zunehmend dringlicher gefordert!** Häufig ist es so, als würden die didaktischen und methodischen Bemühungen des Lehrers nicht ausreichen, obwohl er sich umfassend auf lernpsychologischer Erkenntnisse stützt. Der sorgfältig geplante Unterricht erreicht viele Schüler nicht nachhaltig, Kompetenzen können nicht hinreichend vermittelt werden. Um dafür Ursachen anzugeben, betrachten wir die genannten Grundsätze in ihren möglichen Ansprüchen und Auslegungen.

- Wenn im **herkömmlichen Unterricht** von **Aktivierung der Schüler** gesprochen wird, dann geht es meistens um eine Aktivierung **in vorgegebenen Aktionsphasen** des Unterrichts. Die Aktionsphasen werden in ihrer Organisation, in ihren Inhalten und in ihrem Aufforderungscharakter (Gruppenarbeit, Arbeitsblatt) weitgehend vom Lehrer geplant. **Entscheidende Gesichtspunkte sind meistens Sichtweisen und Impulse, die vom Lehrer ausgehen.** Aktionsphasen sind Routine im Unterricht. Für den Schüler stellt sich oft die Frage: Welchen Sinn hat eine Maßnahme? **Aktivierung im Sinne der Individualisierung setzt den Akzent anders: Der Schüler wird durch den Lehrer zu einer selbstinitiierten Mitarbeit herausgefordert, so dass er mitbestimmend auf die unterrichtlichen Aktionen in den möglichen und den wünschenswerten Dimensionen seiner**

Fähigkeiten Einfluss nehmen kann. Der Aufforderung zur Mitarbeit im herkömmlichen Unterricht steht die Herausforderung zur Mitgestaltung der Unterrichtsarbeit gegenüber.

- **Altersgemäßheit** wird fast immer auf die Jahrgangsstufe bezogen. Altersgemäßheit stützt sich auf bekannte Entwicklungsmodelle. Das Stufenmodell der kognitiven Entwicklung von Piaget zum Beispiel wird – vor allem in Mathematik und in den „Realfächern" – herangezogen, um im Unterricht kognitive Operationen herauszufordern. Altersgemäßheit behält auch unter dem Gesichtspunkt der Förderung – trotz der fließenden Übergänge verschiedener Phasen – ihre Bedeutung, aber nicht mehr schematisch auf die Jahrgangsstufe, sondern individuell auf den einzelnen Schüler bezogen. **Individualisierung setzt also bei den gegebenen Voraussetzungen des Schülers an. Diese Voraussetzungen gehen bei Schülern eines Alters oft weit auseinander.**
- Sprache und **Vorstellungen** von Schülern bildungsferner Schichten beziehen sich auf das praktische Handeln in konkreten Kontexten. Ihr Denken ist vorzugsweise auf situationsspezifische Situationen und Begründungen gerichtet. Schüler eines bildungsnahen Elternhauses gewöhnen sich frühzeitig an das abstrakt-logische Denken ihrer Eltern. **Die Unterrichtsarrangements sind vom Lehrer ausgedacht und gebrauchen bestimmte Interaktions- und Denkmuster, die den bildungsnahen Schichten gemäß sind.** Die selbstständige Mitarbeit aller Schüler einer Klasse oder Jahrgangsstufe gelingt auf Grund dieser Bedingungen nicht in gleichem Maße. **Eine Differenzierung wird nötig!**
- Bei **Lebensnähe (Gegenwarts-/Zukunftsbezug)** geht es darum, die Bedeutung eines Gegenstandes in der jetzigen und zukünftigen Lebenswelt des Schülers und damit die Beschäftigung mit dem Gegenstand im Unterricht als sinnvoll herauszustellen. **Wichtig erscheint es aber, beim Schüler ein Interesse für den Gegenstand aufzubauen.** Denn dann erst wird der Gegenstand einer selbstgeleiteten Erschließung durch den Schüler zugänglich. Darüber hinaus wird dadurch die Sachauseinandersetzung in der Lerngruppe angeregt. Die Auseinandersetzung zielt zunächst auf eine Auseinandersetzung der Schüler untereinander und anschließend auf die mit dem Lehrer; das Ziel ist die Sicherung von Erkenntnissen. Der Aufbau eines Interesses ist nicht einfach: **Ein unbekannter Inhalt muss so gestaltet werden, dass er zum Anlass für eine Beschäftigung wird. Dazu muss der Gegenstand in einem Kontext oder in einer Situation zu Fragen**

anregen. Unterscheiden lässt sich häufig das Interesse an der Sache und das Interesse am Verfahren (Methode). Fragen an den Gegenstand sind eine wichtige Komponente des Lerninteresses; die Individualisierung rückt die Fragen des Schülers in den Vordergrund: **Im individualisierten (lernfördernden) Unterricht ist die Frage des Schülers Voraussetzung und Anlass für die Unterrichtsarbeit.** Der Lehrer wird zum Moderator der Auseinandersetzung und der Weiterführung der Ergebnisse (Transfer; Vernetzung; siehe Kliebisch / Meloefski 2011b).

- **Anschaulichkeit** strebt der Unterricht immer schon an. Berücksichtigung finden Maßnahmen, die sich durch folgende Begriffe erfassen lassen: Aufnahmekanäle, Visualisierung, Strukturierung von Gegentand und Vorgehen, Methodenvielfalt, Klarheit in den Anforderungen, Vernetzung. Der Lehrer wählt die Maßnahmen aus; dabei berücksichtigt er in der Regel die Voraussetzungen in einer Klasse und passt die Maßnahmen entsprechend an. **Die Verfahren sind aber keine Selbstläufer, die man nur aufrufen muss und die dann „funktionieren".** Auch unter Berücksichtigung lernwirksamer Maßnahmen muss der Unterricht deshalb nicht erfolgreich sein. **Es hängt alles davon ab, inwieweit der Schüler die Verfahren erfolgreich nutzen kann. Auch ein solcher Unterricht braucht Maßnahmen zur Individualisierung, wie die Praxis zeigt.** Entscheidend ist das Ausmaß, wie sich selbstbestimmtes Lernen des Schülers realisieren lässt. Die Maßnahmen der Anschaulichkeit sind zunächst als Maßnahmen des Lehrers für den Schüler anzusehen. In diese Maßnahmen können sich aber Schüler mehr oder weniger gut einpassen. Sie beruhen auf Wort und Bild und gehen mit Vorstellungen einher. Jede Aussage des Lehrers erzeugt beim Schüler eine Vorstellung. Sie muss mit der des Lehrers, die dieser mit seiner Aussage verbindet und transportieren möchte, abgeglichen werden. Und das gelingt dem Schüler nicht immer. Was für den Lehrer klar und eindeutig ist, muss es für den Schüler noch lange nicht sein (vgl. hierzu Schulz von Thun 2011, Band 1). **Aus der Kommunikationsschwierigkeit entstehen die Missverständnisse über die Leistungsfähigkeit eines Schülers.** Die nachträgliche Reaktion der Schüler lautet häufig: „Das habe ich nicht so verstanden." Es gibt verschiedene Gründe, weshalb sie es nicht wagen, sich zu bekennen. Sachverhalte versuchen sie sich meistens außerhalb des Unterrichts durch Nachlesen in der Literatur klar zu machen. **Auch finden Schüler im Unterricht oft keinen konkreten Anker, um Fragen zu stellen; oft befinden sie sich auf einer anderen Vorstellungsebene.** „Es hört jeder nur, was er versteht." (Goethe). **Was heißt Individualisierung? Sie setzt bei den Vorstellungen an, die Schüler über eine Sache haben oder die sie sich über eine Lehreraussage machen.** Der Lehrer muss helfen, die Vorstellung des Schülers zu klären und zu präzisieren und Begründungen für die Tragfähigkeit zu erörtern. Es geht um das Verstehen. Erst unter dieser Voraussetzung kann die Umdeutung einer Vorstellung erreicht werden. Umdeutung heißt: Ausgehend von einer bestehenden Vorstellung wird eine neue oder andere Vorstellung über den Sachverhalt entwickelt. Hierbei vollzieht sich Lernen im Sinne des intendierten Lehr-/ Lernprozesses. **Lernförderung heißt danach für den Lehrer: Vorstellungen des Schülers zu erkunden und zu analysieren, um sie mit den Kriterien der zu entwickelnden Vorstellung in Beziehung setzen zu können.**

- **Erfolgssicherung** kann man unterschiedlich erreichen: Durch das Übungen bestimmter Verfahren bis hin zu der Anwendung eines Unterrichtsergebnisses. **Was wie gesichert wird, hängt von den Bedingungen und Ansprüchen ab, die der Lehrer mit der Sicherung verfolgt.** Das Verfahren der Erfolgssicherung soll im Schüler (deklaratives und prozeduralen) Wissen bereitstellen: Je mehr, desto besser. Es geht um den Aufbau eines umfänglichen Wissendepots:
  - ✓ Kann Wissen jederzeit abgerufen werden, dann werden weiterführende Operationen gefördert, die im Falle von Wissenslücken gestört sind oder zum Erliegen kommen.
  - ✓ Weitreichendes Wissen regt zu neuen Ideen an und lässt sich zu neuen Kontexten verknüpfen. Vernetzung von Wissen führt im Gehirn ein Eigenleben. Voraussetzungen hierzu müssen im Unterricht hergestellt werden.
  - ✓ Wissen ist eine wichtige Grundlage individueller Förderung. Der Unterricht muss die Einsicht für Übungen und die individuellen Verfahren der Wissenssicherung fördern. „Dort, wo etwas nicht solide gelernt und eingeübt worden ist, gibt es auch nichts zu transferieren." (Krapp / Weidenmann 2006).

⇨ **Bevor Sie weiterlesen:**

- Beschreiben Sie eine konkrete Handlungssituation aus Ihrem Unterricht, die aus Ihrer Sicht in besonderer Weise dem Prinzip Schüleraktivierung als Kriterium der Individualisierung gerecht geworden ist.
- Welche didaktischen Überlegungen und konkreten unterrichtlichen Handlungsschritte haben Sie unternommen, um diese Handlungssituation zu ermöglichen?

- Worin hätte ein Außenstehender im Blick auf die Handlungssituation, die Sie ausgewählt haben, die Individualisierung des Unterrichts erkennen können? Gehen Sie dabei sowohl auf Schüler- als auch auf Lehrerverhalten ein.

3.2.3. Lernfördernde Interventionen

Individualisierung im Unterricht richtet sich auf

- **Vermittlung einer Fragehaltung,**
- **Herausforderung einer selbstbestimmten Arbeitshaltung,**
- **Ermittlung und Umgehen mit Vorstellungen.**

Der Lehrer,

1. muss sowohl der Verschiebung der Entwicklungsphasen der Schüler einer Klasse als auch die Ausprägung der individuellen Voraussetzungen berücksichtigen,
2. anstelle seiner Sichtweise über das Denk- und Lernverhalten der Schüler deren subjektiven Vorstellungen den Vorrang in der Unterrichtsarbeit einräumen. Die Wahrnehmung eines Schülers ist von den außerschulischen Voraussetzungen des sozialen (Elternhaus, Peergroup) und medialen Umfeldes geprägt.

Die Forderung nach Individualisierung lässt sich am Gegensatz „Abbilddidaktik“ und „Konstruktivistische Didaktik“ spiegeln (siehe Kliebisch / Meloefski 2011b).

Vermittlung einer Fragehaltung

Den Fragen geht die Neugierde voraus. Fragen entspringen aus dem Wunsch, für etwas eine Erklärung zu finden oder ein Problem zu lösen: Durch Fragen und die Suche nach Antworten entwickelt sich der Denkprozess. **Neugierde ist auf das Interesse am Wissenswerten ausgerichtet, sie ist der Antrieb, hinter die Dinge schauen zu wollen (kognitiver Konflikt). Das Wecken einer Fragehaltung ist im individualisierten Unterricht eine grundlegende Komponente der Unterrichtsarbeit (Problemorientierung).** Mit Fortschreiten des Unterrichts werden Fragen zunehmend gezielter sowie systematischer gestellt. Situative Bedingungen, die Neugierde hervorrufen, sind Neuartigkeit, Komplexität, Ungewissheit und Fragen nach dem Unterschied oder nach dem Warum einer bestimmten Eigenschaft oder Beziehung. Sie führen zu Erklärungen (Fragehaltung, die auf erklärende Aussagen zielt).

Bei hinreichenden Voraussetzungen kann man Schüler dazu anregen, Voraussagen über ein Ereignis zu machen (Fragehaltung, die auf vorhersagende Aussagen zielt). Dabei sind die Schüler herausgefordert, Vorstellungen über Erwartungen zu entwickeln. Der Lehrer wird die Vielzahl von Voraussagen zulassen, zusammenführen und abgleichen. Im weiteren Gespräch der Schüler untereinander und mit dem Lehrer werden die Kernpunkte herausgearbeitet und verdichtet (Sicherung). Für die Weiterführung der Sachauseinandersetzung (Vernetzung) sind oft Ergebnisse von Bedeutung, die im Widerspruch zu der Voraussage stehen. In einem solchen Fall treten Fragen auf, die einerseits auf die Klärung des formulierten Problems oder Anliegens und andererseits auf seine mögliche Lösung gerichtet sind (Fragehaltung, die auf problematisierende Aussagen zielt).

Häufig kann man über die Ergebnisse eines Vorgangs wegen fehlender oder nicht hinreichender Voraussetzungen nur spekulieren. Es werden Analogien herangezogen oder Spezialfälle ins Gespräch gebracht (Such- und Findeverfahren), um eine Erklärung zu finden. In der Weiterführung einer Thematik wird das Interesse der Schüler auf die Sachverhalte erweitert. Es rücken Fragen in den Blick, die sich auf eine weitere, vertiefende Sacherschließung richten. Die Schüler werden im weiteren Unterricht angehalten, ihre Neugierde nicht auf die Aktion selbst auszurichten, sondern ihr Interesse an der Klärung des Ereignisses zu entwickeln und Aussagen zu hinterfragen. Mit fortschreitender Sachauseinandersetzung wächst die Fähigkeit, die

Arbeits- und Denkweise im Fach zu reflektieren und zu systematisieren. Die systematisch entwickelte Fragehaltung führt die Schüler dazu, komplexe Sachverhalte einsichtig zu deuten.

⇨ **Bevor Sie weiterlesen:**

- Welche Arten von Fragen wünschen Sie sich von Schülern? Machen Sie sich eine Liste.
- Gehen Sie Ihre Liste durch: Welche kognitiven Leistungen müssen Schüler erbringen, um die einzelnen Fragetypen zu generieren?
- Wie können Sie Schülern helfen, diese Art von Fragen, die Ihnen wichtig sind, zu entdecken und zu formulieren? Entwickeln Sie dazu drei bis fünf konkrete Handlungs- beziehungsweise Vermittlungsschritte, die Sie demnächst im Unterricht umsetzen wollen.

Die selbstbestimmte Sachauseinandersetzung fordert die Schüler zur selbstständigen Gestaltung des Lernprozesses heraus. Wecken und Aufbauen einer Fragehaltung ist eine wichtige Aufgabe des individualisierten Unterrichts. Die Fragehaltung wecken heißt, Fragen gezielt an Interessen zu knüpfen (Schülerorientierung) und damit aber auch Aussagen auf verschiedenen Anspruchsebenen zuzulassen.

Herausfordern einer selbstbestimmten Arbeitshaltung

In der Unterrichtsarbeit kommt es darauf an, auf welchen Wegen die Schüler einen Sachverhalt erschließen. Der erste Zugang sollte die individuelle Auseinandersetzung sein. **Der Lehrer sollte den Schülern so häufig wie möglich Gelegenheit geben, sich zunächst allein mit einem Sachverhalt zu beschäftigen und Fragen an den Gegenstand zu richten (zweipolige Interaktion: Schüler-Sachverhalt; Think-Phase im Kooperativen Lernen). Der nächste Schritt ist in der Regel der Austausch mit anderen Schülern der Lerngruppe,** die sich entsprechend unter gleichen Voraussetzungen mit einer Sache auseinandergesetzt haben **(dreipolige Interaktion: Schüler-Sachverhalt-Schüler; Pair- und / oder Share-Phase im Kooperativen Lernen;** siehe Kliebisch / Meloefski 2011c). **In der weiteren Sachauseinandersetzung kommt der Lehrer ins Spiel. Seine Aufgabe ist die des kompetenten Moderators: Der Lehrer hilft den Schülern im Gespräch, ihre Denkweisen aufzuklären, und lenkt das Gespräch auf das intendierte Ziel, eine spezifische Kompetenzerweiterung wie zum Beispiel die Entwicklung von Beurteilungskompetenz (vierpolige Interaktion: Schüler-Sachverhalt-Schüler-Lehrer; Vernetzungsphase im Unterricht auf der Basis der Share-Phase des Kooperativen Lernens,** siehe dazu Kliebisch / Meloefski 2011b).

Der Lehrer führt zum Abschluss des Prozesses „Bilanzierungsgepräche", in denen sowohl die Ergebnisse der sachlichen Auseinandersetzung der Schüler als auch deren Lernverhalten und kognitive Operationen gemeinsam reflektiert werden. Dieses Vorgehen einer kooperativen Arbeitsweise unter „individuellen Voraussetzungen" sichert weitgehend Selbstlernen und entwickelt Fähigkeit des Verstehens und des Sich-Verständigen-Könnens. **Der Lehrer ist bei dieser Art des Lehr-/Lernprozesses zugleich Moderator und Prozessbegleiter sowie Experte.** Das Verfahren ist kompetenzorientiert und geeignet, die Lernfähigkeit der Schüler und ihre Selbsteinschätzung zu fördern.

Bestimmte Unterrichtsphasen sind für eine komplexe Kommunikation unter Schülern besonders geeignet, zum Beispiel:

- Einstiegsphase: Hier geht es um Kommunikation, die überwiegend auf ein Handlungsprodukt gerichtet ist (Ermittlung eines Anliegens, Planung des weiteren Vorgehens, Strukturierung von Arbeitsvorhaben anhand einer Problem- oder leitenden Fragestellung) [Erfahrungsebene].

- Erarbeitungsphase: Hier geht es um Kommunikation, die überwiegend auf das Erkennen und Verstehen ausgerichtet ist [Wissensebene].
- Phase der Vernetzung: Hier geht es um Kommunikation, die überwiegend auf die Bildung von Vorstellungen und auf die Verständigung über diese Vorstellungen ausgerichtet ist [Erkenntnis-, Anwendungs-/Erklärungsebene].

Es kommt darauf an, durch den Dialog selbstständiges und verständiges, also sinnstiftendes Lernen der Schüler zu ermöglichen, d. h. Selbstständigkeit im Denken und Tun herauszufordern. Der Lehrer gibt den Schülern Gelegenheit, selbst Beziehungen zwischen Sachverhalten / Aussagen und Ereignissen herzustellen. **Ein Weg zum Verständnis ist also die Auseinandersetzung mit Bedeutungen und möglichen Vorstellungen.**

Ermitteln und Umgehen mit Vorstellungen

Kommunikation spielt beim Erfassen der Bedeutung komplexer Äußerungen im sachlichen und sozialen Kontext eine Rolle (siehe Schulz von Thun 2011). Kommunikation meint Verstehen und Verständigung; sie hat eine reversible Funktion. Durch Kommunikation werden Vorstellungen transportiert, die ein sachgerechtes Verständnis in einem Gespräch zu vermitteln erlauben. Im Unterricht sollten Schüler durch Kommunikation ein einsichtiges und vernetzbares Verständnis der Sachverhalte weitgehend selbstständig erarbeiten. **Schüler müssen sich Vorstellungen über Sachverhalte verfügbar machen können. Sie müssen befähigt werden, sich neuen Ideen zu öffnen oder sich mit diesen gedanklich zu vernetzen. Hierauf beruhen die Entwicklung des selbstständigen Lernens und die der Selbstorganisation** (vgl. Charney / Nestler 2011; Hoin 2011; Zimpel 2010). Der Lehrer bietet geeignete Kommunikationssituationen an, um dieses Ziel zu erreichen. Er selbst muss bereit und fähig sein, sowohl „offene" Sachlagen im Unterricht zuzulassen als auch das gedankliche Angebot der Schüler (Ideen, Vorwissen und Alltagsvorstellungen) aufzugreifen (Leitsatz: „Zeig mir, was du weißt.") und lösungsorientiert zu verhandeln (Schülerorientierung; Erfahrungsorientierung). Ausgangslage ist die Vorstellung oder eine Meinung, die ein Schüler oder eine Mehrheit von Schülern von einer Sache oder einem Ereignis hat. An dieser Vorstellung sollte die unterrichtliche Arbeit ansetzen. Schüler werden aufgefordert,

- ihre Vorstellungen zu beschreiben,
- verschiedene Vorstellungen zu vergleichen und
- die Vorstellungen mit dem Gegenstand in Beziehung zu setzen.

Der Schüler muss nicht nur über seine, sondern auch über die Vorstellungen anderer nachdenken und sich darüber verständigen.

Der Lehrer als Prozessbegleiter richtet sich auf die individuellen Bedingungen ein zum Beispiel durch folgende Fragen:

- Wie weitreichend kann der Schüler einen Gegenstand oder Sachverhalt sprachlich erschließen?
- Welche Vorstellungen kann der Schüler am ehesten mit dem Gegenstand oder Sachverhalt in Beziehung setzen?
- Wie muss ein Lernkontext aussehen, damit man die Vorstellung eines Schülers in geeignet Weise erfassen kann?

Der individualisierte Unterricht ist die grundlegende Forderung für individuelle Lernförderung. Er richtet sich auf die Lernbedingungen der Schüler ein und ist im eigentlichen Sinne schülerorientiert. Erst durch den individualisierten Unterricht lässt sich ausschließen, dass Lerndefizite beim Schüler auf Grund von Missverständnissen durch die Unterrichtsgestaltung selbst entstehen. Bei der Durchführung eines individualisierten Unterrichts erhält der Lehrer Hinweise auf die (eigentlichen) Lernschwächen und besonderen Begabungen einzelner Schüler. Um darüber weitere Kenntnisse zu gewinnen, bedarf es der Pädagogischen Diagnose. **Zielführende Maßnahmen individueller Förderung lassen sich erst anhand der Diagnose treffen.**

3.3. Pädagogische Diagnostik

Die Pädagogische Diagnostik hat sich seit einigen Jahren mit zunehmender Bedeutung als Aufgabenbereich für die unmittelbare Anwendung in der Schule entwickelt. Sie wird als eine wichtige Aufgabe für das pädagogische Handeln der Lehrer angesehen. Als Ergänzung des Lehr-/Lernprozess des Unterrichts ist die **pädagogische Diagnostik vor allem auf die Förderung sowohl der lernschwächeren als auch der hochbegabten Schüler gerichtet**. Unter dieser Zielsetzung weist die pädagogische Diagnostik über das Lehren und Lernen im herkömmlichen Unterricht und über die pädagogische Reflexion der Unterrichtsarbeit einer Lehrperson hinaus.

Die pädagogische Diagnose schafft systematische Voraussetzungen, besondere Schwächen von Schülern genau zu erkennen und adäquate Hilfen an zu bieten (zum Beispiel bei Lese- und Rechtschreibschwächen). Die Diagnose ist also sehr hilfreich für Schüler, die eine konkrete und unmittelbare Lernunterstützung brauchen.

Unterrichtsplanung und -analyse eines Lehrers sind stets auf den Erfolg der gesamten Lerngruppe gerichtet. **Der Lehrer richtet die Unterrichtsarbeit auf die mittlere Leistungsverteilung der Lerngruppe aus; so sichert er für die Lerngruppe am ehesten einen möglichst hohen Output.** Das unterrichtliche Ergebnis ist auf die als Bildungsstandards formulierten Ziele einer Unterrichtsstunde und die damit bestimmten Prozessdimensionen und Anforderungsbereiche festgelegt. Die Lernergebnisse in den Lernsituationen fallen dabei für einzelne Schüler unterschiedlich aus; sie hängen von der Kommunikation im Lehr-/Lernprozess ab. Die motivationale Voraussetzung eines Schülers spielt hier ebenso eine Rolle wie der Entwicklungsstand, den der Schüler mit Blick auf seine fachlichen und methodischen Fähigkeiten schon erreicht hat. Individuelle Lernschwierigkeiten können sich als natürliche Gegebenheiten zeigen, sie können aber auch durch bestimmte Lernerfahrungen hervorgerufen sein. Diagnose kann helfen, sie zu erfassen und daraus geeignete Maßnahmen zur individuellen Förderung abzuleiten (siehe Hesse / Latzko 2011).

Pädagogische Diagnose hat die unmittelbare Lernförderung als Intervention im Blick. Die pädagogische Diagnose erfasst die Lernbedingungen und Lernschwächen eines Schülers. Sie ermittelt und analysiert Merkmale und Eigenschaften, die den Lernprozess des Schülers bestimmten. Die Diagnostik geht kriterienorientiert vor und lässt sich nicht von Spontaneindrücken leiten, die variieren können. Spontane Eindrücke sind häufig zwar zutreffend, verlieren aber ihre Präzision, wenn gleichzeitig mehrere Gesichtspunkte in Beziehung gesetzt, miteinander abgeglichen oder gegebenenfalls zu einem späteren Zeitpunkt herangezogen werden sollen.

Lernen als Prozess der Informationsaufnahme und -verarbeitung geht einher mit der Entwicklung und Verbesserung von funktionalen Fähigkeiten. Für den Bereich der

Persönlichkeitsdiagnostik gibt es Beschreibungen, in denen Merkmale funktionaler Fähigkeiten systematisch erfassbar werden. Diese erlauben ein kriterienorientiertes Vorgehen, um auch Lernbedingungen zu diagnostizieren. Unter der Absicht der Lerndiagnose im Sinne der Prozessanalyse wird hier nicht nach Verhaltens- und Eigenschaftsmerkmalen unterschieden. **Man will die Lernfähigkeit des einzelnen Schülers feststellen, um ihm gezielt Unterstützung für seine Lernentwicklung anbieten zu können.** Die pädagogische Diagnose kann sich dabei auf solche Persönlichkeitsbereiche beziehen, die der individuelle Förderung des Lernens von Schülern zugänglich sind und diese Förderung in der Regel auch direkt in der Unterrichtsarbeit ermöglichen (vgl. a. Ingenkamp / Lissmann 2008).

⇨ **Bevor Sie weiterlesen:**

- Welche Chancen und welche Schwierigkeiten sehen Sie, die Lernfähigkeit von Schülern festzustellen?
- Welche Kriterien geben nach Ihrer Einschätzung Auskunft über die Lernfähigkeit eines Schülers?
- Wie wichtig ist aus Ihrer Sicht für die pädagogische Diagnose der Unterschied zwischen Lernfähigkeit und Lernbereitschaft?

Im Bedingungsfeld der Lernvoraussetzungen, der Lernprozesse und des Lernstandes **richtet sich die pädagogische Diagnose außerdem auf das differenzierte Verstehen der aktuellen Lernsituation eines Schülers**. Diese Ausrichtung veranlasst den Lehrer, die Lernsituation des jeweiligen Schülers weitergehend in den Blick zu nehmen:

- Der Unterricht stellt eine komplexe sozialkommunikative Situation dar.
- Die Vorstellungen eines Schülers und seine Lernabsichten sind durch sein soziales Umfeld sehr weitgehend bestimmt.
- Die subjektiven Theorien und die Fachlichkeit des Lehrers spielen eine Rolle in dem Bemühen, die Lernbedingungen eines Schülers zu erfassen und zu verstehen.

Bei der Feststellung des individuellen Förderungsbedarfs eines Schülers ist stets auch der Kontext der schulischen und außerschulischen Bedingungen zu berücksichtigen. Das ist auf der einen Seite die Schule selbst mit ihren programmatischen und personellen Ressourcen, das sind auf der anderen Seite das Elternhaus und die Aktivitäten des Schülers in seiner Freizeit. Peergroups und mediale Miterzieher sind je nach Alter des Schülers von besonderer Bedeutung (vgl. Hurrelmann 2009; Jugert / Rehder / Notz / Petermann 2011). Bei der pädagogischen Diagnose sollte sich der Lehrer vor dem Hintergrund der Kontexte über Ursachen absichern, die die Entwicklung von Merkmale oder deren Ausprägung beeinflussen können. Zu diesem Zweck kann der Lehrer zum Beispiel Gespräche mit den Eltern des betreffenden Schülers führen. So lassen sich vor allem die emotionalen und motivationalen Beweggründe des Schülerhandelns feststellen, die für die Diagnose wertvolle Hinweise liefern können (vergleiche Kliebisch / Meloefski 2011a).

Bei der Lernentwicklung stehen die funktionalen Fähigkeiten im Vordergrund. Bei der Diagnose beobachtet man die Faktoren, die den Lernprozess bestimmen, und stellt deren Ausprägungsgrad fest. Ziel ist eine aussagefähige Beschreibung der Schülerfähigkeiten. Sie ist die Voraussetzung dafür, dem Schüler anschließend im konkreten Fall geeignete Hilfe anzubieten. Die nachstehende Übersicht zeigt für den Bereich der funktionalen Fähigkeiten Merkmale auf, die man für die Untersuchung von Lernprozessen nutzen kann. Die Merkmale sind nach den Kategorien Wahrnehmung, Vorstellung und Antriebe geordnet. Die Übersicht erhebt nicht den Anspruch der Vollständigkeit – weder mit Blick auf die Merkmale noch auf deren Ausdifferenzierung noch auf deren Zuordnung. Die Liste der Merkmale ist als ein konkretes Arbeitsmittel gedacht: Mit Hilfe der Liste kann der Lehrer seine Erfahrung im Rahmen einer pädagogische Diagnose gezielt strukturieren (vgl. a. Hesse / Latzko 2011; Winkel 2011).

Übersicht: Funktionale Fähigkeiten

1. **Wahrnehmungen**
   - Umfang des Wahrnehmens
   - Auffassungen (Aufgabenverständnis, Auffassungsumfang, Selbstständigkeit der Auffassung)
   - Unterscheiden und Vergleichen
   - Anschauen und Anschauungen
   - Aufmerksamkeit (Erregbarkeit, Reichweite, Konzentration, Ausdauer)
2. **Bedeutungen**
   - Vorstellungen
   - Gedächtnis (Art des Lernens, Gedächtniseigenschaften)
   - Assoziationen
   - Phantasie (Ausmaß und Erregbarkeit der Phantasie, Beherrschung der Phantasie)
   - Begriffe und Ideen (Begriffsvielfalt, Begriffsklarheit)
   - Urteile (Sicherheit des Urteils, Richtigkeit des Urteils, Zeit für Urteilsfindung)
   - Kritikfähigkeit und Kritik
   - Schlussfolgerungen
   - Erkennen und Bewerten (Vernetztes Denken)
   - Rationales / Intuitives Verhalten
3. **Antriebe**
   - Wissbegierde (intrinsische Motivation)
   - Fremdbewertung (extrinsische Motivation)
   - Tätigkeitswille (Handlungs- und Aktionskompetenz)
   - Entscheidungsfähigkeit (Geschwindigkeit, Begründung)
   - Selbstständigkeit (Zielorientierung, Zielerreichung)

Der Lehrer sollte für die Merkmale Bewertungskriterien beschreiben. Erst dann kann er die Merkmale angemessen nutzen. Diese Kriterien sollte jeder Lehrer für sich vor dem Hintergrund des eigenen Unterrichts vornehmen und dabei seine persönliche Begrifflichkeit verwenden. Dabei gelten jedoch folgende Bedingungen:

1. Bezug auf die im Lehrplan genannten Anforderungsbereiche und Leistungsbewertungen unter Berücksichtigung der Altersstufe
2. Wahl einer als durchschnittlich zu definierenden Anforderung als Bezugsnorm und – um eine breite Differenzierung zu erhalten – Abschätzung der Abweichungen zur Seite des Besseren und zur Seite des Schlechteren in jeweils zwei Stufen

Vor dem Hintergrund des eigenen Lehrerhandelns kann man Einschätzungen erreichen, die sich auch bei kritischer Prüfung als stimmig erweisen und die man durchaus als objektiv nennen kann.

Die Abschätzung kann im einfachsten Fall durch die Noten 1, 2 und 4, 5 um den Durchschnitt 3 zum Ausdruck gebracht werden. Eine solche Abschätzung ist wenig aussagekräftig. Besser ist eine begriffliche Beschreibung. Beispiel für den Gesichtspunkt „Urteilsfindung“: einerseits „langsam, fehlerhaft“ oder „bedächtig, fehlerfrei“ und andererseits „vorschnell, unvollständig“ oder „rasch, fehlerfrei“. **Es geht um die Erfassung individueller Stärken und Schwächen.** In Kenntnis der Lerngruppe wird ein Lehrer eine solche Klassifizierung differenzierter beschreiben können.

Nach der Klassifizierung kann man mit Hilfe der Merkmale die funktionalen Fähigkeiten der Schüler einschätzen. Dabei wird man in den meisten Fällen nicht alle Merkmale untersuchen; **denn es reicht, die determinierenden Funktionen für eine Lernsituation zu erfassen**. In manchen Fällen genügt daher eine Analyse weniger Merkmale. Beispiel: Die Aufgabe eines Schülers, Vorstellungen zu entwickeln oder anzuwenden, kann von unterschiedlichen Eigenschaften beeinflusst sein: überschäumende Phantasie, Mangel an Konzentration, fehlende Orientierung an Kriterien und so weiter.

Der Lehrer kann gezielt und kontrolliert fördern, wenn er die für die Diagnose wichtigen Merkmale systematisch ordnet und sprachlich eindeutig formuliert. Aus den Kenntnissen über die funktionalen Fähigkeiten von Schülern sollte der Lehrer aber auch Folgerungen für seine Unterrichtsführung und Arbeitsaufträge ableiten: Die Aufforderungen, die der Lehrer formuliert, müssen eindeutig sein: Schüler müssen Lehreranweisungen eindeutig verstehen können; die Aufträge müssen die Anforderung genau bezeichnen. Hierzu bedarf es der Selbstkontrolle des Lehrers hinsichtlich seiner Aussagen, der damit vermittelten Vorstellungen und der Anforderungen. Unklare Gesprächsbeiträge des Schülers müssen durch eingehendes Nachfragen geklärt und in Beziehung zur Aufforderung gesetzt werden. **Zur Vermittlung einer Lernhilfe sollte der Lehrer sowohl verbale als auch visuelle Impulse nutzen.**

Die pädagogische Diagnostik betrachtet die Lernfähigkeit der Schüler unter dem Gesichtspunkt der funktionalen Fähigkeiten, da Unterricht und Lernen die Hauptanliegen von Schule sind. Dies ist aber nur eine der möglichen Aufgaben pädagogischer Diagnostik. **Ebenso könnte man den Schwerpunkt auf die Untersuchung formaler Fähigkeiten wie das Arbeitsverhalten oder die sozialen Fähigkeit der Schüler legen**, speziell auch auf die Einflüsse der außerschulischen Lernumgebung auf das Lernen. Auch diese Bereiche bestimmen das Lernen der Schüler. Die Beschränkung auf die Lernfunktionen lässt sich so begründen: Die anderen Funktionsbereiche kann man bei der Analyse der unterrichtlichen Voraussetzungen als inhaltliche Komponenten auffassen, die der Lehrer bei der didaktischen Entscheidung meistens berücksichtigt, zumindest in der Konzeption des Lernprozesses erfasst.

Das Verfahren der Diagnose ist in der Hauptsache das systematische Erfassen der funktionalen Fähigkeiten durch eine kriterienorientierte Beobachtung. Sie stützt sich auf ein System von Merkmalen, die anforderungsorientiert klassifiziert sind. **Die Diagnose ist in das komplexe Feld der Unterrichtsarbeit integriert** und wird im Kontext der Anforderungen vorgenommen, die sich auf die Lerngruppe beziehen. Die Anforderungen sind normiert und finden sich als Kompetenzen in den Kernlehrplänen und Richtlinien. Die Beobachtung während des Unterrichts erfordert einen zeitlichen Freiraum für den Lehrer. Deshalb kommen für die Beobachtung im Unterricht in erster Linie folgende Unterrichtssituationen in Betracht:

- Interaktionsphasen (Unterrichtsgespräche, Schülergespräche während der Gruppen- oder der Partnerarbeit)
- Phasen der Einzelarbeit (schriftliche Bearbeitung)
  Phasen der selbständigen Arbeit zum Beispiel beim kooperativen Lernen
- Präsentation von Ergebnissen

Für die diagnostische Beobachtung in einer Unterrichtsstunde oder über eine bestimmte Unterrichtszeit werden immer nur einige Schüler ausgewählt. So behält der Lehrer den Überblick und kann gezielt beobachten.

⇨ **Bevor Sie weiterlesen:**

- Entwickeln Sie fünf Kriterien, mit denen Sie in Interaktionsphasen die funktionalen Fähigkeiten von Schülern erfassen können.
- Wie valide erscheinen Ihnen diese Kriterien?

Vor allem sind es Aufgaben und Arbeitsaufträge, an denen sich aus der Art und Weise ihrer Bearbeitung Informationen für die Diagnose ergeben. Aufgaben und Arbeitsaufträge lassen sich verschieden gestalten, zum Beispiel gezielt auf bestimmte funktionale Fähigkeiten ausgerichtet, als offene Aufgaben, aber auch als Aufgaben mit einem großen eigenproduktiven Anteil. Im weiteren Verlauf einer Erhebung kann der Lehrer auch speziell Aufgaben für die Diagnose einsetzen. So kann er etwa feststellen, wie erfolgreich Schüler Lernhinweise umsetzen konnten.

Gespräche mit einem Schüler, vor allem zum Zwecke der Reflexion, und gezieltes Nachfragen eröffnen die Möglichkeit, die Einschätzungen abzusichern. Hierzu bieten sich Gelegenheiten zum Beispiel beim Unterrichtsgespräch, im Gespräch bei der Einzelarbeit oder bei der Präsentation von (Gruppen)Ergebnissen. In der täglichen Unterrichtsarbeit kann eine Lernförderung durch direkte Intervention des Lehrers erreicht werden, wenn die Einschätzungen einer Funktion angemessen vermittelt und Kommentare mit entsprechenden Lernhinweisen als ausreichend angesehen werden können. In schwierigen Fällen ist ein Beratungsgespräch angebracht.

Eine organisatorische Erweiterung stellen *Ergänzende Förderungen* als Form einer Binnendifferenzierung und gesonderter Förderunterricht dar. In diesen Unterrichtsformen lassen sich zum Beispiel Diagnose und Förderung in aufeinander folgenden Schritten gestalten (vgl. Arnold / Jaumann-Graumann / Rakhkochkine 2008; Wilhelm 2009).

3.4. Lernverhalten

3.4.1. Lernschwierigkeiten

Förderung der Schüler ist auch auf der Grundlage des individualisierten Unterrichts angebracht. Ein solcher Unterricht schafft mit Blick auf die Diagnosebedingungen erst die geeigneten Voraussetzungen, um gezielt den einzelnen Schüler fördern zu können. Die Binnendifferenzierung als durchgängige Maßnahme zur Förderung ist oft wenig geeignet. Sie bietet einem Teil der Schüler einer Klasse weiterführende Anforderungen, einem anderen Teil der Schülern meistens aber keine hinreichende Anpassung an das durch Richtlinien und Lehrpläne vorgesehene Anforderungsprofil der Kompetenzstufe I, was durch die Binnendifferenzierung erreicht werden soll. Innerhalb der Klasse manifestieren sich zwei gesonderte Leistungsgruppen. Bei den wenigen einseitig begabten Schülern wird die Binnendifferenzierung aus der Sicht aller ihrer Fächer kaum als problematisch gesehen werden. Von den übrigen Schülern wird die Differenzierung – wie die Praxis zeigt – als diskriminierend empfunden. Binnendifferenzierung ist angebracht, wenn es um unterschiedliche Interessen geht, weniger aber, wenn Leistungsunterschiede manifestiert werden, die naturgemäß vorhanden sind. **Binnendifferenzierung führt zur Trennung.** Das Modell einer konsequenten Differenzierung ist die gymnasiale Oberstufe. Hier wird nach Leistung und nach Neigung differenziert. Die Trennung kommt bei der Wahl der Kurse durch die Schüler selbst zustande.

In jeder Klasse, egal in welcher Schulform, unterscheiden sich Schüler in ihrem Anspruch an Schule und Unterricht. Der Unterschied kann innerhalb einer Lerngruppe auf hohem Niveau und mit geringem Leistungsgefälle auftreten. Das Leistungsgefälle kann in einer Lerngruppe aber auch sehr groß sein. Im Rahmen der individuellen Förderung ist eine der Ebenen die der Individualisierung der Anforderungen und Kompetenzen innerhalb einer Klasse.
Schüler können sein einerseits

- schnelle Lerner mit hoher Informationsverarbeitung und sehr gutem Gedächtnis,
- anspruchsvolle Lerner mit besonderem Problemverständnis und Drang nach selbstbestimmtem Arbeiten,
- breit interessierte Lerner mit großer Verarbeitungskapazität und großem Arbeitseinsatz

und andererseits

- Lerner mit geringem Selbstvertrauen
- Lerner mit einseitigen Interessen und einem enge Erfahrungshorizont,
- Lerner mit wenig variablen Lernstrategien und schnell erreichbarer Zufriedenheit.

Innerhalb einer Klasse lassen sich zumindest zwei Gruppen von Schülern auf Grund ihrer Leistungen unterscheiden.

Im Allgemeinen ist es für Lehrer schwierig, angemessene Lern- und Verhaltensdiagnosen zu stellen. Dies beruht einerseits auf fehlenden Voraussetzungen. Denn weder in der ersten noch in der zweiten Ausbildungsphase ist Diagnostik ein obligatorischer Ausbildungsinhalt. Andererseits ergibt sich die Schwierigkeit auch auf Grund der Komplexität der Sachverhalte, die hier untersucht werden müssen. **Pädagogisch zu diagnostizieren muss man üben und ist zeitaufwändig.** Aber die Diagnose liefert hinreichende Hinweise, um Lernschwächen differenziert zu erkennen.

⇨ Bevor Sie weiterlesen:

- Mit welchen Lernschwierigkeiten haben Sie es bisher in Ihrem Unterricht zu tun gehabt?
- Wie sind Sie bisher mit Lernschwierigkeiten Ihrer Schüler umgegangen?

3.4.2. Hochbegabung

Als Bereich individueller Förderung gilt die **Hochbegabung** (beziehungsweise besondere Begabung; siehe MSW NRW 2012; Bildungsserver Rheinland-Pfalz 2012). Hochbegabung umfasst ein ganzes Bündel von Merkmalen. Sowohl soziale Faktoren wie Freunde, Familie und Schule als auch persönliche Merkmale, insbesondere Kreativität, Motivation und Intelligenz tragen zur Ausbildung einer Hochbegabung bei (vgl. Heller / Mönks / Sternberg 2000; Mönks / Ypenburg 2011). Zur Messung der Intelligenz setzt man Tests ein (**IQ-Test**); bekannt ist zum Beispiel der HAWIE-R (Hamburg Wechsler-Intelligenztest), den man für Jugendliche und Erwachsene ab dem sechzehnten Lebensjahr nutzt. Das Ergebnis von IQ-Tests ist eine Zahl, der so genannte IQ (**Intelligenzquotient**). Über diese Zahl definiert sich wissenschaftlich Hochbegabung: Hochbegabt sind demnach Menschen mit einem IQ über 130. Dies trifft immerhin auf 2,2% der Bevölkerung zu. Weitere mindestens 10% der Menschen dürften (mit einem IQ über 115) besonders begabt sein.

Eine Hochbegabung kommt oft viel zu spät ans Licht, meist erst dann, wenn das Kind sozial auffällig wird. Es liegt nahe: Eine ständige Unterforderung kann bei den Betroffenen zu Langeweile und zu dissozialem Verhalten führen. Das unangemessene Verhalten ist der Versuch der Begabten, auf ihre Situation und Befindlichkeit aufmerksam zu machen. Die Reaktion von Lehrern auf Störverhalten besteht aber (zu) oft in bloßer Disziplinierung der Schüler, die sich nicht normgerecht verhalten. So geht manche Chance verloren, Hochbegabte oder besonders Begabte überhaupt zu erkennen. Der Zusammenhang zwischen Störverhalten und Hochbegabung ist zwar allgemein bekannt, er darf aber nicht zu der kurzschlüssigen Einstellung führen, Störverhalten sei praktisch immer ein Ausdruck von Hochbegabung (**Underachiever**). Das **Problem** liegt in der Feststellung, das heißt in der **Diagnose tatsächlicher Hochbegabung**. Und bei dieser Aufgabe sind sich die meisten Lehrer zwangsläufig überfordert.

Die Überforderung der Lehrer bei der Diagnose besonderer Begabung ist verständlich. Im Rahmen des Marburger Hochbegabtenprojekts fand man heraus: Nicht jeder Hochbegabte fällt durch besonders hohe Leistungen auf (**Overachiever**). Nur 15% der Schüler mit besonders hoher Leistung sind auch hochbegabt. Der durchschnittliche IQ besonders leistungsstarker Schüler liegt bei 117 (Brand 2008; Rost 2009). Manche Lehrer glauben, sie könnten allein (!) über die im Unterricht erkennbare Leistung von Schülern auf deren Begabung schließen.

⇨ **Bevor Sie weiterlesen:**

- Woran würden Sie im Unterricht einen hochbegabten Schüler erkennen?
- Welche Probleme haben Ihrer Meinung nach hochbegabte Schüler in einer Regelklasse?
- Welche Möglichkeiten sehen Sie, hochbegabte Schüler im Unterricht zu fördern?

Das Beispiel Hochbegabung zeigt: **Die Diagnose ist nicht nur wichtig für eine angemessene Förderung der betroffenen Schüler, Diagnosen zu stellen ist extrem schwierig.** Lehrer allein dürften im Allgemeinen die Diagnose Hochbegabung nicht stellen; mindestens ein IQ-Test sollte die Beobachtung der Lehrer stützen, bevor die

Diagnose Hochbegabung heißt. Solche Tests werden von Psychologen in Schulberatungsstellen oder von freiberuflich tätigen Psychologen durchgeführt. Die Zusammenarbeit mit externen Experten hilft in zweierlei Hinsicht: Fundierung der Diagnose und Gestaltung der individuellen Fördermaßnahmen. Sinnvoll ist die individuelle Förderung nur dann, wenn sie auf der Grundlage einer zielführenden Diagnose stattfindet.

3.5. Maßnahmen individueller Förderung

Für die individuelle Förderung müssen die Voraussetzungen geschaffen werden, die es jedem Schüler ermöglicht, Verantwortung für seinen Lernprozess zu übernehmen und seinen Lernfortschritt reflektierend zu begleiten, damit er seine Kompetenzen weitgehend selbstbestimmt und zielorientiert entwickeln kann. **Das Prinzip der individuellen Förderung korrespondiert mit der konstruktivistischen Auffassung des Lernens.** Nach der konstruktivistischen Theorie wird Wissen nicht vermittelt, es kann nur in Selbstorganisation aufgebaut werden. Das Lernen wird als aktiver Prozess maßgeblich vom Individuum und seiner Möglichkeit der Konstruktion von Welt und Wirklichkeit bestimmt.

Lehrer können der Forderung nach individueller Förderung weitgehend schon gerecht werden, wenn sie den traditionellen Unterricht modifizieren und das eigenständige Lernen des Schülers konsequent im Kontext der Lerngruppe organisieren (siehe Klippert 2012). **Das setzt die Gestaltung des Unterrichts im Sinne des individualisierten Unterrichts voraus.** Auch und vor allem kooperative Arbeitsformen – konsequent umgesetzt – helfen, dem Anspruch auf individuelle Förderung gerecht zu werden (siehe Brüning / Saum 2012). Die stärkere individuelle Zuwendung, die damit einhergeht, führt in der Regel schon zur Verbesserung der Lernleistung. Darüber hinaus bietet sie einen Einblick in das Lernverhalten eines Schülers und verhilft zur besseren Klärung von Richtung und Umfang des Förderbedarfs.

Der weitere Förderbedarf erfordert ergänzende Maßnahmen. Die methodischen und inhaltlichen Schwerpunkte richten sich nach den Anforderungen, die sich auf Grund von Lernschwächen einerseits und von Begabungen andererseits ergeben. Nach diesen Merkmalen lassen sich die Schüler einer Klasse grundsätzlich zwei unterschiedlichen Fördergruppen zuordnen. Bei der Lernschwäche kann man weiterhin nach Lernschwierigkeiten und Lernstörungen unterscheiden.

Individuelle Förderung erfordert ein differenziertes System von Maßnahmen: Es bezieht sich auf die Art der Förderung und geht einher mit Entscheidungen über die Organisationsform für eine geeignete Umsetzung. Um Förderung in dem erforderlichen Umfang ermöglichen zu können, muss sich Schule als System neu organisieren. Individuelle Förderung für alle Schüler kann man nur erreichen, wenn der organisatorische Rahmen die Voraussetzung dazu hergibt. Es geht um Freiräume, damit wirksame Lernarrangements entwickelt und individuelle Lernwege durch systematische und konkret-konstruktive Beratung begleitet werden können.

⇨ **Bevor Sie weiterlesen:**

- Um Förderung in dem erforderlichen Umfang ermöglichen zu können, muss sich Schule als System neu organisieren? – Wie verstehen Sie diesen Satz?
- Machen Sie sich den Zusammenhang zwischen der Schule als System, dem einzelnen Lehrer und dem einzelnen Schüler klar.
- Welche Chancen und welche Risiken liegen in der systemischen Struktur?

Die ergänzenden Maßnahmen können unterrichtsbegleitend sein; sie werden dann in der Regel fächerspezifisch und klassenbezogen vorgenommen. Häufig ist es zweckmäßig, Fördermaßnahmen über den Unterricht hinausgehend in gesonderten

Fördergruppen (Lerngemeinschaften) durchzuführen. Diese Lerngemeinschaften kann man klassenübergreifend organisieren. Eine unterrichtsbegleitende Fördermaßnahme für lernschwächere Schüler ist zum Beispiel der **Förderplan** (siehe Popp / Melzer / Methner 2011). Er wird gestützt durch das Führen eines **Lerntagebuchs** oder eines **Portfolios** (siehe Bräuer / Keller / Winter 2012). Im Lernfeld werden spezifische Lernaufgaben und Materialien eingesetzt und methodisch organisiert, etwa durch Stationenlernen. Die objektive Orientierung ergibt sich hierbei aus den Standards und Zielbeschreibungen der Lehrpläne und Richtlinien. Es gilt, Schüler an den geforderten Leistungsstandard heranzuführen, Grundlagenwissen zu etablieren und im Weiteren ihre Abschlüsse und Übergänge zu sichern. **Unterrichtsbegleitende Fördermaßnahmen für bessere Schüler stützen sich in erster Linie auf differenzierte Lernaufgaben und komplexe Materialien.** Deren Auswahl richtet sich nach Interesse und Leistungsfähigkeit der Schüler.

Die Durchführung unterrichtsbegleitender Maßnahmen bedarf der **Kontrolle**. Sie ist sowohl Grundlage für das konstruktive Feedback an den Schüler als auch das evaluierende Verfahren des Lehrers. Er soll feststellen, ob der Lernbedarf zutreffend ermittelt wurde, und prüfen, ob das stimulierende Lernangebot hinreichend wirksam gewesen ist. Die individuelle Förderung schwächerer Schüler in gesonderten Fördergruppen erfordert die Lernbegleitung durch sogenannte **Lernpaten**. Je mehr Personen für die Lernpatenschaft einer Fördergruppe zur Verfügung stehen, desto besser kann nach individuellen Bedürfnissen betreut werden. Lernpaten können Lehrer der Schule und auch Schüler der Schule sein. Häufig finden sich externe Personen (geeignete Eltern oder andere geeignete Personen), die Patenschaften übernehmen. Öffentliche Einrichtungen in einer Kommune oder andere Organisationen vermitteln qualifizierte Lernpaten. Die Lernpatenschaft zielt auf Hilfe und auf Motivation bei der Erarbeitung des Fördermaterials, aber auch bei der Erledigung des Lernstoffes (Erledigung der Hausaufgaben). Lernpaten werden durch Lehrer der Schule für die Übernahme ihrer Aufgaben vorbereitet. Geregelt werden müssen: Die Art und Weise sowie das Ausmaß der Unterstützung, die Abstimmung und Rückkopplung mit dem Lehrer beziehungsweise den Lehrern der betreuten Schüler.

Individuelle Förderung kann auch durch Lernpartnerschaften unterstützt werden. Lernpartnerschaften werden von Unternehmerverbänden (z. B. “Schule und Wirtschaft“), Industrieverbänden und der Industrie- und Handelskammer den Schulen vermittelt oder von Unternehmen, Verbandsorganisationen und Hochschulen den Schulen direkt angeboten. **Lernpartnerschaften können unterschiedliche Interessen bedienen:**

- Ausrichtung auf einen Beruf; Unterstützung der Schule bei der Qualifizierung der Schüler für eine Berufswahl. Die entsprechende Unterstützung geht über das obligatorische Berufspraktikum der Schüler hinaus.
- Unterstützung der Unterrichtsarbeit. Dabei geht es darum, die Unterrichtsinhalte praxisorientiert zu erweitern und zu vertiefen und gegebenenfalls kontextbezogene Qualifikationen zu vermitteln. (Außerschulischer Lernort).
- Förderung besonderer Interessen. Es geht um besondere Förderung der Schüler in ihrer Entwicklung (z. B. in Lern-Camps in Mathematik) oder um Unterstützung von Schülern, die sich in besonderen Wettbewerben beweisen wollen (z. B. „Jugend forscht", „Jugend musiziert").

Förderung der Fünftklässler

Lehrer sollen unter anderem die Schüler fördern, die die Schulform gewechselt haben (siehe z. B. MSW NRW 2008). Für die weiterführenden Schulen ist das eine Aufforderung, ein Förderkonzept für die Fünftklässler zu entwickeln. Der Übergang von der Grundschule zu einer weiterführenden Schule bringt für die meisten Schüler besondere Herausforderungen und Probleme mit sich. Das Förderkonzept für Schüler, die die Schule neu aufnimmt, kann zum Beispiel diese Aspekte beinhalten:

- Ebene der Voraussetzungen:
  - Feststellung der Kompetenzen in den schriftlichen Fächern (Deutsch / Mathematik / Englisch)
  - Ermittlung der Lesekompetenz
  - Feststellung der Lernkompetenz
  - IQ-Test
- Interventionen:
  - Förderunterricht in den Fächern Deutsch / Mathematik / Englisch
  - Selbstsicherheitstraining (Express yourself)
  - Training von Lern- und Arbeitstechniken
  - Beratung bei Lern- und Leistungsschwierigkeiten
  - Förderung bei besonderer Begabung und bei Hochbegabung

Die einzelnen Bausteine fasst man in individuellen Förderplänen zusammen. Speziell der Förderunterricht kann in Ergänzungsstunden erteilt werden (MSW 2008, § 3(3)):

> „Die Ergänzungsstunden dienen der differenzierten Förderung innerhalb des Klassenverbandes sowie anderen Lerngruppen. Mindestens fünf Ergänzungsstunden sollen für die individuelle Förderung eingesetzt werden. Solche Angebote können klassen- und jahrgangsübergreifend (Lernstudios) sowie für begrenzte Zeit eingerichtet werden. Die Schule kann die Schülerin oder den Schüler dazu verpflichten, im Rahmen der Ergänzungsstunden an bestimmten Förderangeboten teilzunehmen."

3.6. Lernvoraussetzung und Differenzierung

Häufig verlangen Lehrer Schüler Leistungen ab, für die der Unterricht selbst keine oder nur unzureichende Voraussetzungen geschaffen hat. Manche Fähigkeit nehmen Lehrer als selbstverständlich gegeben an, ohne zu prüfen, ob oder in welchem Umfang diese Fähigkeit beim Schüler zustande gekommen ist. Zwei **Beispiele**:

1. Gruppenarbeit wird oft geplant und durchgeführt, ohne dass jemals in diese Arbeitsform eingeführt worden wäre. In vielen Fällen der Einführung beschränkt sich der Lehrer darauf, die Organisation der Gruppenarbeit zu beschreiben. Entsprechendes kann über das Anfertigen eines Protokolls festgestellt werden.
2. Schüler erhalten oft den Auftrag, ein Protokoll über den Unterricht anzufertigen, ohne dass vorher Art und Aufbau eines Protokolls im Unterricht besprochen worden ist. Die Schüler schreiben dann etwas zusammen, woran sie sich noch erinnern können und was sie als Notizen vorfinden. Ein solches Produkt ist in der Regel unsystematisch und ungenau. Es wird vom Lehrer kritisiert und beurteilt. Die Beurteilung ist jedoch unzulässig; es wird etwas beurteilt, worüber der Unterricht keine Grundlage geschaffen hat.

⇨ Bevor Sie weiterlesen:

- Nennen Sie andere Bereiche, in denen nach Ihrer Erfahrungen Lehrer von Schülern Leistungen erwarten, die der Unterricht nicht oder nur unzureichend vorbereitet hat.
- Welche Probleme sind Ihnen in diesen Bereichen aufgefallen?

- Welche Maßnahmen müssten Sie ergreifen, um diese Probleme zu beheben?

Anlass zur Kritik ist zum Beispiel auch die Binnendifferenzierung im Unterricht. Die sogenannte leistungsrechte Verteilung von Aufgaben sieht häufig so aus, dass eine Gruppe von Schülern „niveauangemessen“ leichte Aufgaben bearbeiten darf. Eine andere Gruppe von Schülern erhält anspruchsvolle Aufgaben, durch die ihre Fähigkeiten gefordert sind und weiterreichender gefördert werden. Diese Art der Binnendifferenzierung wird als Fördermaßnahme angesehen, führt aber in der Praxis zum Auseinanderdriften der Leistungen in der Klasse. Während die eine Gruppe sich bei diesem Verfahren dem mittleren Leistungsstandard der Klasse annähern soll (meistens aber auf dem eigenen Niveau verbleibt), kann sich die andere Gruppe von diesem erheblich entfernen. **Die Folge ist die Spaltung der Lerngruppe in zwei Leistungsgruppen, deren Niveau in kurzer Zeit weit auseinandergeht. Das Ergebnis der Binnendifferenzierung festigt beim Lehrer den Eindruck, dass er in der Klasse schwache Schüler hat, die vielleicht gar nicht mehr in die Klasse gehören, und gute Schüler unterrichten darf, mit denen er einverstanden ist.** Deren Leistung wird fortan herangezogen, die Norm für die weitere Unterrichtsarbeit abzuleiten. Das hat zur Folge, dass sich die sogenannten schwachen Schüler in der Klasse kaum verbessern können und sich zunehmend etikettiert und diskriminiert fühlen. Sie können ihrer Zuordnung meistens kaum entkommen (vgl. auch Trautmann / Wischer 2011).

Was kann ein Lehrer unternehmen, um Lernvoraussetzungen zu ermitteln und die Binnendifferenzierung in Form kooperativen Lernens zu gestalten? Die vorgeschlagenen Maßnahmen begründen sich aus der Idee des individualisierten Unterrichts.

Lernvoraussetzungen eines Schülers

Wie kommt ein Lehrer an Informationen über die Lernvoraussetzungen eines Schülers? Der Blick in die Schülerdatei erscheint nicht hilfreich. Anhand der familiären Daten lassen sich nur allgemein Vermutungen anstellen. Weitreichende Informationen gewinnt man hingegen über die Lernvoraussetzungen, wenn man den Schüler Aufgaben über reale Objekte / Situationen schriftlich bearbeiten lässt. Aus der Darstellung erhält man Hinweise auf das Vorstellungsvermögen und die genutzten Denkoperationen des Schülers.

Es folgen zwei Übungen, die das Verfahren verdeutlichen sollen und über die der Lehrer einige Aufschlüsse über die Lernbedingungen seiner Schüler erhalten kann. Die Übungen sind zufällig entstanden. Sie haben exemplarischen Charakter. Der Lehrer, der dieses Verfahren anwenden möchte, sollte Aufgaben heranziehen, die der konkreten Klassensituation angepasst sind.

<u>Übung 1</u>: *„Beschreibe dein Frühstück an einem Sonntagmorgen."*

BettinaF / pixelio.de

Es geht um das Frühstück selbst: Was kommt, gegebenenfalls für welche der Personen, die gemeinsam frühstücken, auf den Tisch? Diese Fakten sollen beschrieben werden; es ist kein Stimmungsbild zu erstellen. Die Beschreibung kann extreme Ergebnisse hervorbringen: Manche Schüler vermitteln ein ausführliches Bild mit Angaben über Tischdekoration und Nahrungsmittel, andere ein sehr einfaches Bild über den Essvorgang. Andere Schüler begründen, weshalb dieses oder jenes gefrühstückt wird. Jeder Schüler beschreibt das, was er über sein Frühstück am Sonntagmorgen in seinem „Kopf" als Bild gespeichert hat.

Welche Informationen kann der Lehrer über die Lernvoraussetzungen des Schülers aus dessen Beschreibung entnehmen? Lassen sich Hinweise über milieuspezifische Voraussetzungen erkennen?

Übung 2: *„Beschreibe das Landschaftsbild auf dem vorgelegten Foto."*

Andreas Hermsdorf / pixelio.de

Die Schüler (Anfangsunterricht SI) erhalten als Computerausdruck das Bild eines Fotos über eine Landschaft (ohne Personen) und sollen es beschreiben. Die Schüler beschreiben das, was sie in seiner Vorstellung als notwendig erachten, um einen Eindruck vom Bild vermitteln zu können. Die Beschreibungen unterscheiden sich in ihrer Ausführlichkeit:

- Schüler nennen sehr viele Elemente des Bildes; gelegentlich werden Zuordnungen beschrieben. Der Inhalt des Bildes wird mehr oder weniger eindeutig wiedergegeben.
- Schüler beschränken sich auf wenige Elemente; sie geben den Inhalt des Bildes mehr oder weniger eindeutig wieder.
- Schüler beschreiben Elemente des Bildes, vermitteln aber kaum einen klaren Eindruck vom Bild.

Welche Informationen lassen sich aus der Beschreibung über die Lernvoraussetzungen eines Schülers entnehmen? Lassen sich Hinweise über milieuspezifische Voraussetzungen erkennen? Wenn Übung 1 vorausgegangen ist: Lassen sich die Ergebnisse einander zuordnen?

Diskussion:

Die genannten Übungen rufen ab, was der Schüler ohne das Zutun des Unterrichts in Bezug auf Beschreibungen schon leisten kann. **Die Ergebnisse** gehen in der Regel sehr weit auseinander und **erlauben, allgemein etwas über die Lernvoraussetzungen festzustellen**, zum Beispiel anhand der Übung 2:

- Der Schüler hat auf Grund der soziokulturellen Bedingungen seines Umfelds begrenzte oder umfassende Eindrücke über das Bild gewonnen und dieses entsprechend beschrieben.
- Der Schüler kann Denkoperationen auf Grund der Anregungen aus seinem Umfeld weitreichend oder nur begrenzt nutzen.
- Die Beschreibung stellt eine Reihung oder eine Verknüpfung bestimmter Bildelemente dar.

Die anthropogenen und soziokulturellen Voraussetzungen eines Schülers lassen sich anhand der Übungen meistens zutreffend erkennen. Schüler aus einem bildungsnahen Elternhaus können meistens differenziertere und detailliertere Vorstellungen als Schüler aus einem bildungsfernen Elternhaus machen. In den Beschreibungen lässt sich diese Bedingung meistens erkennen. Das Ergebnis ist aber als eine erste Feststellung zu betrachten; die vermutete Ableitung einer milieuspezifischen Bedingung ist ohne Wertung vorzunehmen. Bei dieser Erhebung geht es ausschließlich darum, im unterrichtlichen Lernprozess die Lernvoraussetzungen besser in den Blick nehmen zu können. Außerdem ist zu beachten: **Übungen, wie sie hier vorgestellt wurden, sind Zuschnitte auf bestimmte Unterrichtsinhalte; sie erheben keine allgemeine Gültigkeit für die Ermittlung milieuspezifischer Zuordnungen.**

Lernen im Unterricht

Die genannten Übungen sind die Basis für das weitere unterrichtliche Lernen. Inhalt des Folgeunterrichts ist die Bildbeschreibung. An einem Beispiel werden die Kriterien der Bildbeschreibung im Unterricht erarbeitet. Als Anschauungsmaterial nutzt der Lehrer zunächst Fotos über Menschen und Gegenstände. Die Übungen 1 und 2 haben „Beschreibungen" dem Schüler näher gebracht. Daher kann man im Unterricht Beiträge von allen Schülern erwarten, wenn auch von unterschiedlicher Qualität. Die Aufmerksamkeit dürfte aber bei allen Schülern in gleicher Weise darauf gerichtet sein, Kriterien zu erfahren, um die eigenen Leistungen bei den Übungen 1 und 2 selbst einschätzen zu können.

Der Lernerfolg der Unterrichtsarbeit wird durch eine Übung überprüft.

Übung 3: *„Beschreibe das Landschaftsbild auf einem Foto."*
Die Schüler erhalten als Computerausdruck das Bild eines Fotos. Der Bildinhalt richtet sich nach der im Unterricht vermittelten Art des Bildes und nach den erarbeiteten Kriterien.

Die Ergebnisse werden gemäß den unterrichtlichen Voraussetzungen erwartet. Eine Differenzierung der Leistungen wird sich aber dennoch einstellen. Ergeben sich die Leistungen im Rahmen der Kompetenzstufen I bis III, dann ist der Standard unter vorgegebenen Bedingungen erreicht. Das bedeutet: Die erreichten Niveaus sind unterschiedlich, die Abweichungen liegen aber im Rahmen der Vorgaben.

Es stellt sich die Frage: In welchem Umfange konnten die anthropogenen und soziokulturellen Voraussetzungen des Schülers durch den Lernprozess im Unterricht abgeglichen werden. In der Regel bleibt ein heterogenes Bild der Leistungsfähigkeit in der Gruppe erhalten. Nehmen wir den Lernprozess selbst in den Blick, dann ist zu klären, in welcher Weise er durch welche Lernbedingungen beeinflusst wurde.

⇨ **Bevor Sie weiterlesen:**

- Klären Sie für sich: Welche Struktur des Vorgehens erkennen Sie durch die drei Übungen, die auf den letzten Seiten vorgestellt wurden?
- Was genau können Sie mit Hilfe der Durchführung und Auswertung der Übungen über die Schüler und ihre Leistungsfähigkeit erfahren?
- Für wie valide halten Sie die Maßnahme?

Erweiterte Maßnahme: Individuelle Förderung

Individuelle Förderung ist eine Forderung, die alle Schüler einer Klasse einbezieht. Im Fall einer heterogenen Lerngruppe geht es um weitere Maßnahmen. Die Lerngruppe lässt sich in zwei Leistungsgruppen einteilen; jede ist spezifisch zu fördern. Bei einem Teil der Schüler ist es angebracht, die Bildbeschreibung anhand der Korrekturen der Übung 3 zu verbessern. Für den anderen Teil ist eine solche Übung nicht notwendig. **Bei der individuellen Förderung ist also eine Differenzierung hinsichtlich der Arbeitsaufträge erforderlich.** Dabei sind die Aufgaben so zu wählen, dass es nicht zu einem Auseinanderdriften des Leistungsstandards in der Klasse kommt. **Wie sonst auch müssen die Aufgaben kompetenzorientiert gestellt sein.**

Eine Lösung dieses Anliegens kann man so anstreben:

a) Eine Gruppe beschäftigt sich erneut mit der Bildbeschreibung.
b) Eine andere Gruppe erhält zum Beispiel den Auftrag, sechs Bilder nach ihrer zentralen Aussage zu bewerten.

Die Aufgabe für die erste Gruppe bezieht sich darauf, die Leistung der Schüler auf den Standard der Klasse anzuheben. Die Aufgabe für die zweite Gruppe ist weiterführend; aber die Ergebnisse sollen in den Unterricht der gesamten Klasse zurückführen und der Weiterführung des Inhalts „Bildbeschreibung“ dienen. Das, was die fortgeschrittene Gruppe durch die Aufgabe „vorauslernt“, wird der anderen Gruppe angeboten, damit diese es „nachlernt“. **Die Erschließungsweise ist in jeder der beiden Gruppen anders, das vom Lehrer intendierte Lernergebnis gleich. Das Leistungsniveau wird sich im „Output“ aber unterscheiden.**

Der Arbeitsauftrag für die leistungsstärkeren Schüler ist eine Bildbeschreibung anderer Art. Diese ist schriftlich nicht gefordert. Die Bildbeschreibung spielt aber eine Rolle, denn der Schüler muss das Bild einschätzen; er ist aufgefordert, eine Entscheidung zu treffen und diese zu begründen. Es handelt sich sozusagen um eine offene Aufgabe; es sind hierbei unterschiedliche Ergebnisse zu erwarten.

Die Aufgabe ist so gewählt, dass sie als Inhalt im weiteren Unterricht über Bildbeschreibungen genutzt werden kann; die Ergebnisse erhalten Bedeutung in der weiteren Unterrichtsarbeit. In den Folgestunden stellt diese Gruppe ihre Ergebnisse der gesamten Klasse zur Diskussion. Es geht um die Auswahl der Kriterien, die sie für die Beurteilung der Bilder herangezogen haben. Im Unterricht werden die Ergebnisse einzeln vorgestellt und diskutiert. An dieser Diskussion sind **alle** Schüler der Klasse zu beteiligen; die vorgestellten Entscheidungen und Kriterien werden hinterfragt. Die Schüler, die diese Aufgabe nicht bearbeitet haben, profitieren von der Vorarbeit der anderen Schüler. Sie sind zwar nicht an der Entscheidungsfindung beteiligt gewesen, müssen aber über die Entscheidungen urteilen und die ausgewählten Kriterien begründen. **Für die langsameren Schüler ist der Weg der Erschließung sozusagen umgekehrt im Vergleich zu dem Vorgehen der Schüler, die bei der Bearbeitung relativ schneller waren.**

Diese Art der Differenzierung wird der fortgeschrittenen Gruppe in ihren (Entwicklungs-)Ansprüchen, der langsameren Lerngruppe in ihren (Kompensations-)Bedürfnissen gerecht. Der gemeinsame Leistungsstandard der Klasse wird dabei kaum in der Differenz zueinander verändert, wohl aber insgesamt im Niveau für alle Schüler der Klassen angehoben. Die beschriebene Vorgehensweise ist als konstitutiv im individualisierten Unterricht anzusehen. Auch im individualisierten Unterricht kann es angebracht sein, Maßnahmen zur individuellen Förderung durchzuführen. Hierbei wird erreicht, dass sich Schüler mit einem Inhalt längere Zeit beschäftigen (Permanenz) und sich mit bestimmten Aufgaben intensiver auseinandersetzen (Konzentration). Je nach Voraussetzungen richtet sich die Förderung nach der Leistung (zum Beispiel dem Lerntempo oder dem kognitiven Niveau) oder nach den Interessen aus (siehe Brüning / Saum 2012; Kunze / Solbacher 2010).

3.7. Stationenlernen und individuelle Förderung

Lernen an Stationen bietet eine Möglichkeit, Schüler individuell zu fördern. Wie die Praxis zeigt, kann die Methode in den meisten Fällen dazu nicht hinreichend genutzt werden. Sie wird häufig angewendet, um „eine übergeordnete Thematik zu erarbeiten". Dieses Vorhaben wird inhaltlich über Pflicht- und Wahlstationen zu erreichen versucht. Der Lehrer legt den Schwierigkeitsgrad der Stationen fest, indem er die Komplexität der Inhalte berücksichtigt und sie nach „Lerneingangskanälen" differenziert. Auf dieser Grundlage wählt er die Lernmaterialien für die Schüler. **Wie viel ein Schüler lernt, richtet sich nach der Anzahl der Stationen, die er bearbeitet.**

Im Wesentlichen bestimmt der Inhalt die Stationen; daher kann im Rahmen eines Themas Umfang oder Anzahl der Stationen groß sein. Das führt oft dazu, dass die Schüler von den vorgegebenen Pflichtstationen nicht immer alle im Unterricht bearbeiten (können). Dabei unterstellt der Lehrer oft, dass Schüler nicht schnell genug gearbeitet haben. Die restlichen Stationen werden dann häufig zur weiteren Bearbeitung als Hausaufgabe aufgegeben. Oft werden von mehreren Pflichtstationen nur eine oder zwei bearbeitet, dann sind Lernschwierigkeiten des Schülers zu vermuten. Der Lehrer berät den Schüler dann und bringt ihn auf den Lösungsweg (siehe Stöhr 2010).

Wie weit diese Hilfe ausreicht, dass solche Schüler Stationen gegebenenfalls zu Hause erfolgreich bearbeiten, kann man nur unzureichend abschätzen. Die Praxis zeigt also: **Es ist nicht immer gesichert, dass eine individuelle Förderung erreicht wird und am Ende alle Schüler der Lerngruppe – wenn auch auf unterschiedlichen Wegen – dasselbe Ziel erreichen können.** Darauf kommt es aber an, wenn dieselben Bildungsstandards verwirklicht werden sollen und die Leistung der Lerngruppe kriterienorientiert zu bewerten ist.

Beim Stationenlernen (Lernzirkel) sollten Anliegen und Ziele für alle Schüler eindeutig und gleich sein. Lernhilfen sind durch die Lernstationen selbst, zum Beispiel durch die ergänzenden Wahlstationen, zu vermitteln. Der Schüler entscheidet sich für die eine oder andere Station nach eigenen Einschätzungen seines Erfolges oder nach Bestätigung des Ergebnisses. Wahlstationen sollten nicht die einfacheren Aufgaben für die „Schwächeren" sein. Die Anfangsstation ist Ausgang des Lernprozesses und für alle Schüler gleich. Über die Bearbeitung der weiteren Station entscheidet der Schüler. Das bedeutet: Die Stationen müssen inhaltlich aufeinander abgestimmt sein und Wahl- und Pflichtstationen operational zueinander in Beziehung stehen (siehe Gieth 2010).

Das Stationenlernen setzt eine weitreichende Auseinandersetzung mit den anthropogenen und soziokulturellen Bedingungen der Schüler und einen individualisierten Unterricht voraus. Die Beachtung der Lernvoraussetzungen ist wichtig: So vermeidet man, das Schüler wegen Aufgaben in Schwierigkeiten geraten, die nicht hinreichend auf ihre Lernvoraussetzungen hin ausgerichtet sind. **Im Rahmen der individuellen Förderung wird das Stationenlernen eingesetzt, um**

- **erarbeitete Inhalte zu erweitern und zu festigen sowie**
- **Problemsituationen zu eröffnen und darüber Entscheidungen vom Schüler treffen zu lassen.**

Es sollte dabei nicht darum gehen, einen neuen Lehrinhalt erarbeiten zu lassen.

3.8. Unterstützung von Fördermaßnahmen

3.8.1 Zielbeschreibungen

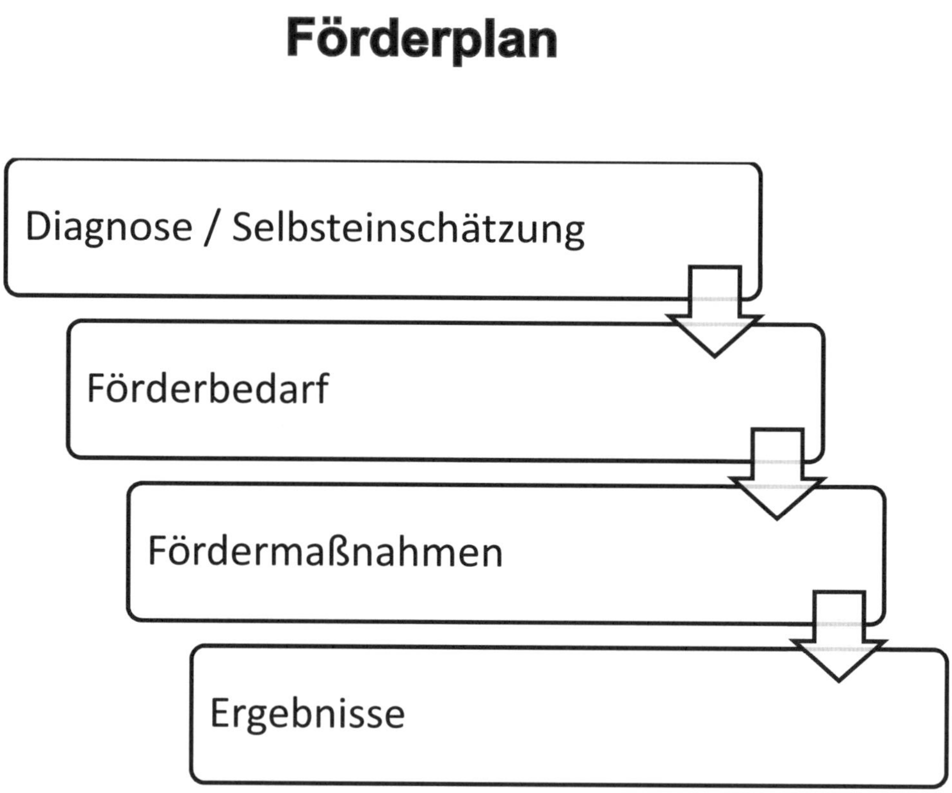

Förderplan

(Name, Klasse, Schuljahr / Quartal)

Förderbedarf

- ✓ Fächer / Bereiche
- ✓ Beschreibung
- ✓ Hilfen (Lehrer) (Lehrer / Schüler)
- ✓ Verpflichtungen (Schüler)

Mathematik ....
Geschichte ....
Störverhalten ....

Fördermaßnahmen

- ✓ Fächer / Bereiche
- ✓ Beschreibung
- ✓ Erfolg / Leistung (Lehrer / Schüler)
- ✓ Einschätzungen (Lehrer /Schüler)

Mathematik ....
Geschichte ....
Störverhalten ....

Reflexion
Lehrer / Schüler: Operationen, Methode, Weiterführung und Übertragung

Für die Durchführung des individuellen Förderprogramms sollte man wöchentlich mit dem Schüler einen Förderplan erstellen oder gegebenenfalls von ihm alleine erstellen lassen. Es handelt sich um die Planung der wöchentlichen Arbeit mit dem Ziel, die Arbeiten am Förderprogramm und die sonstigen Tätigkeiten des Schülers zu rhythmisieren (siehe Domsch / Krowatschek 2011). Damit kann Konzentration und Permanenz an der Sache und in den Fächern gesichert und die Motivation im Umgang mit dem Lernstoff angerecht werden. Die Ansprüche beider Bereiche müssen angemessen gewichtet werden. **Die Durchführung des Förderprogramms ist außerdem regelmäßig zu kontrollieren – nicht nur vom Lehrer, sondern insbesondere durch den Schüler selbst.**

Das Förderprogramm gliedert man in Lerneinheiten, die vom Zeitumfang her dosiert bearbeitet werden können. Bei Schwierigkeiten kann der Schüler diese Einheit verlassen und im nachfolgenden Förderplan platzieren. Falls nötig, ist er aufgefordert, Hilfe einzuholen. Der Schüler kommentiert seine Arbeit fortlaufend (Portfolio; siehe Bräuer / Keller / Winter 2012), damit der Lehrer den Fortschritt regelmäßig anhand des Förderplans kontrollieren kann. Der Schüler bleibt an der Sache, bis er den Lernstandard erreicht hat. Die Arbeitseinheiten sind zeitlich so aufeinander abzustimmen, dass Ermüden weitgehend entgegengewirkt wird. Der Förderplan ermöglicht dem Schüler die zeitliche Organisation zielorientierten Arbeitens. Damit wird die Voraussetzung geschaffen für die wiederholte Beschäftigung mit einem Lerngegenstand in kleinen Lerneinheiten und für störungsfreies Arbeiten in den vorgesehenen Arbeitszeiten.

⇨ **Bevor Sie weiterlesen:**

- Welche Erfahrungen haben Sie mit Förderplänen?
- Wie könnten Sie Schüler an der Entwicklung ihrer eigenen Förderpläne beteiligen?
- Welche alternativen Maßnahmen fallen Ihnen ein?

3.8.2. Schüler-Selbstbeurteilung

Die Förderung einzelner Schüler im Unterricht setzt die Diagnose beziehungsweise die Analyse ihres individuellen Lernstandes (Ist-Zustand) voraus. Zur Feststellung des Ist-Zustands nutzen Lehrkräfte Beobachtungen im Unterricht, Ergebnisse von Prüfungen und die Lernbiografie der Schüler. Die Beobachtungen des Lehrers können sinnvoll und effektiv ergänzt werden durch die Beobachtungen, die die Schüler über ihr eigenes Verhalten, ihre Leistungsbereitschaft und ihre tatsächlichen Leistungen machen (siehe Greving / Linser / Paradies 2011).

Schüler sind die besten Experten für ihr eigenes Lernverhalten und ihre eigene Lernprogression. Sie können ihre Leistungsfähigkeit – auch im Vergleich zu Mitschülern – sehr realistisch einschätzen, kennen individuelle Stärken und Schwächen oft besser als ihre Lehrer. Validität, Objektivität und Reliabilität der Schülerurteile sind vergleichbar mit denen von Lehrerurteilen (vgl. Bohl 2010; Winter 2011). **Lehrkräfte sollten daher auf die Selbsteinschätzung der Schüler zurückgreifen,** um damit auch ihre eigenen Urteile zu evaluieren.

Für die Schüler bedeutet das eine Herausforderung: Die Verantwortung für ihren eigenen Lernprozess endet nicht bei der Leistungsbewertung, sondern schließt diese ein. **Diese umfassende Übernahme von Verantwortung stärkt – neben der Fach- und Methodenkompetenz – die Selbstkompetenz der Jugendlichen und erweitert zugleich ihre Handlungskompetenz in analogen Situationen des Alltags** (vgl. Kliebisch / Meloefski 2011b). Die Stärkung der Selbstkompetenz der Schüler ist unverzichtbarer Baustein eines Lern- und Unterrichtsverständnisses, das die Partizipation der Lernenden auf allen Ebenen in demokratisch-kooperativen Arbeitsformen einschließt (vgl. Kliebisch / Meloefski 2011c). **Diese Partizipation führt über die Selbsteinschätzung zur Fremdeinschätzung:** So lernen Schüler nach und nach, sich in kooperativen Arbeitsprozessen auf Mitschüler einzulassen, deren Leistungsbereitschaft und -fähigkeit einzuschätzen und die Ergebnisse solcher Arbeitsprozesse personenbezogen zu bewerten (vgl. Greving / Paradies / Wester 2012; PÄDAGOGIK 2012a).

⇨ **Bevor Sie weiterlesen:**

- Inwiefern könnten Schüler Probleme bei der Beurteilung ihrer eigenen Leistungen haben?
- Welche Möglichkeiten haben Sie als Lehrer, diesen Problemen zu begegnen?

Von Verfahren der Selbstbeurteilung profitieren die Schüler mittel- und langfristig: Insbesondere fördert die Selbsteinschätzung eine Reflexion auf den eigenen Lernprozess, und diese Reflexion wiederum hilft den Schülern, ihren eigenen Lernprozess zu steuern. Im günstigen Fall nehmen Schüler dann ihr eigenes Lernen bewusst in die eigenen Hände: Durch den persönlichen Zuwachs an Kompetenzen entwickeln sie Selbstvertrauen in die eigene Leistungsfähigkeit (siehe zum Folgenden Heyse / Erpenbeck / Ortmann 2010; Kliebisch 2011). Die Wahrnehmung persönlicher Lernerfolge fördert zugleich die Motivation zum Lernen. Denn: In einer sich ständig und schnell wandelnden Welt müssen sich Schüler in verschiedenen Kontexten immer wieder neu und selbstständig Wissen aneignen; dabei müssen sie ihr individuelles Lernen organisieren und dessen Ergebnisse beurteilen. Schülerselbstbeurteilung kann helfen, auf diese veränderte und sich verändernde Wirklichkeit vorzubereiten (vgl. Schnack / Timmermann 2008). Die Selbstbeurteilung stützt die Schüler bei der

- Wahrnehmung des eigenen Leistungsprofils (= Stärkung der Fach- und Methodenkompetenz)
- Beurteilung eigener und fremder Einzelleistungen (= Stärkung der personalen Kompetenz sowie der Fach- und Methodenkompetenz)
- Beurteilung kooperativ entstandener Leistungen (= Stärkung der personalen Kompetenz, der Fach- und Methodenkompetenz sowie der sozial-kommunikativen Kompetenz)
- Bewertung von Alltagsprozessen mit Blick auf deren Ergebnisse und Erfolgsaussichten (Handlungskompetenz)

Als Hilfsmittel für die Selbstbeurteilung bieten sich **Fragebögen** an. Sie sind leicht handhabbar, mehrfach einsetzbar und hinsichtlich der verwendeten Items standardisiert.

Schülerbogen zum Ist-Soll-Zustand

⇨ *Worum geht es?*

Der Schülerbogen zum Ist-Soll-Zustand (s. u.) klärt die Ausgangslage und die Ziele der Schüler zu Beginn eines Ausbildungsabschnitts (z. B. eines Schulhalbjahres). Der Bogen ist kriterienorientiert aufgebaut (Spalte *Aspekte*). Die Schüler füllen im Blick auf die einzelnen Aspekte begründet die Spalten *Ist-Zustand* und *Soll-Zustand* (Ziele) aus. Für den Lehrer ist der ausgefüllte Bogen Grundlage für Gespräche mit Schülern (Lernberatung).

⇨ *So funktioniert es:*

- Besprechen Sie den Aufbau des Bogens im Unterricht.
- Verteilen Sie den Schülerbogen im Unterricht oder per Email.
- Lassen Sie die Schüler den Bogen als Hausaufgabe ausfüllen.
- Bestimmen Sie eine Frist, bis zu der die Schüler den Bogen ausgefüllt zurückgeben sollen.
- Legen Sie beim Ausfüllen des Bogens Wert auf einen zusammenhängenden Text (ganze Sätze) und möglichst ausführliche Begründungen.

⇨ *Worauf Sie achten sollten:*

- Geben Sie den Schülern nach Rücksenden des Bogens ein kurzes Feedback (Kommentar).
- Soweit die Schüler Beratung wünschen: Führen Sie die Gespräche möglichst bald nach dem Rücklauf der Bögen.
- Rechnen Sie mit säumigen Schülern. Überlegen Sie sich Maßnahmen für solche Fälle.
- Rechnen Sie mit Bögen, die wenig sorgfältig ausgefüllt sind. Überlegen Sie, wie Sie darauf reagieren wollen.

⇨ *Was sonst noch wichtig ist:*

- Manche Schüler haben unrealistische Vorstellungen über ihre Leistung beziehungsweise formulieren unrealistische Ziele. Gehen Sie darauf ein und korrigieren Sie die Einschätzungen entsprechend dem Bedarf.
- Modifizieren Sie Sprache und Aspekte des Bogens je nach Unterrichtsfach und Altersstufe der Lerngruppe. Fügen Sie dem Bogen bei Bedarf weitere Aspekte hinzu beziehungsweise konkretisieren Sie diese durch weitere Kriterien.
- Besonders bei älteren Schülern: Diskutieren Sie die Aspekte des Bogens mit den Jugendlichen. Oder: Erarbeiten Sie mit der Lerngruppe einen neuen Bogen.
- Evaluieren Sie die Qualität des Ist-Soll-Bogens.
- Prüfen Sie, welche Auswirkungen der Einsatz des Bogens auf die Arbeit der Schüler hat.

⇨ *Material: Bogen zur Schüler-Selbstbeurteilung des Ist-Soll-Zustands*

Bogen zum Ist- und Soll-Zustand

⇨ **Anleitung:**

- ***Lies dir den jeweiligen Aspekt sorgfältig durch.***
- ***Beschreibe dann bitte in Bezug auf den einzelnen Aspekt deine aktuelle Situation (Spalte Ist-Zustand).***
- ***Überlege dann: Wie soll sich die Situation im Blick auf den jeweiligen Aspekt bis zum Ende des Halbjahres ändern? Notiere deine Ziele in der Spalte Soll-Zustand.***

Nr.	*Aspekt*	*Ist-Zustand*	*Soll-Zustand (Ziele)*
1	**Zahl meiner Meldungen im Plenum (inkl. Begründungen für Ist-Zustand)**		
2	**Intensität meiner Beteiligung in Gruppen (inkl. Begründung für Ist-Zustand)**		
3	**Länge und Bezug meiner Beiträge**		
4	**Sprachliche Qualität meiner Beiträge**		
5	**Inhaltliche Qualität meiner Beiträge**		
6	**Qualität und Länge meiner Präsentationen nach Gruppenarbeiten**		
7	**Übernahme von Aufgaben in Grup-**		

	pen (Präsentation, Visualisierung, Materialbeschaffung usw.)		
8	**Erledigen von Hausaufgaben (Sorgfalt, Vollständigkeit, Regelmäßigkeit)**		
9	**Führen einer Arbeitsmappe (Notizen, Vollständigkeit, Ausführlichkeit, Sorgfalt)**		
10	**Förderliches Verhalten (Zuhören, Aufmerksamkeit, Konzentration, Helfen usw.)**		
11	**Besondere Stärken**		
12	**Besondere Schwächen und Probleme**		

Meine bisherige Note in diesem Fach lautet:	
Als zukünftige Note strebe ich an:	
Dafür muss / werde ich .... • •	
Über den Ist-/Soll-Zustand wünsche ich ein Gespräch:	*Ja / Nein*

Schülerbogen zur Sonstigen Mitarbeit

⇨ *Worum geht es?*

Der Schülerbogen zur Beurteilung der Sonstigen Mitarbeit (s. u.) beschäftigt sich mit den üblichen Bereichen mündlicher und schriftlicher Aktivitäten der Schüler mit Ausnahme von Klassenarbeiten oder Klausuren. Die Schüler füllen begründet die Spalte „Mein Kommentar" aus. Hier sollen die Jugendlichen ausführliche Äußerungen zur Quantität und Qualität ihrer Beteiligung am Unterrichtsgeschehen machen (Teile A und B); außerdem fragt der Bogen nach sonstigen Leistungen (Teil C).

⇨ *So funktioniert es:*

- Besprechen Sie den Aufbau des Bogens im Unterricht.
- Erläutern Sie ausführlich, wie die Schüler die Tabellenspalte „Mein Kommentar" ausfüllen sollen.
- Setzen Sie den Bogen mindestens zweimal im Schulhalbjahr ein.
- Verteilen Sie den Schülerbogen im Unterricht oder per Email.
- Lassen Sie die Schüler den Bogen als Hausaufgabe ausfüllen.
- Bestimmen Sie eine Frist für das Ausfüllen des Bogens.
- Die Schüler sollen den ausgefüllten Bogen an Sie zurücksenden.

⇨ *Was sonst noch wichtig ist:*

- Geben Sie den Schülern nach Rücksenden des Bogens ein kurzes Feedback (Kommentar). Besonders in Oberstufengruppen: Besprechen Sie Quartals- und Halbjahresendnoten mit den Schülern auf der Grundlage der Selbstbeurteilungsbögen zur Sonstigen Mitarbeit (Lernberatung).
- Soweit die Schüler Beratung wünschen: Führen Sie die Gespräche möglichst bald.
- Rechnen Sie mit säumigen Schülern. Überlegen Sie sich Maßnahmen, wie Sie auf solche Schüler reagieren wollen.
- Rechnen Sie mit Bögen, die wenig sorgfältig oder wenig aussagekräftig ausgefüllt sind. Überlegen Sie, wie Sie darauf reagieren wollen.
- Manche Schüler haben unrealistische Vorstellungen über ihre Leistung beziehungsweise formulieren unrealistische Ziele. Gehen Sie darauf ein und korrigieren Sie die Einschätzungen entsprechend dem Bedarf.

- Modifizieren Sie Sprache und Aspekte des Bogens je nach Unterrichtsfach, der Altersstufe der Lerngruppe und / oder in Abhängigkeit von besonderen Lernsituationen: Fügen Sie dem Bogen bei Bedarf weitere Aspekte hinzu beziehungsweise konkretisieren Sie vorhandene Aspekte durch weitere Kriterien.
- Besonders bei älteren Schülern: Diskutieren Sie die Aspekte des Bogens mit den Jugendlichen (Transparenz). Oder: Erarbeiten Sie mit der Lerngruppe einen neuen Bogen oder erweitern Sie ihn in Absprache mit der Lerngruppe.
- Evaluieren Sie die Qualität des Schülerbogens zur Sonstigen Mitarbeit.
- Prüfen Sie, welche Auswirkungen der Einsatz des Bogens auf die Arbeit und das Lernverhalten der Schüler hat (Motivation).
- Achtung: Manche Schüler werden die Arbeit an dem Bogen als überflüssig empfinden. Gehen Sie auf diese Schüler ein; besprechen Sie mit ihnen, wie sie zu dieser Einschätzung kommen.

⇨ *Material: Bogen zur Schüler-Selbstbeurteilung der Sonstigen Mitarbeit*

Bogen zur Bewertung der Sonstigen Mitarbeit im Unterricht

⇨ **Anleitung:**

- **Lies dir den jeweiligen Aspekt sorgfältig durch.**
- **Beschreibe dann bitte in Bezug auf den einzelnen Aspekt möglichst genau deine aktuelle Situation (Spalte Mein Kommentar).**
- **Am Ende des Bogens wirst du nach deinen Zielen für die nächsten Wochen gefragt. Beschreibe die Ziele mit Bezug auf die Aspekte des Bogens.**

A. Quantität der Beteiligung		
	Aspekt	**Mein Kommentar**
1	**Wie oft habe ich mich im Durchschnitt pro Unterrichtsstunde beteiligt?**	

2	**In welchen Phasen beteilige ich mich wie oft?**	------
2.1	**Wiederholung**	
2.2	**Einstiegsphase**	
2.3	**Vortrag von Hausaufgaben**	
2.4	**Erarbeitung (Partner-/Gruppenarbeit)**	
2.5	**Präsentation der Ergebnisse (Einzel- oder Gruppen-Vortrag)**	
2.6	**Weiterverarbeitung der Inhalte / Reflexion / Diskussion**	
B. Qualität der Beteiligung		
	Aspekt	**Mein Kommentar**
1	**Erfassen von Aufgaben / Texten / Arbeitsanweisungen (erkennen und verstehen)**	
2	**Herausarbeiten des Wesentlichen (Lesegeschwindigkeit, Textmarkierung, Stichpunkte, mathematische Modellierung)**	
3	**Art der Wortbeiträge (zusammenfassend, weiterführend, kritischer Einwand, nachfragend, ergänzend)**	
4	**Beherrschung und Verwendung fachspezifischer Begriffe und Methoden**	
5	**Umfang der Kenntnisse, Einsichten und Bezüge**	
6	**Klarheit und sprachliche Eindeutigkeit der Darstellung**	

C. Sonstige Leistungen (soweit vorhanden)		
	Aspekt	**Mein Kommentar**
1	**Arbeitsmappe (Vollständigkeit; Organisation)**	
2	**Anfertigen von Notizen im Unterricht (Übernahme des Tafelanschriebs mit / ohne Ergänzungen, eigene Notizen)**	
3	**Erledigen von Hausaufgaben (Regelmäßigkeit; Vollständigkeit, Nachfrage bei Problemen)**	
4	**Referate (z. B. Material, Gliederung, Zeitplanung, Notizzettel)**	
5	**Projekte (z. B. Selbstständigkeit, Arbeitstechnik, Koordination)**	
6	**Protokoll**	
7	**Sonstiges**	

Meine Notenvorschläge für die Bereiche A, B und C lauten:
A: B: C:

Mein Vorschlag für die Gesamtnote lautet:

Ich wünsche ein Gespräch: Ja Nein
Wenn ja: Darüber möchte ich sprechen:

-
-

Für die nächsten Wochen habe ich diese Ziele (möglichst genau beschreiben):

-
-

Schülerbogen zur Arbeit in Gruppen

⇨ Worum geht es?

Der Schülerbogen zur Beurteilung der Arbeit in (Klein)Gruppen (s. u.) ist nützlich zur Evaluation der sozialkommunikativen Kompetenz der Schüler. Sie ist eine wichtige Voraussetzung dafür, die Effizienz der Arbeitsprozesse in Kleingruppen zu steigern (vgl. Kliebisch / Meloefski 2009e, Kap. 2.2.5.).

So funktioniert es:

- Besprechen Sie den Aufbau des Bogens im Unterricht.
- Erläutern Sie ausführlich, wie die Schüler die Tabellenspalte „So könnte ich mein Verhalten verbessern" ausfüllen sollen.
- Setzen Sie den Bogen möglichst häufig nach einzelnen Gruppenphasen oder nach Unterrichtsreihen ein.
- Kürzen Sie den Bogen bei Bedarf auf wenige Items. Diese können auch mündlich behandelt werden.
- Bestimmen Sie bei (Klein)Gruppenarbeit phasenweise Beobachter, die parallel zur Arbeit der Gruppe den Bogen ausfüllen.
- Besprechen Sie – kriteriengeleitet – insbesondere die Verbesserungsvorschläge der Schüler.

⇨ Was sonst noch wichtig ist:

- Erarbeiten Sie vor Einsatz des Bogens Kriterien für „gute Gruppenarbeit".
- Manche Sozialkompetenzen (z. B. aktives Zuhören) müssen Sie mit den Schülern gesondert üben, bevor sie diese Kompetenzen in einem Schülerbogen abfragen können.
- Modifizieren Sie Sprache und Aspekte des Bogens je nach Unterrichtsfach, der Altersstufe der Lerngruppe und / oder in Abhängigkeit von besonderen Lernsituationen.
- Besonders bei älteren Schülern: Diskutieren Sie die Aspekte des Bogens mit den Jugendlichen (Transparenz). Oder: Erarbeiten Sie mit der Lerngruppe einen neuen Bogen oder erweitern Sie ihn in Absprache mit der Lerngruppe.
- Evaluieren Sie die Qualität des Schülerbogens zur Bewertung der Arbeit in Gruppen.

- Prüfen Sie, welche Auswirkungen der Einsatz des Bogens auf die Arbeit und das Lernverhalten der Schüler in (Klein)Gruppen hat (Motivation).

⇨ *Material: Bogen zur Schüler-Selbstbeurteilung der Arbeit in Gruppen*

Bogen zur Selbsteinschätzung der Arbeit in Gruppen

⇨ Anleitung:

- **Lies dir die einzelnen Aussagen sorgfältig durch.**
- **Überlege, inwieweit du der jeweiligen Aussage zustimmst. Kreuze entsprechend deiner Einschätzung *Ja*, *Nein* oder *Teilweise* an.**
- **Wenn du mit deinem Verhalten im Blick auf einzelne Aussagen unzufrieden bist: Notiere Änderungsvorschläge in der Spalte *So könnte ich mein Verhalten verbessern*.**
- **Am Ende des Bogens wirst du auch nach dem Verhalten der anderen Gruppenmitglieder gefragt. Überlege genau, was du am Verhalten der anderen Gruppenmitglieder beobachtet hast. Notiere erst dann deine Eindrücke.**

1. Ich habe den anderen Gruppenmitgliedern zugehört und mich dabei dem Sprecher zugewandt.

Ja	Nein	Teilweise	So könnte ich mein Verhalten verbessern .....

2. Ich habe die anderen Gruppenmitglieder während ihrer Beiträge durch Lächeln oder Kopfnicken positiv verstärkt.

Ja	Nein	Teilweise	So könnte ich mein Verhalten verbessern .....

3. Ich habe den anderen Gruppenmitgliedern Feedback gegeben, wenn dies nötig war.

Ja	Nein	Teilweise	So könnte ich mein Verhalten verbessern .....

4. Ich habe die Meinungen der anderen Gruppenmitglieder in sozial angemessener Form kritisiert.

Ja	Nein	Teilweise	So könnte ich mein Verhalten verbessern .....

5. Ich habe Verhalten und / oder die Ansichten der anderen Gruppenmitglieder gewürdigt und gelobt.

Ja	Nein	Teilweise	So könnte ich mein Verhalten verbessern .....

6. Ich habe den anderen Gruppenmitgliedern geholfen, wenn dies nötig war.

Ja	Nein	Teilweise	So könnte ich mein Verhalten verbessern .....

7. Ich habe mich in die anderen Gruppenmitglieder einfühlen können.

Ja	Nein	Teilweise	So könnte ich mein Verhalten verbessern .....

8. Ich habe die anderen Gruppenmitglieder ermutigt.

Ja	Nein	Teilweise	So könnte ich mein Verhalten verbessern .....

9. Ich habe den anderen Gruppenmitgliedern Fragen zur Sache gestellt.

Ja	Nein	Teilweise	So könnte ich mein Verhalten verbessern .....

10. Ich habe mich aktiv in den Gruppenprozess einbringen können und dies auch getan.

Ja	Nein	Teilweise	So könnte ich mein Verhalten verbessern .....

11. Ich habe mich während der Gruppenarbeit akzeptiert gefühlt.

Ja	Nein	Teilweise	So könnte ich mein Verhalten verbessern .....

12. Ich habe zur Lösung von Problemen oder Konflikten beigetragen.

Ja	Nein	Teilweise	So könnte ich mein Verhalten verbessern .....

13. Die Qualität des Arbeitsergebnisses war gut oder besser.

Ja	Nein	Teilweise	So könnte ich mein Verhalten verbessern .....

14. Die Gruppe hätte in derselben Zeit mehr erreichen können.

Ja	Nein	Teilweise	So könnte ich mein Verhalten verbessern .....

Ich und die anderen Gruppenmitglieder

Das hat mir am Verhalten der anderen Gruppenmitglieder gefallen	
Das hat mir am Verhalten der anderen Gruppenmitglieder weniger oder gar nicht gefallen	
So könnten wir den Arbeitsprozess in der Gruppe verbessern	

Schülerbogen zu Gruppendiskussionen

⇨ *Worum geht es?*

Der Schülerbogen zu Gruppendiskussionen ist ein Auswertungsinstrument sowohl für Gespräche der Schüler in Kleingruppen als auch für Gespräche im Plenum. Er dient (im Gegensatz zum Bogen zur Selbsteinschätzung der Arbeit in Gruppen [Kap.

2.3.3.]) der Fremdeinschätzung der Schüler untereinander. Jeder Schüler kann mit Hilfe des Bogens bis zu fünf Mitschüler (A bis E) durch Ankreuzen eines Häufigkeitskriteriums im Blick auf insgesamt 18 Items beurteilen. Die Items des Bogens beziehen sich auf die Fach- und Methodenkompetenz der Schüler, auf ihre sozialkommunikative Kompetenz, aber auch auf Aspekte ihrer Aktions- und Handlungskompetenz.

Profitipps

- Setzen Sie die Bögen zur Arbeit in Gruppen und zu Gruppendiskussionen abwechselnd ein. Die Schüler intensivieren dadurch sowohl ihren Blick auf das eigene Verhalten in der Gruppe als auch auf das Verhalten ihrer Mitschüler.
- Sie können in Diskussionsphasen auch Schüler als Beobachter einsetzen. Nur die Beobachter erhalten in dem Fall die Aufgabe, den Bogen zur Fremdeinschätzung des Diskussionsverhaltens auszufüllen.

⇨ *So funktioniert es:*

- Besprechen Sie die Funktion des Bogens und seine Handhabung im Unterricht.
- Erläutern Sie ausführlich die Aspekte des Bogens. Die Schüler müssen genau verstehen, welches Verhalten mit den einzelnen Aspekten gemeint ist.
- Klären Sie vor dem Einsatz des Bogens, welche Schüler welche Mitschüler beurteilen sollen. Verwenden Sie (wenn möglich) ein Zufallsverfahren. Wichtig: Sie können den Bogen sowohl bei Diskussion in Kleingruppen als auch bei Diskussionen im Plenum einsetzen.
- Erläutern Sie ausführlich, wie die Schüler die Tabellenspalte „Beurteilung“ ausfüllen sollen.
- Setzen Sie den Bogen zu Anfang möglichst häufig nach einzelnen Gruppenphasen oder nach Unterrichtsgesprächen ein.
- Kürzen Sie den Bogen bei Bedarf auf einzelne Kompetenzbereiche und / oder wenige Items.
- Die Schüler sollten ihre Beurteilungen im Unterricht in der Art eines Feedbacks vortragen. Der Lehrer kann die ausgefüllten Bögen aber auch einsammeln und sichten.

⇨ *Was sonst noch wichtig ist:*

- Erarbeiten Sie vor Einsatz des Bogens mit den Schülern Kriterien für „gute Gruppendiskussionen“. Ersetzen Sie gegebenenfalls Aspekte des Bogens durch solche, Sie mit den Schülern erarbeitet haben.
- Bei Bedarf: Üben Sie vor Einsatz des Bogens mit den Schülern spezielle Gesprächs- und Argumentationstechniken.
- Variieren Sie im Bogen die Zahl der zu beobachtenden Mitschüler.
- Besprechen Sie die Schülerbeobachtungen hin und wieder im Plenum mit dem Ziel, allgemeine Regeln für die Gruppendiskussion aufzustellen beziehungsweise weiter zu entwickeln.
- Evaluieren Sie die Qualität des Schülerbogens zur Bewertung der Diskussion in Gruppen.
- Prüfen Sie, welche Auswirkungen der Einsatz des Bogens auf das Diskussionsverhalten der Schüler in (Klein)Gruppen hat (Motivation).
- Schützen Sie einzelne Schüler vor unangemessenen Beurteilungen ihrer Mitschüler.
- Variante: Setzen Sie für einen Zeitraum von zwei oder drei Wochen jeweils durch Zufall ausgewählte Schüler als Beobachter der Gruppendiskussionen ein. Werten Sie die Ergebnisse erst nach dem bestimmten Zeitraum aus.

⇨ **Bevor Sie weiterlesen:**

- Klären Sie für sich: Was verstehen Sie unter einer „guten Gruppendiskussion“?
- Was genau müssen Sie Schülern vermitteln, damit in Gruppendiskussionen die Qualität entsteht, die Sie sich wünschen?

⇨ *Material:*

Bogen zur Schüler-Fremdbeurteilung von Diskussionen in Gruppen

Bogen zur Fremdeinschätzung der Diskussion in Gruppen

⇨ **Anleitung:**

- **Lies dir die einzelnen Aussagen sorgfältig durch.**
- **Notiere unter A, B ... E die Namen der Schüler, die du beobachtest.**
- **Überlege, inwieweit deine Mitschüler A, B ... E während der Diskussion den links stehenden Aspekt berücksichtigt bzw. befolgt haben.**
- **Kreuze entsprechend deiner Einschätzung Meistens, Manchmal oder Selten an.**

Sozial-kommunikative Kompetenz			
Aspekt	**Beurteilung**		
	Meistens	**Manchmal**	**Selten**
1. Hält Blickkontakt A .... B .... C .... D .... E			
	Meistens	**Manchmal**	**Selten**
2. Kann sich einfühlen (A – E wie 1.)			
	Meistens	**Manchmal**	**Selten**
3. Kooperiert (A – E wie 1.)			
	Meistens	**Manchmal**	**Selten**
4. Kann zuhören (A – E wie 1.)			

	Meistens	Manchmal	Selten
5. Ist selbstdiszipliniert (A – E wie 1.)			
	Meistens	**Manchmal**	**Selten**
6. Kann sich gut ausdrücken (A – E wie 1.)			
Fach- und Methodenkompetenz			
Aspekt	**Beurteilung**		
	Meistens	**Manchmal**	**Selten**
1. Argumentiert sachlich A .... B .... C .... D .... E			
	Meistens	**Manchmal**	**Selten**
2. Erkennt sachbezogene Probleme (A – E wie 1.)			
	Meistens	**Manchmal**	**Selten**
3. Kann gut kombinieren (A – E wie 1.)			
	Meistens	**Manchmal**	**Selten**
4. Entscheidet sachbezogen (A – E wie 1.)			
	Meistens	**Manchmal**	**Selten**
5. Stellt ergänzende Fragen (A – E wie 1.)			
	Meistens	**Manchmal**	**Selten**
6. Entwickelt Alternativen (A – E wie 1.)			

Aktions-/Handlungskompetenz			
Aspekt	**Beurteilung**		
	Meistens	**Manchmal**	**Selten**
1. Ist sehr motiviert A .... B .... C .... D .... E			
	Meistens	**Manchmal**	**Selten**
2. Übernimmt die Leitung (A – E wie 1.)			
	Meistens	**Manchmal**	**Selten**
3. Setzt sich durch (A – E wie 1.)			
	Meistens	**Manchmal**	**Selten**
4. Ist zielstrebig (A – E wie 1.)			
	Meistens	**Manchmal**	**Selten**
5. Reißt andere mit (A – E wie 1.)			
	Meistens	**Manchmal**	**Selten**
6. Koordiniert den Arbeitsablauf (A – E wie 1.)			

⇨ Bevor Sie weiterlesen:

- Welche der Bögen zur Schülerselbsteinschätzung werden Sie in Zukunft nutzen?
- Welche speziellen Chancen sehen Sie im Einsatz gerade dieser Bögen für Ihren Unterricht?
- Nennen und erörtern Sie mit Blick auf eine Ihrer Lerngruppen Chancen und Risiken, die sich beim Einsatz von Bögen zur Schülerselbstbeurteilung ergeben könnten.

3.8.3. Ermittlung des Lernzustandes

- **Lerntagebuch**

Der individualisierte Unterricht liefert dem Lehrer reichhaltige Kenntnisse über die Lernvoraussetzungen der Schüler einer Lerngruppe oder Jahrgangsklasse. Um gezielt zu intervenieren, reichen diese Kenntnisse meistens nicht aus; sie sind außerdem sehr subjektiv bestimmt. Weitere Details im Lernverhalten zu erfahren ist wünschenswert und erforderlich. Ein Zugang bietet die genaue Beschreibung des Beobachteten. Die Systematisierung nimmt der Lehrer am besten mit Hilfe eines selbst erstellten „Beobachtungsbogens" vor, durch den seine bisherigen Annahmen zum Lernverhalten eines Schülers erfasst werden. Die darin beschriebenen Merkmale werden ergänzt oder korrigiert durch ein Gespräch oder eine Befragung des Schülers. Möglich ist es auch, den Schüler mit Hilfe eines Fragebogens zu befragen. Dabei lassen sich anhand konkreter Beispiele die angenommenen Stärken und Schwächen gegebenenfalls genauer erfassen und ausgleichen.

Eine weitere Unterlage zur Feststellung von Stärken und Schwächen eines Schülers kann das Lerntagebuch des Schülers sein, wenn es weitgehend detailliert sein Lernverhalten wiedergibt. Dieses dürfte auf Grund der Sprachfähigkeit des Schülers nicht immer hinreichend möglich sein. Das Lerntagebuch kann aber ein wichtiges Dokument sein, das die Beobachtungen des Lehrers ergänzt und nach einem Gespräch mit dem Schüler und / oder einer Befragung des Schülers konkrete Fördermaßnahmen zu vereinbaren hilft (**Lernkontrakte**; siehe Winter 2011).

Das Lerntagebuch kann daher nicht als ein „Erlebnisbericht" abgefasst werden, in dem Tätigkeiten oder das erfolgreiche / weniger erfolgreiche Umgehen mit Aufgaben oder Hausaufgaben eines Schultages allgemein beschrieben sind. **Hilfreich ist das Lerntagebuch insbesondere, wenn der Schüler Positionen in Aufgaben oder Arbeitsaufträgen genau benennt, die er als herausfordernd oder als schwierig empfunden hat. Worin genau lagen die Herausforderungen? Wie ist der Schüler mit diesen Herausforderungen umgegangen? Welche Erfolge haben sich dabei eingestellt? Welche Erfahrungen hat der Schüler auf seinem Lernweg gemacht, die für neue Lernprozesse nutzen kann?** Der Lehrer kann aus den Antworten zum Beispiel Hinweise darauf erhalten, ob der Schüler eine Aufgabenstellung erfassen konnte (Sprach-/ Vorstellungsebene), ob und welche Lernstrategien er genutzt hat und welche kognitiven Operationen er ausführen konnte. Bei der eigenständigen Erledigung von Aufgaben (z. B. Hausaufgaben) ist außerdem wichtig zu erfahren, wie viel Zeit der Schüler für die Erledigung benötigt hat. Die Dauer der Beschäftigung mit einer Aufgabe kann gegebenenfalls auf eine mehr oder weniger ökonomische Zeitnutzung (effektive Lernzeit) oder auf kognitive Unter- beziehungsweise Überforderung bei der Bearbeitung hinweisen (siehe Boller / Lau 2010).

Über das Erstellen eines Lerntagebuches sind die Schüler altersgemäß anzuleiten. **Das Lerntagebuch ist (wöchentlich) vom Lehrer durchzusehen, die Informationen des Schülers sollten im Gespräch geklärt werden.** Werden Lernschwierigkeiten erkannt, ist die notwendige Fördermaßnahme kurzfristig (gegebenenfalls über einen Lernpaten) einzuleiten. In anderen Fällen sind langfristig angelegte Förderprojekte wie Teilnahme an schulinternen oder schulübergreifenden Schülerwettbewerben erforderlich. Das Lerntagebuch wird in der Regel für die kurzfristige Verabredung von Fördermaßnahmen nicht unbedingt eine erfolgversprechende Grundlage sein. **Der Schüler braucht Zeit dafür, sein Lernverhalten zu erkennen und es schriftlich niederlegen zu können,** auch wenn er dazu angeleitet wird, wie ein Lerntagebuch zu führen ist. Dennoch ist das Erstellen eines Lerntagebuchs von Anfang an mit Vorteilen verbunden: Der Schüler lernt, sich schriftlich zu äußern; er lernt, sich und sein Arbeitsverhalten wahrzunehmen und über sein Lernverhalten an der Bearbeitung konkreter Aufgaben nachzudenken; er übt sich zunehmend konkreter daran, sein Lernverhalten zu erfassen. **Das führt zur Einschätzung der eigenen Leistung und Leistungsfähigkeit, ohne sich vor der Klasse offenbaren zu müssen (Selbstexploration und Selbstbewertung).** Seine Leistungsbewertung durch den Lehrer kann er akzeptieren, sie wird nicht als willkürlich oder gar diskriminierend angesehen. Er kann sich außerdem zielorientiert und stärker motivieren, sich mit bestimmten Lernbereichen intensiver zu beschäftigen. Für den Lehrer ist das Lerntagebuch des Schülers der unaufschiebbare Anlass, sich mit dem Lernverhalten eines Schülers genauer auseinander zu setzen. Kommentare wie „Üb noch einmal!“ oder „Das hast du gut gemacht.“ sind Floskeln und helfen dem Schüler in seinem Lernbedürfnis konkret nicht weiter.

⇨ **Bevor Sie weiterlesen:**

- Welche Erfahrungen haben Sie mit Lerntagebüchern?
- Wie nützlich erscheinen Ihnen Lerntagebücher als Diagnoseinstrument?

Lerntagebuch

....

(Name, Klasse, Schuljahr / Quartal)

Schülereintragung

Zum Beispiel über

- Lern-Erfolge / -Misserfolge in verschiedenen Unterrichtsstunden / Lernveranstaltungen (Schultag)
- Lernschwierigkeiten, Lernstörungen
- Schwierigkeiten (Lehrersprache, Aufgabenstellung, Gruppenarbeit)
- erforderliche Hilfen (fachliche, verhaltensbezogene), Arbeitsplanung
- Wünsche, Interessen
- Sonstige Beobachtungen / Erfahrungen

Lehrerkommentar

Elternkommentar

Zum Beispiel über

- Angebote zur Hilfe
- Hinweise auf häusliche Schwierigkeiten

- **Portfolio**

Es ist eine Sammlung von Dokumenten, die über Bemühungen des Schülers, über seine Lernfortschritte und seine Leistungen auf einem Gebiet oder auf mehreren Gebieten Auskunft gibt. Die bearbeiteten Dokumente sind zielorientiert und geben die selbstreflektierte Betrachtung des Schülers wider. Man unterscheidet prozessorientierte Dokumente, die den Lernprozess zum Beispiel im Unterricht oder in einem Fach unmittelbar in den Blick nehmen, und produktorientierte Dokumente, die die Ergebnisse einer Bearbeitung und Arbeitsweise aufzeigen. Im Folgenden werden Schemata für die Dokumentation vorgestellt. Zu den Gliederungspunkten werden Hinweise über deren mögliche Bearbeitung gegeben. Sie sind abstrakt formuliert, um Umfang und Schwerpunkte der Bearbeitung zu verdeutlichen. Für die Schüler müssten altersgemäße Formulierungen gewählt werden. Bei der Einführung der Portfolio-Methode wird man sich zunächst auf wenige Schwerpunkte beschränken. Aus der Sammlung entsprechender Dokumente werden Lernfortschritt und Lernerfolg erkannt. Die (wiederholte) Bearbeitung der erstellten Dokumente ist ebenfalls ein Ziel der Portfolio-Methode. Dabei werden Lernstrategien miteinander verglichen und der Umfang der Operationen in Bezug auf bestimmte Lösungswege verdeutlicht (siehe Biermann / Volkwein 2010; Engel / Wiedenhorn 2010). Portfolios sind eine weitere geeignete Methode zur Individualisierung der Lern- und Arbeitsprozesse. Portfolios dokumentieren entweder den Entwicklungsprozess, den ein Schüler beim Lernen macht, oder sie zeigen die Resultate seiner Arbeit. Entwicklungsportfolios nutzt man übrigens auch in der Ausbildung der Referendare. Diese Art von Portfolios dokumentiert vor allem auch die Gedanken, Lösungswege und Fragen, die ein Schüler (oder Referendar) bei der Bearbeitung einer Aufgabe oder eines Falles entwickelt. Natürlich sollen auch die Ergebnisse der Denkprozesse schriftlich festgehalten werden. Das Entwicklungsportfolio ist prozessorientiert angelegt, es begleitet das Lernen und Erkennen. Im günstigsten Fall hilft das Portfolio dem Schüler (oder Referendar), metakognitive Fähigkeiten zu entfalten. Diese Fähigkeiten wiederum können helfen, mittel- und langfristig eigene Denk- und Lernprozesse immer effektiver zu gestalten (vgl. Biermann / Volkwein 2010; Meloefski 2012; Winter 2011).

Profitipp

- Portfolios kann man nur sinnvoll nutzen, wenn man sie systematisch in den Unterricht einführt und die Schüler sie über längere Zeit führen.

- Zur Arbeit mit Portfolios sollte auch von Zeit zu Zeit eine Metareflexion über die Arbeit mit den Portfolios stehen. Wo gibt es Probleme? Was gelingt (schon) gut?
- Portfolios können verschiedene der anderen Methoden zur individuellen Förderung begleiten. Eine Kombination ist vor allem dann zweckmäßig, wenn man auf die Verschriftlichung der Schülererfahrung Wert legt.

Geeignet sind das Entwicklungsportfolio und das Produktportfolio. Beim Entwicklungsportfolio sind lernfördernde Interventionen vorgesehen, die der Schüler direkt bearbeitet und reflektiert. Die Arbeitsunterlagen werden im Portfolio gesammelt und stehen entsprechenden Anforderungen zu einem späteren Zeitpunkt zur Verfügung. Sie lassen die Lernentwicklung in der Zusammenschau erkennen, wie das Lernverhalten bei Neuartigem oder bei Problemen zeigt. Beim Produktportfolio werden über die vom Schüler zu erstellenden Produkte wie Recherchen und Referate indirekt Lernbedingungen und Transferleistungen beschrieben: Die Produkte werden erst danach Gegenstand einer weiteren Lernförderung. Die Arbeit mit dem Portfolio ersetzt den Beobachtungsbogen und die Befragung der Schüler. Die Annahmen des Lehrers aus dem Unterricht über die Schülerleistung werden durch die konkreten Arbeitsaufträge erfasst. Durch das Ergebnis der Bearbeitung lassen sich diese Annahmen zielbestimmt korrigieren. Das gelingt, wenn der Lehrer das Entwicklungsportfolio mit dem Schüler persönlich regelmäßig (wöchentlich) bespricht.

Das Entwicklungsportfolio sichert in erster Linie die Ergebnisse der vorausgegangenen Unterrichtsarbeit. Das Produktportfolio ist hingegen häufig auf die Erschließung von Inhalten und neuer Verfahren gerichtet und ermöglicht Rückschlüsse auf die Lernvoraussetzungen des Schülers. Es sollte in der Klasse besprochen werden, wenn Inhalt und Bearbeitungsweise einen neuen Lerngrund schaffen und einen Lernfortschritt für alle Schüler ermöglichen. Das Produktportfolio zielt auf die Ermittlung von Sachverhalten, auf ihre strukturierte Wiedergabe (Wissensebene) und auf Erklärungen in eigenen Worten oder durch Visualisierung (Verstehensebene). Kriterien sind Grad der Vernetzung und Differenzierung. Das Produktportfolio kann hinreichend darüber Auskunft geben, was der Schüler kann, wie er Gelerntes anwendet und auf welcher Ebene er sich auf Grund seiner sozialen Voraussetzung zu bewegen vermag. Im Unterricht wird man gelegentlich beide Ausrichtungen zu einem Portfolio zusammenfassen. Die Lernentwicklung wird durch individuelle Aufgaben gefördert, die auf die Bedürfnisse des Schülers ausgerichtet sind und je nach Voraussetzung auf die Überwindung von Lernschwierigkeiten und Verbesserung der Lernvoraussetzungen oder auf die Förderung besonderer Interessen zielen. Anfangs wird der Lehrer dabei auf Angebote der Schulbuchverlage zurückgreifen und sie auf den einzelnen Schüler zuschneiden. Mit größer werdender Erfahrung wird man selbst erstellte Fördermaterialien mit individuellem Zuschnitt bevorzugen.

Dokument über die Reflexion des Lernprozesses

Grundlage sind bestimmte Unterrichtssequenzen oder Bearbeitungsvorgänge, zum Beispiel:

- Erfassen der Aufgabenstellung
- Aufgabentypen und ihre besonderen Anforderungen

Bearbeitung

Zum Beispiel:

- Lösungsfindung: selbstständig, nachträglich erkannt; Schwierigkeiten (z. B. Formulierung der Aufgabenstellung) / erforderliche Hilfen beim Lösen von Aufgaben
- Be-/Umschreibung der Schwierigkeiten beim Erfassen und Lösen einer Aufgabe
- Bearbeitungsweise der Hausaufgaben

Reflexion

Was gelingt? Worin bestehen noch Schwierigkeiten?

Lehrerkommentar

Einordnung des Erfolges; Tipps für weitere Fördermaßnahmen und Ähnliches

---

Dokument über die Bearbeitung eines Sachverhaltes

Grundlagen

- selbständige Auswahl eines Inhaltes / Bestimmung eines Themas
- Begründung des Interesses am Sachverhalt
- Anliegen / Ziel der Bearbeitung (z. B. Referat)
- Zusammenstellung von Materialien / Quellenangabe

Bearbeitung

Zum Beispiel:

- Darstellung des Produktes zum Beispiel als Referat
- Begründung der Auswahl der Materialien oder Abbildungen
- Vorgehensweise bei der Recherche oder Sachgliederung
- Leitfragen, Leitbegriffe
- Übertragung Text / Bild (Visualisierung)

Reflexion

- Umgehen mit Schwierigkeiten / unklaren Informationen
- Lernergebnis: Inhalte, Vorgehensweise: Was habe ich gelernt? Wie habe ich gelernt?

Lehrerkommentar

Einordnung des Erfolges; Tipps für weitere Aufgaben, Hinweise zu Lernstrategien.

- **Lernaufgaben**

Individuelle Förderung kann auch darin bestehen, einzelne Schüler oder Schülergruppen mit zusätzlichen Aufgaben außerhalb der üblichen Dramaturgie von Unterrichtsstunden zu betrauen, ihnen weitere Felder der Betätigung zu erschließen oder ihnen spezielle Möglichkeiten des Nacharbeitens, Übens und Vertiefens zu zeigen. Hochbegabte beispielsweise kann man auf die Schüleruniversitäten oder auf Wettbewerbe in einzelnen Bereichen aufmerksam machen (z. B. „Jugend forscht"); man kann schwächere Schüler durch ältere Schüler einer Schule unterstützen lassen (Nachhilfe). Referate zu Themen, die sich Schüler selbst aussuchen, sind ebenfalls geeignet, individuelle Interessen zu fördern und Kompetenzen zu entwickeln.

Profitipps

- Gehen Sie gegebenenfalls auf einzelne Schüler zu und bieten Sie ihnen zusätzliche Aufgaben an. Achten Sie darauf, dass diese Schüler je nach ihrer Leistungsfähigkeit die zusätzliche Arbeit nicht als Arbeitsbeschaffungsmaßnahme für Unterbeschäftige oder als Stigmatisierung erleben (siehe oben „Aufbau und Erhalt von Motivation").
- Nutzen Sie auch Hausaufgaben, um differenzierte Lernangebote zu machen.
- Bieten Sie einzelnen Schülern an, deren Hausaufgaben nachzusehen.

⇨ Bevor Sie weiterlesen:

Gehen Sie die Liste möglicher Fördermaßnahmen im Bereich „Lernprozesse" nochmals durch. Lesen Sie dabei auch aufmerksam die Profitipps.

- Welche der Maßnahmen erscheinen Ihnen für Ihre eigene Situation geeignet?
- Welche der geeigneten Maßnahmen möchten Sie ab morgen umsetzen?
- Mit welchen Schwierigkeiten rechnen Sie bei der Umsetzung?

- **Lernberatung**

Eine besondere Form der Unterstützung und damit der individuellen Förderung ist die Lernberatung. Viele Schüler haben Probleme in speziellen fachlichen und methodischen Bereichen: Sie schaffen es nicht, ihre Fähigkeiten in Klassenarbeiten umzusetzen, oder sind weniger fit als andere darin, das Internet zu nutzen und sich Wissen selbstständig anzueignen. Für diese Schüler bietet sich eine Lernberatung an (vgl. Balliet 2012). Sowohl Referendare als auch erfahrene Lehrer können sie durchführen. An manchen Schulen ist Lernberatung etablierter Bestandteil individueller Förderung.

Profitipps

- Eigenverantwortliches und selbstständiges Arbeiten fordert den Schüler viel ab, manche Kompetenz ist nötig. Bieten Sie Schülern zusätzliche Unterstützung an (vgl. Siebert 2010).
- Lernberatung ist auch eine Art der Beratung. Erwerben Sie Beratungskompetenz! Sie kann Ihnen in vielen Situationen des Lehreralltags helfen (vgl. Kliebisch / Meloefski 2011a).
- Nicht nur zur Unterstützung der Lernberatung, aber auch dort können Sie das Arbeiten mit Portfolios nutzen (siehe den folgenden Abschnitt und Engel / Wiedenhorn 2010).

3.9. Besondere Fördermaßnahmen

In den folgenden Abschnitten haben wir Maßnahmen zur individuellen Förderung zusammengestellt, die jeder mit relativ geringem Aufwand einsetzen kann und die zugleich effektiv sind. Die Maßnahmen setzen keine differenzierten Diagnosen voraus. Sie rekurrieren auf das, was Lehrer (auch Referendare!) nach einiger Zeit beherrschen: Ihre Erfahrung gibt Lehrern einen Blick für die Fähigkeiten der Schüler, die sie betreuen. Ergebnisse von Leistungsüberprüfungen ergänzen diesen ersten Zugriff ebenso wie informelle Gespräche, die jeder mit den Kollegen führt, die dieselben Schüler wie er selbst unterrichten. Dennoch: Einige der Maßnahmen in unserem Katalog brauchen deutlich mehr Vorbereitung als Unterrichtsstunden, die man ohne Möglichkeiten individueller Förderung gestaltet. Hier sollte der Lehrer (vor allem auch jeder Referendar!) immer überlegen: Inwieweit lohnt sich das jeweilige Vorgehen tatsächlich? Führen vielleicht alternative Methoden, die weniger zeitaufwändig sind, zum selben Ergebnis? Zeitaufwändigere Methoden zur individuellen Förderung lohnen meist nur dann, wenn die Vorbereitung mit einem Schlag eine Reihe von Unterrichtsstunden abdeckt. Sonst sind solche Methoden weniger empfehlenswert!

⇨ **Bevor Sie weiterlesen:**

- Machen Sie sich eine Liste der wichtigsten Probleme und Schwierigkeiten, die Ihnen im Zusammenhang mit dem Auftrag zur individuellen Förderung bisher aufgefallen sind.
- Welche dieser Probleme oder Schwierigkeiten können und wollen Sie selbst in der nächsten Zeit lösen?

3.9.1. Arbeitsaufträge individualisieren

Die Hinweise in diesem Abschnitt gelten für Einzelarbeit, für Gruppenarbeit und für Hausaufgaben. Sie sind besonders nützlich für Unterricht mit kooperativen Arbeitsphasen (vgl. Kliebisch / Meloefski 2011c). Kooperative Arbeitsphasen etablieren die meisten Lehrer in der Erarbeitungsphase des Unterrichts. Möglich sind sie aber ebenso in der Einstiegs- und Vernetzungsphase (vgl. Kliebisch / Meloefski 2011b).

- **Ergänzende Aufgaben**: Alle Schüler erhalten dasselbe Aufgabenblatt. Es gibt Aufgaben, die alle lösen müssen (Basics), und ergänzende Aufgaben (Addons) für die Schüler, die schneller arbeiten.

  Profitipps

  - Ergänzende Aufgaben sollten vertiefend oder weiterführend, also keine bloße Wiederholung sein.
  - Stellen Sie für die Erarbeitungsphase ergänzende Aufgaben aus dem Kontext, den Sie später zur Vernetzung nutzen wollen.
  - Geben Sie Schülern, die ergänzende Aufgaben gelöst haben, immer die Möglichkeit, ihre Ergebnisse auch vorzustellen.

- **Komplexe Aufgaben**: Die Schüler erhalten Aufgaben mit unterschiedlicher Komplexität. Die einen bekommen Aufgaben eher im reproduktiven Bereich, die anderen dürfen schon vergleichen oder einen Transfer durchführen. Wieder andere Schüler müssen Aufgaben aus beiden Bereichen lösen.

  Profitipps

  - Das Verfahren setzt voraus, dass Sie zum Beispiel durch Ergebnisse von Klassenarbeiten oder anderen Leistungsüberprüfung die Kompetenzen der Schüler kennen.
  - Überlegen Sie, wie Sie beim Nutzen komplexer und weniger komplexer Aufgaben die Arbeitsgruppen zusammensetzen (siehe auch unten Abschnitt 3.3.3.).
  - Achten Sie darauf, dass es insbesondere beim häufigen Einsatz von Aufgaben unterschiedlicher Komplexität nicht zur Stigmatisierung einzelner Schüler kommt („Streber“, „Faullenzer“, „Blödmann“, „Lehrers Liebling“).

- **Umfang des Materials**: Bei gleicher Komplexität kann man das Material im Umfang variieren. Die einen Schüler lesen so zehn Zeilen eines Textes, andere zwanzig. Oder: Einige Schüler bearbeiten eine Tabelle, andere zwei oder drei.

  Profitipps

  - Das Verfahren ist dann wirkungsvoll, wenn Sie die Leistungsfähigkeit der Schüler recht gut abschätzen können und den Umfang des Materials daraufhin passgenau wählen.
  - Vermeiden Sie unbedingt Misserfolge bei den Schülern, die umfangreicheres Material als andere erhalten.

- Fordern Sie auch schwache Schüler hinreichend heraus! Fördern bedeutet auch fordern! Gestalten Sie das Material daher so, dass sich mit Blick auf Umfang und Anspruch auch schwächere Schüler anstrengen müssen.

- **Zugang zum Thema**: Man kann unterschiedliche Medien (Materialien) nutzen, um die gleichen oder ähnliche Informationen zu transportieren. Manche Schüler können mit Bildern, andere mit Texten gut umgehen.

  Profitipps
  - Das Verfahren ist für Sie als Lehrer nur dann effizient, wenn Ihnen die unterschiedlichen Materialien ohne Recherche sofort zur Verfügung stehen.
  - Unterschiedliche Materialien sind nur dann sinnvoll, wenn dies durch die Sache gerechtfertigt ist.
  - Probieren Sie aus, unterschiedliche Sinne der Schüler anzusprechen. Manche präsentieren Ergebnisse lieber als Vortrag, andere eher als Rollenspiel.

- **Hilfen zur Bearbeitung des Materials**: Unterschiedliche Kompetenzen der Schüler **lassen** sich auch über Hilfen ausgleichen, die man ihnen für die Arbeitsphase zur Verfügung stellt. Der Lehrer kann an einer geeigneten Stelle im Klassenzimmer Hilfekarten auslegen. Die Karten enthalten Tipps, die die Bearbeitung der Aufgaben erleichtern. Die Karten können unterschiedliche Farben haben; je nach Farbe kann man die Hilfen qualifizieren: „Grün" kann zum Beispiel „eine leichte Hilfe" kennzeichnen, rot eine „starke". Die Schüler dürfen Hilfekarten dann nutzen, wenn sie nicht mehr weiterkommen (siehe auch Kap. 3.10.).

  Profitipps
  - Unbegründet ist die Sorge, dass die Schüler sofort nach Hilfen greifen. Allerdings: Erläutern Sie den Schülern den Sinn der Karten, bevor Sie sie bei einer konkreten Aufgabe nutzen.
  - Statt oder in Ergänzung der Hilfekarten kann man in kooperativen Erarbeitungsphasen auch so vorgehen: Hat eine Gruppe ein ungelöstes Problem, bittet sie zunächst den Sprecher einer oder mehrerer anderen Gruppe um Hilfe. Die Hilfekarten kommen zum Einsatz, wenn so das Problem nicht gelöst wird.
  - Überlegen Sie sich für selbstständige Arbeitsphasen Möglichkeiten, wie die Schüler in jedem Fall zunächst ohne Lehrer Probleme oder Fragen bewältigen kann. Halten Sie sich gerade bei Problemen zurück: Das selbstständige Bewälti-

gen von Problemen ist für Schüler eine gute Chance, Selbstwirksamkeit zu erfahren – eine wichtige Voraussetzung, um Identität zu entwickeln.

- **Präsentation der Ergebnisse**: Bei der Präsentation von Arbeitsergebnissen können Sie die Schüler unterschiedlich fördern und fordern. Lassen Sie verschiedene Formen der Präsentation zu: Kurzreferate können einige Schüler schnell und gut vortragen, andere fühlen sich sicherer, wenn sie Ergebnisse in Form eines Dialogs vorstellen dürfen. Verschiedene Formen der Präsentation gehen oft auch mit verschiedenen Formen der Visualisierung der Ergebnisse einher. Heben Sie außerdem immer mal wieder das Zufallsprinzip auf, mit dem Sie sonst die Präsentatoren bestimmen. Je nach Kompetenz können dann einzelne Schüler, die Sie auswählen, oder auch alle Schüler einer Gruppe die Ergebnisse vorstellen.

  Profitipps

  - Sich und seine Ergebnisse vor einer Gruppe zu präsentieren ist eine wichtige Kompetenz, die Schüler unbedingt erwerben sollten. Geben Sie daher den Schülern, die Sie unterrichten, möglichst oft die Gelegenheit, Ergebnisse zu präsentieren.
  - Zur guten Präsentation gehören die angemessene Darstellung des Inhalts, eine gute Visualisierung und ein angemessenes Auftreten des Vortragenden. Üben Sie mit den Schülern die nonverbalen Anteile ihrer Präsentationen und geben Sie ihnen Tipps, wie man Vorträge visuell angemessen unterstützt.
  - Auch wenn Sie kooperativ arbeiten: Verzichten Sie phasenweise auf das Zufallsprinzip, wenn es um das Auswählen der Präsentatoren geht. Allerdings: Behalten Sie das Zufallsprinzip zunächst solange bei, bis die Schüler die Grundelemente kooperativen Arbeitens verstanden und verinnerlicht haben.

- **Problemaufriss**: Der Lehrer kann zu Beginn jeder Unterrichtsstunde einen Schüler fördern: Der Schüler stellt im Sinne des Konzepts Lernen durch Lehren den Mitschülern als Kurzreferat den Ergebnisstand der letzten Unterrichtsstunde dar (mündliches Ergebnisprotokoll) und entwickelt daraus einen Problemhorizont für die aktuelle Stunde. An Ende der kurzen Einführung visualisiert der Schüler eine leitende Frage (Problemorientierung), die die aktuelle Stunde trägt. Dazu kann er die Tafel, ein Flipchartblatt oder eine Folie nutzen (siehe Berger / Grzega / Spannagel 2011; Martin 2003; Martin / Oebel 2007).

Profitipps

- Das Vorgehen gelingt vor allem, wenn Sie Ihren Unterricht langfristig planen und den Schülern diese Planung transparent machen.
- Sie müssen den Schüler, der in der Folgestunde den Einstieg gestaltet, über die Perspektive der Stunde ins Bild setzen. Alternative: Die gesamte Lerngruppe plant am Ende jeder Stunde, was in der Folgestunde Thema sein soll.
- Haben Sie Mut: Das Konzept durchbricht das übliche Muster, wonach der Lehrer für den Einstieg und für die Problemorientierung einer Unterrichtsstunde zuständig ist. Arbeiten Sie langfristig und prozessorientiert mit einer Lerngruppe! Sie werden sehen: Die Schüler können die meisten Lehrerleistungen selbst übernehmen.

⇨ **Bevor Sie weiterlesen:**

Gehen Sie die Liste möglicher Fördermaßnahmen im Bereich „Arbeitsmöglichkeiten" nochmals durch. Lesen Sie dabei auch aufmerksam die Profitipps.

- Welche der Maßnahmen erscheinen Ihnen für Ihre eigene Situation geeignet?
- Welche der geeigneten Maßnahmen möchten Sie ab morgen umsetzen?
- Mit welchen Schwierigkeiten rechnen Sie bei der Umsetzung?

3.9.2. Lerngeschwindigkeiten individualisieren

- **Lerntempoduett**: Bei diesem Verfahren arbeiten zunächst alle Schüler an denselben Aufgaben. Ein Schüler meldet sich dann, wenn er mit einem bestimmten Teil der Aufgaben fertig ist. Er wartet, bis sich ein weiterer Schüler meldet, der denselben Teil der Aufgaben erledigt hat. Die beiden treffen sich und tauschen die Ergebnisse aus und korrigieren und ergänzen sie bei Bedarf. Nach dem Austausch arbeiten die Schüler wieder einzeln weiter an ihren nächsten Aufgaben (vgl. Brüning / Saum 2012).

Profitipps

- Das Verfahren ist leicht in jede Stunde zu integrieren, wenn kooperativ gearbeitet wird.
- Überlegen Sie genau die Organisation des Vorgehens: Sollen die Schüler, die eine Aufgabe erledigt haben, sitzen bleiben oder aufstehen oder sollen sie sich an einem bestimmten Ort im Klassenzimmer treffen? Wo soll die gemeinsame Arbeitsphase stattfinden?
- Für den Lernerfolg müssen Sie die Zeit möglichst gut abschätzen, die Sie den Schülern insgesamt für die Bearbeitung der Aufgaben zur Verfügung stellen. Kalkulieren Sie dabei (besonders am Anfang) eher weniger Zeit ein als zu viel! Die Schüler müssen erst lernen, in einem gewissen Tempo zu arbeiten! In der Anfangsphase ist es daher durchaus sinnvoll, die Arbeit abzubrechen, wenn die Zeit abgelaufen ist.

- **Lernen an Stationen** (Lernzirkel): Beim Stationenlernen erhalten die Schüler zu einem Thema Pflicht- und Wahlaufgaben. Die Schüler bearbeiten die Aufgaben mit Hilfe unterschiedlicher Materialien, die an bestimmten Stellen im Raum (Stationen) ausgelegt sind. Der Lehrer wird die Pflichtaufgaben so gestalten, dass die Schüler damit alle wesentlichen Aspekte des Themas erschließen können. Wahlaufgaben kann man unterschiedlich nutzen: Sie vertiefen, helfen bei der Vernetzung und führen zu kritischen Einschätzungen im Blick auf das Unterrichtsthema. Die Schüler können sich ihre Zeit beim Erledigen der Aufgaben selbst einteilen. Alle müssen aber zu einer vorgegebenen Zeit mit der Arbeit aufhören; der Zeitrahmen ist so bemessen, dass alle Schüler bis dahin die Pflichtaufgaben erledigen können. Man kann die Schüler beim Lernen an Stationen auch entscheiden lassen, welche Aufgaben sie allein, welche mit einem Partner oder in einer Kleingruppe bearbeiten wollen (vgl. Gieth 2010 und Kap. 3.7.).

  Profitipps

  - Das Verfahren verlangt mehr Vorbereitung als üblicher Unterricht, lohnt sich also nur dann, wenn man als Lehrer davon länger als nur eine Unterrichtsstunde und möglichst auch wiederholt profitieren kann.

- Überfordern Sie die Schüler nicht mit einer Überfülle an Material. Auswahl ist gut, aber das Auswählen darf nicht so viel Zeit kosten, dass die eigentliche Arbeit darunter leidet.
- Achten Sie besonders auf schwächere Schüler: Sie könnten durch das Maß an Eigenverantwortung überfordert sein, das das Stationenlernen erfordert. Geben Sie diesen Schülern bei Bedarf geeignete Hilfen!
- Der Lernerfolg ist beim Stationenlernen vor allem auch von den methodischen Kompetenzen der Schüler abhängig. Diese Kompetenzen müssen Sie bei Bedarf den Schüler erst vermitteln, bevor sich Lernzirkel lohnen.

- **Lernen in Projekten**: Bei der Projektarbeit sind die Schüler an der Themenwahl beteiligt, im günstigsten Fall wählt die Lerngruppe das Thema selbst aus. Sie organisieren ihre Arbeit weitgehend selbstständig und eigenverantwortlich; dazu gehört auch, Arbeitsschritte und Teilziele festzulegen. Projektarbeit ist in der Regel handlungs- und produktorientiert; sie verläuft entweder über einen längeren Zeitraum kompakt oder über mehrere Unterrichtsstunden. Projektarbeit unterstützt das moderne Lehrerleitbild: Hier ist der Lehrer Arrangeur von Lernsituationen, er ist Lernbegleiter und Lernberater (vgl. Antes 2010). Das hohe Maß an Selbstbestimmtheit der Schüler, das durch Projektarbeit möglich wird, ist zugleich die Chance zum individuellen Lernen. Der einzelne Schüler kann sich hier mit seinen Fähigkeiten, seiner Lerngeschwindigkeit und mit seinen spezifischen Interessen im Blick auf ein Thema deutlich stärker einbringen als im üblichen Klassenunterricht.

  Profitipps

  - Projektarbeit ist nur sinnvoll, wenn der organisatorischen Rahmen dafür gegeben ist. Das Verfahren eignet sich vor allem für spezielle Projekttage oder Projektwochen.
  - Ergänzen Sie Projektarbeit durch Exkursionen oder andere Veranstaltungen, die außerhalb der Schule stattfinden.
  - Gestalten Sie Projekte produktorientiert: Am Ende können zum Beispiel eine (Wand-)Zeitung, ein Hör- oder Rollenspiel, aber auch ein Film stehen, um das Lernergebnis zu präsentieren.

- **Lernspiralen**: Lernspiralen sind ein methodisches Prinzip des eigenverantwortlichen Arbeitens (EVA), wie es Heinz Klippert entwickelt hat (vgl. 2008 und 2012). Die Schüler bearbeiten mit Hilfe der Lernspirale Aspekte eines Themas auf unterschiedliche Weise. Dadurch erwerben sie sowohl fachliche und methodische als auch sozialkommunikative und personale Kompetenzen. Der Lehrer bereitet den Zugriff auf die Sache für die Schüler so auf, dass „Arbeitsinseln" entstehen. Sie sind vom Niveau her unterschiedlich gestaffelt und bieten den Schülern immer wieder Anknüpfungspunkte, um das Thema genau dort weiter zu bearbeiten, wo sie selbst gerade stehen. Wie bei der Projektarbeit und beim kooperativen Lernen ist der Lehrer Lernbegleiter. Die Schüler erhalten so viel Eigenverantwortung wie möglich, der Lehrer initiiert und steuert so viel wie nötig. Die Arbeit mit Lernspiralen entlastet den Lehrer im Unterricht.

  Profitipps
  - Lernspiralen brauchen mehr Vorbereitung als Unterricht, der nicht differenziert abläuft. Der Mehraufwand lohnt vor allem dann, wenn der Arbeitsprozess auf mehrere Stunden verteilt ist.
  - Achten Sie darauf, dass jeder Schüler die nötigen Basiskenntnisse erwirbt. Zugleich muss jeder Schüler aber auch die Chance haben, vertiefende und ergänzende Aufgaben zu lösen.
  - Trotz Ihrer Rolle als Lernbegleiter: Beobachten Sie genau, wie die Arbeitsprozesse ablaufen. Helfen Sie, wo es nötig ist.
  - Lernspiralen führen dann zu guten Ergebnissen, wenn die Schüler die nötigen methodischen und sozialkommunikativen Kompetenzen für selbstständiges Arbeiten besitzen. Diese Kompetenzen müssen Sie den Schüler gegebenenfalls vermitteln, bevor der Einsatz von Lernspiralen sinnvoll ist.

3.9.3. Lernprozesse individualisieren

- **Eigenarbeit**: Notwendiges Element kooperativer Lernprozesse ist die Einzelarbeit. Sie ist jeder Art des Austauschs vorangestellt. In der Einzelarbeit haben die Schüler **die** Möglichkeit zu echter Eigenarbeit. Im Sinne konstruktivistischen Lernens findet hier im engsten Sinne eine individuelle Förderung statt: Die Verarbeitung der äußeren Anregung, die zum Beispiel eine Aufgabe darstellt, geschieht in der Einzelarbeit ohne weitere Einflüsse von außen. Der einzelne Schüler ist hier ganz bei sich und generiert seine eigenen Gedanken und Möglichkeiten. Lernen im konstruktivistischen Sinn ist ohne diese individuelle Konstruktion nicht möglich (vgl. Erwin 2011; Reich 2010; Rüegsegger 2012).

Profitipp

- Etablieren Sie die Einzelarbeit als unverzichtbaren Baustein Ihres Unterrichts.
- Machen Sie den Schülern transparent, welchen Sinn die Einzelarbeit hat (vgl. Kliebisch 2011).
- Sorgen Sie dafür, dass Einzelarbeit wirklich Eigenarbeit bleibt: Viele Schüler neigen dazu, sich schon zu Beginn der Einzelarbeit zum Beispiel mit ihrem Banknachbarn über die Aufgaben auszutauschen. Verhindern Sie dies unbedingt! Einzelarbeit bedeutet Eigenarbeit!
- Verstehen Sie die Phase der Eigenarbeit als Pause für Sie selbst und als Möglichkeit, das Arbeitsverhalten der Schüler zu beobachten! Sprechen Sie in dieser Zeit nicht mit den Schülern! Lassen Sie die Schüler wirklich allein arbeiten!
- Achten Sie bei der Auswahl der Aufgaben für die Eigenarbeit auf deren Art und Umfang. Sollten einzelne Schüler mit der Eigenarbeit frühzeitig fertig sein, können Sie das Lerntempoduett nutzen (siehe Seite 232).

- **Gruppenpuzzle**: Das Gruppenpuzzle ist eine Methode, die oft im Rahmen kooperativen Arbeitens eingesetzt wird (vgl. Brüning / Saum 2012; Kliebisch / Meloefski 2011b und 2011c). Man geht dabei in vier Schritten vor:
  1) Der Lehrer teilt dazu die Lerngruppe in Stammgruppen von vier bis sechs Schülern. Jeder Schüler der Stammgruppe erhält dann eine spezielle Aufgabe und wird dadurch zum Experten für diesen Aspekt des Themas. Der Lehrer kann zum Beispiel einen Text in entsprechende Teile gliedern, die jeweils einen Aspekt des Themas erschöpfend behandeln. Wer welches Material bearbeitet, wird der Lehrer im Sinne einer spezifischen Förderung selbst bestimmen. Alternativ: Die Schüler wählen ihr Material nach Interesse und auf Grund der Selbsteinschätzung ihrer Fähigkeiten.
  2) Danach treffen sich in eigenen Gruppen die Experten, die denselben Aspekt des Themas erarbeitet haben. Die Experten tauschen sich aus, klären Probleme und vertiefen, was sie wissen durch die Kenntnisse der anderen Experten.
  3) Dann gehen die Experten in ihre Stammgruppen zurück. Jedes Mitglied der Stammgruppen ist durch die zweite Phase des Verfahrens zu einem besonde-

ren Experten für seinen Teil des Themas geworden und vermittelt das Expertenwissen jetzt an die übrigen Mitglieder der Stammgruppen.

4) In der letzten Phase visualisieren die Schüler die Gruppenergebnisse auf Plakaten oder Folien und präsentieren sie im Plenum.

Profitipps

- Je nach Größe der Klasse und damit der Stammgruppen kann der Lehrer mehrere oder alle Teilaufgaben durch mehr als einen Schüler bearbeiten lassen. Dies ist auch nützlich, wenn man schwächeren Schülern am Anfang nicht zu viel Verantwortung für das Gesamtergebnis der Gruppe übertragen möchte.
- Am Ende der Vermittlungsphase sollte jedes Gruppenmitglied alles verstanden haben. Dies ist vor allem dann wichtig, wenn am Ende ein Gruppenmitglied, das zufällig ausgewählt wird, das Arbeitsergebnis vorstellen soll.
- Bedenken Sie: Der Zeitaufwand steigt mit der Anzahl der Experten und mit dem Umfang des Materials, das Sie einsetzen.

- **Partnerpuzzle**: Das Partnerpuzzle ist eine Variante des Gruppenpuzzles. Beim Partnerpuzzle erarbeiten die Schüler zwei unterschiedliche Texte A und B. Dazu teilt der Lehrer die Lerngruppe in zwei gleich große Gruppen A und B. Jeder Schüler liest seinen Text A oder B zunächst für sich allein und tauscht sich dann mit einem Schüler aus, der denselben Text gelesen hat. Im letzten Schritt kommt jeweils ein A-Schüler mit einem B-Schüler zusammen. Die Schüler berichten sich gegenseitig, was sie gelernt haben (siehe auch Kliebisch / Meloefski 2011b und c).

Profitipps

- Voraussetzung für eine erfolgreiche Umsetzung des Partnerpuzzles ist auch die Methodenkompetenz der Schüler mit Blick auf die Erarbeitung zum Beispiel von Texten: Trainieren Sie mit der Lerngruppe daher Grundkompetenzen der Texterarbeitung (Markieren von Wichtigem, Herausschreiben markanter Stellen, Strukturieren der eigenen Notizen usw.).
- Achten Sie auf eine präzise Ausführung der einzelnen Phasen: Die Einzelarbeit sollte Einzelarbeit sein; es wird in dieser Zeit auch nicht gesprochen. Beim Austausch sollte allen klar sein: Wer spricht in welcher Reihenfolge? Worüber genau sprechen die Schüler in welcher Abfolge?
- In den Austauschphasen reagieren Sie auf Anfragen nur dann, wenn die Schüler auch nach Befragen von Mitschülern ihr Problem nicht lösen können. Wenden

Sie darüber hinaus alternative Fördermaßnahmen an (zum Beispiel Hilfekarten, Addons usw.).

- Das Partnerpuzzle mündet meist in eine Sharephase im Plenum. Das heißt: Die Schüler müssen die Ergebnisse der A-B-Phase visualisieren und anschließend präsentieren. Üben Sie mit den Schülern die Methoden und Techniken, die dafür nötig sind.

- **Einbeziehen von Interessen**: Unterricht darf zwar nicht beliebig werden, das bedeutet aber nicht, **bei** der Planung und Durchführung von Unterricht Schülerinteressen aussparen zu müssen. In vielen Kontexten kann man Schüler gerade dadurch fördern, dass man ihre Interessen berücksichtigt. Beim Planen einer Unterrichtsreihe können Schülerinteressen leitend sein. Beim Durchführen einzelner Unterrichtssequenzen oder -stunden kann man zum Beispiel für kooperative Arbeitsphasen unterschiedliche Aspekte eines Themas anbieten und dadurch Schülerinteressen aufnehmen (vgl. Brüning / Saum 2012). Offener Unterricht kann noch weitergehen: Hier kann man (ähnlich wie bei Projekten) auf „Eigenproduktionen" der Schüler setzen, auf eine Erschließung der Lebenswirklichkeit ohne das starre Korsett eines Lehrgangs. Der Lehrer ist dabei wie auch in anderen Konzepten Lernbegleiter, der ordnet, Material bereitstellt und Lernwege anbietet (vgl. Peschel 2010 und 2012). Schülerinteressen kann der Lehrer systematisch abfragen und dann bei der Planung berücksichtigen. Alternativ antizipiert der Lehrer mögliche Interessen und gestaltet zum Beispiel unterschiedliche Materialien. Die Schüler greifen dann im Unterricht auf das Material zu, das ihr Spontaninteresse am ehesten befriedigt.

Profitipps

- Das Berücksichtigen von Schülerinteressen ist nicht Selbstzweck, es dient der Motivation der Schüler und dazu, sie individuell zu fördern. Die Interessen der Schüler müssen also kompatibel sein mit dem, was Kernlehrpläne und Richtlinien fordern.
- Ermutigen Sie die Schüler, Interessen zu artikulieren. Wehren Sie aber auch gezielt Interessen ab, die nicht realisiert werden können.
- Lassen Sie die Schüler für ihre Interessen aktiv werden: Fordern Sie sie mit Blick auf ihre Interessen zum Beispiel zu Recherchen auf.

- **Aufbau und Erhalt von Motivation**: Sowohl stärkere als auch schwächere Schüler können unter bestimmten Umständen das Interesse am Unterrichtsgegenstand verlieren. Die Folgen können zum Beispiel Unterrichtsstörungen oder Minderleistungen sein. Je heterogener eine Klasse ist, desto eher besteht die Gefahr, dass immer ein Teil der Schüler über- oder unterfordert ist. Dies kann den Lehrer zu Fehlverhalten verführen: Er passt vielleicht das Niveau nach unten an, um die schwächeren Schüler nicht sofort zu verlieren. Oder er macht das genaue Gegenteil. Immer aber wird dadurch ein anderer Teil einer Lerngruppe zeitweise nicht angemessen gefordert und gefördert. Natürlich kann auch der beste Lehrer nicht erreichen, dass jeder Schüler zu jeder Zeit genau das an Förderung erhält, was er wirklich braucht. Aber: Man kann diesem Ideal nahe kommen. Für Sie als Lehrer können dabei die folgenden Fragen wichtig sein:
  - ✓ Woran erkenne ich, ob einer meiner Schüler über- oder unterfordert ist?
  - ✓ Woran erkenne ich, ob einer meiner Schüler demotiviert ist?

  Im Falle von Über- oder Unterforderung oder von Demotivation sollten Sie handeln! Sprechen Sie mit dem Schüler, sprechen Sie bei Bedarf auch mit dessen Eltern und sprechen Sie unbedingt auch mit Kollegen, die den Schüler unterrichten! Versuchen Sie durch die Gespräche für sich selbst zu klären, inwieweit Sie mit Ihrer Ersteinschätzung richtig lagen. Treffen Sie dann konkrete Maßnahmen: Nutzen Sie dazu Möglichkeiten, die wir Ihnen in diesem Kapitel zur individuellen Förderung anbieten. Zudem können Sie auch dies bedenken:
  - ✓ Bei der Annahme, ein Schüler sei hochbegabt, können Sie einen IQ-Test anregen.
  - ✓ Bei der Annahme, ein Schüler sei durchweg überfordert, können Sie zusammen mit den Eltern über die Wiederholung einer Klassenstufe nachdenken.
  - ✓ Bei der Annahme, ein Schüler sein demotiviert, können Sie weitere Vermutungen einbeziehen. Der Schüler könnte zum Beispiel unter Schulangst leiden, könnte von seinen Eltern unter Leistungsdruck gesetzt werden, er könnte aber auch absolut kein Interesse an der Schule haben, weil er zurzeit anderes wichtiger findet (siehe auch unten unter „Lernberatung").
  - ✓ Sie könnten Ihre Vermutungen auch im Kollegenteam besprechen, indem Sie eine kollegiale Fallberatung organisieren (siehe oben Seite 99ff.).
  - ✓ In allen Fällen könnten Sie auch externe Hilfe in Anspruch nehmen, zum Beispiel Beratungsstellen oder Psychologen.

Profitipps

- Lassen Sie leistungsstarke Schüler nicht nur die Lehrer der leistungsschwachen sein, bieten Sie auch den starken Schülern hinreichend viele Herausforderungen. Nutzen Sie dazu Ihre Erfahrungen mit individuellen Fördermaßnahmen.
- Leistungsstarke Schüler sollten Ergebnisse, die sie zusätzlich erbringen, auch präsentieren oder auf andere Weise erkennbar in den Unterricht einbringen dürfen.
- Lassen Sie leistungsschwache Schüler nicht allein. Bieten Sie ihnen Rückhalt und schaffen Sie eine Lernatmosphäre, in der auch Fehler möglich sind und nicht als Versagen empfunden werden.
- Loben Sie sowohl leistungsstarke als auch leistungsschwache Schüler so oft, wie dies möglich und sinnvoll ist. Aber Achtung: Lob hat dauerhaft nur Sinn, wenn es angemessen ist. Berücksichtigen Sie bei der Art und beim Maß des Lobs also immer die Leistungsfähigkeit der jeweiligen Schüler.
- Zum Erhalt der Motivation sollten Sie bei der Anlage Ihrer Unterrichtsstunden auch das Sandwich-Prinzip beachten: Dabei wechseln Sie im Unterricht kollektive Arbeitsphasen (zum Beispiel eine Präsentation oder ein Referat im Plenum) mit individuellen Lernphasen ab (zum Beispiel Einzelarbeit, Partnerpuzzle oder Partnerinterview, Lerntempoduett). Auch hier gilt: Das Sandwich-Prinzip ist dann besonders erfolgreich, wenn die Schüler die Methoden, die Sie einsetzen, gut kennen und geübt haben.

- **Parallele Sozialformen**: In den meisten Unterrichtsstunden müssen die Schüler stets zur selben Zeit in dieselben Sozialform arbeiten: Alle müssen eben allein arbeiten, wenn Einzelarbeit angesagt ist, und alle arbeiten im Plenum, wenn die Ergebnisse der Erarbeitung vorgestellt und gesichert werden. Zum Zweck der individuellen Förderung können Sie auch diese Regel der Gleichzeitig von Sozialformen durchbrechen. Ein Beispiel: In einer Phase der Gruppenarbeit ist eine Gruppe schon fertig, andere aber nicht. Natürlich kann man die schnellere Gruppe in einer solchen Situation mit zusätzlichen Aufgaben bedienen, alternativ kann der Lehrer aber auch in diese Gruppe gehen und sich dort die Ergebnisse anhören, die die Gruppe erarbeitet hat. Er setzt also den üblichen Verlauf der Stunde mit der schnelleren Gruppe schon fort, während die übrigen Gruppen noch die Zeit bekommen, ihre Arbeit sorgfältig zu beenden. Die schnellere Gruppe kann dann später bei der Präsentation der Ergebnisse im Plenum besondere Aufgaben bekommen. Diese weiteren Aufgaben können sich entweder auf die Beobachtung der Präsentationen beziehen oder aber auch ganz anders gestaltet sein, sodass die schnellere Gruppe gar nicht mehr an der Präsentation der Ergebnisse im Plenum teilnimmt (siehe Brüning / Saum 2012).

Profitipps

- Als Lehrer während einer Gruppenphase über längere Zeit mit einer einzelnen Gruppe zu arbeiten kann auch dann sinnvoll sein, wenn eine Gruppe erkennbare Probleme mit der Aufgabe hat. Auch in dem Fall ist die Lehrerintervention ein unmittelbares Reagieren auf die Bedürfnisse von Schülern und in diesem Sinne stets auch individuelles Fördern. Scheuen Sie sich also nicht, sich auch in Phasen selbstständigen Arbeitens der Schüler in einzelnen Gruppen länger aufzuhalten und dabei nicht nur Beobachter zu sein.
- Durchbrechen Sie bei Bedarf die übliche Dramaturgie von Unterrichtsstunden. Nicht immer muss am Ende einer Stunde eine Präsentation, Sicherung und Vernetzung im Plenum stehen. Variieren Sie die Abläufe zum Beispiel so, dass Sie dafür andere Stunden als reine Vernetzungsstunden gestalten (siehe Kliebisch 2011). Auch solche Stunden können zum Beispiel kooperativ gestaltet sein oder dem Prinzip des Lernens durch Lehren folgen (siehe oben Abschnitt 3.3.2.).

3.10. Einige Ziele der Lernförderung

Verbesserung der kognitiven Fähigkeiten

Unterricht intendiert die Entwicklung der kognitiven Operationen der Schüler und hat vorrangig fachspezifische Denk- und Arbeitsweisen im Blick. Förderung zielt darauf ab, **dass Schüler die Anforderungen in einem Fach oder Lernbereich mindestens oder in besonderer Weise erreichen**. Die Anforderungen sind durch die Bildungsstandards der jeweiligen Schulform festgelegt. Förderung richtet sich über eine Erfüllung dieser Standards hinaus auf die **Weitentwicklung kognitiver Lernstrategien und der metakognitiven Strategien**. Diese Strategien stehen für die Verbesserung bis Optimierung des Lernverhaltens und des Umgehens mit Wissen zum Beispiel durch Strukturierungsverfahren. **Bei der individuellen Förderung rücken da-**

her häufig Lernstrategien und Metakognition als Maßnahmen in den Vordergrund. Es ist jedoch zu vermeiden, dass im herkömmlichen Unterricht spezifische Denkoperationen aus dem Blick geraten.

In manchen Schulformen können Leistungsanforderungen allein von strategischen Operationen bestimmt sein, in anderen Schulformen spielen eher fachspezifische Operationen eine Rolle. Diese müssen dann vorrangig auch erwartet werden; strategische Operationen haben entsprechend eher eine reorganisierende Bedeutung. **Individuelle Förderung bezieht sich auf alle Formen kognitiver Operationen und richtet sich sowohl an die leistungsbesseren als auch an die leistungsschwächeren Schüler.** Den Schwerpunkt der Förderung bestimmt der Lehrer nach den Erfordernissen der Unterrichtsgegenstände, die in den Jahrgangsstufen einer bestimmten Schulform behandelt werden müssen.

In den vorausgegangen Abschnitten sind zahlreiche Maßnahmen zur Förderung der Lernstrategien und der Metakognition beschrieben. Welche Lernleistungen kann man durch die Fördermaßnahmen erreichen? Und: Welche fachspezifischen Operationen können gleichzeitig erfüllt werden?

- **Bearbeitungstechniken**: Strukturieren von Aufgaben und Informationen, zum Beispiel nach der Regel „Skelett vor Detail", durch Reduktion von Sachverhalten auf das Wesentliche, durch Veranschaulichen, Verknüpfen, Erklären
- **Ausarbeitungstechniken**: zum Beispiel Einordnen von neuen Kenntnissen in den vorhandenen Wissensbestand, Entwickeln neuer Vorstellungen, Versprachlichen: Konkretisieren, Verallgemeinern, Spezifizieren, argumentativ Auseinandersetzen, Diskutieren
- **Rückkopplungstechniken** zur Selbstkontrolle, zum Beispiel Reflektieren des Lernfortschritts, der Lernbedingungen, der Lernschwierigkeiten, der Zeitplanung, der Art und Weise der Informationsbeschaffung, der Lernstrategien, Arbeitsorganisation und Metakognition und des Metaplans. Diese Techniken helfen einem Schüler dabei,
  - ✓ sich selbst Lernziele zu setzen,
  - ✓ die eigenen Lernaktivitäten zu planen,
  - ✓ Informationen eigenständig zu ermitteln und zu bearbeiten,

✓ eigenes Lernen zu beobachten und Lernfortschritte zu überwachen, zu bewerten und zu verstärken.

Diese Einstellungen fördern die Lernmotivation insgesamt und verschiedene ihrer Komponenten wie Interesse oder Selbstwirksamkeit. Indirekt entwickelt oder gar ausgelöst werden dabei prozedurale Verhaltensweisen wie Genauigkeit, Ausdauer, Konzentration oder Pünktlichkeit.

Bei der Förderung der Schüler geht es vor allem um die Entwicklung kognitiver Funktionen durch Unterrichten. Dabei können in unterschiedlicher Gewichtung und abhängig vom Alter und der Schulform fachspezifische Operationen und Lernstrategien integriert und zum Beispiel durch bestimmte Aufgabenstellungen bei projektorientiertem Arbeiten oder bei der Portfolio-Methode herausgefordert werden.

Anhebung des kognitiven Niveaus im Unterricht

Bei der Förderung der Schüler im Fachunterricht werden meistens differenzierende Aufgaben eingesetzt, die auf Grund der Voraussetzungen der jeweiligen Zielgruppe angemessen erscheinen. Die Organisationsformen können dabei unterschiedlich sein. Förderung kann in außerunterrichtliche Veranstaltungen verlagert werden (Fördergruppen). In der Regel werden aber die Maßnahmen der Förderung im planmäßigen Unterricht selbst durchgeführt; das übliche Stundenraster der Schule wird dabei meist beibehalten. **Die differenzierenden Aufgaben sind aus unterschiedlichen Gründen ein Problem** (siehe auch an anderer Stelle im Buch):

- Der Lehrer modifiziert die Aufgaben meist inhaltlich mit Blick auf die Voraussetzungen der Zielgruppe.
- Die ausgewählten Materialien unterscheiden sich oft; es werden Texte und Abbildungen eingesetzt, jeweils in sich mit unterschiedlichen Anforderungen und auf Grund der Verschiedenheit des Materials mit jeweils anderen Herausforderungen (Sprache und Bild).
- Die Aufgabenstellungen fordern nicht unmittelbar vergleichbare (Denk- und Handlungs-)Operationen heraus.

Die Aufträge für die leistungsstarken Schüler zielen hauptsächlich auf fachspezifische Denkleistungen, die Aufträge für die leistungsschwachen Schüler

sind eher auf die Anwendung von Lernstrategien gerichtet. Hierdurch wird ein unterschiedliches Anspruchsniveau festgeschrieben. Förderung leistungsschwächerer Schüler bedeutet aber in der Regel: Ihre Leistungen werden inhaltlich und operational auf das durch den Lehrplan einer Klasse vorgegebene Niveau gebracht. Förderung leistungsstarker Schüler sollte bedeuten: Sie erproben Ihre Fähigkeiten an übergeordneten Aufgaben, die die Weiterführung des Fachunterrichts für alle Schüler der Klasse nicht unmittelbar, zum Beispiel durch Erarbeitung eines Wissensvorsprungs, stören.

Als **Maßnahmen** kommen zum Beispiel in Betracht:

- Förderung der leistungsschwächeren Schüler durch Aufgaben, die auf das Niveau der Klasse führen, das der Lehrplan vorgibt.
- Förderung der leistungsstärkeren Schüler durch **außerunterrichtliche Förderprogramme** (siehe Kap. 3.5.; 3.8.) Als Organisationsform bietet sich das **Drehtürmodell** an: Die lernstärkeren Schüler können zu bestimmen Zeiten einer Lernperiode den regulären Unterricht verlassen und ihren Interessen gemäß projektorientiert arbeiten. Die Schule organisiert entsprechende Förderphasen für den herkömmlichen Unterricht als feste Komponente im Rahmen ihres langfristig angelegten Schulprogramms. Die sonstigen Schüler durchlaufen in einem solchen Zeitabschnitt den regulären Unterricht, der für sie nunmehr als Förderunterricht konzipiert wird. Hierbei geht es um die Anhebung von Anforderungen, die diese Schüler im herkömmlichen Unterricht und bei Leistungsüberprüfungen nicht oder nur teilweise erfüllen konnten. Das kann in der Weise geschehen, dass der bisher behandelte Lehrstoff zum Beispiel mit Hilfe einer Folge von Aufgaben „nachgearbeitet" wird. Vorgehensweise: Ausgangssituation kann eine mehrteilige Arbeitsanweisung oder Aufgabenstellung sein. Um Schwierigkeiten bei der Bearbeitung der Aufgaben zu begegnen, gibt es zwei mögliche Formen der **Lernhilfe**:
  - ✓ **Vorbereitete Informationen** zur Annäherung auf eine Lösung in unterschiedlichen Schwierigkeitsstufen für jeden Bearbeitungsschritt (**Hilfekarten**). Die Hilfeinformationen werden im Unterrichtsraum auf gesonderten Datenblättern ausgelegt und bei Bedarf vom Schüler abgerufen. Für eine Schwierigkeitsstufe können diese außerdem graduell noch weiter differenziert sein und auf weiteren Datenblättern bereitgestellt werden.

✓ **Alternative Aufgaben** je Bearbeitungsstufe. Bei Bedarf wählt ein Schüler eine alternative Aufgabe. Kann er eine solche Aufgabe lösen, kehrt er zur ursprünglichen Aufgabe zurück und überträgt den Lösungsweg seiner Bearbeitung darauf. Gegebenenfalls wird eine weitere Ergänzungsaufgabe angeboten, damit der Schüler den Lösungsweg letztlich selbstständig finden kann.

Diese Formen der Förderung bieten dem Lehrer vielfältige Informationen über die Leistungsfähigkeit des Schülers und über nötige Interventionen. Am Ende des Förderunterrichts sollten die Schüler die durch die Aufgabenstellungen geforderten fachspezifischen Leistungsanspruch reorganisierend erfüllen und übertragen können. Das dürfte für einen Großteil der Schüler auch gelingen. Damit ist die Voraussetzung geschaffen, dass ein Schüler seine kognitiven Fähigkeiten im herkömmlichen Unterricht weiterentwickeln kann. Auf alle Fälle ist das Leistungsniveau der Klasse in den Mindestanforderungen erfüllt. **Nach Beendigung der Förderphase wird der Unterricht in der Klasse mit allen Schülern fortgesetzt.**

3.11. Arbeitsanregungen

Individuelle Förderung

Der Begriff „Fördern“ ist im Blick auf das Unterrichtsgeschehen sehr vielschichtig.
Was genau verstehen Sie unter Fördern?
Welche Maßnahmen des Förderns haben Sie bisher ergriffen?
Worin unterscheiden sich Maßnahmen der individuellen Förderung von allgemeinen Fördermaßnahmen?

Sie planen, das Thema „Jugendkultur“ an Stationen zu erarbeiten. Die Schüler sind etwa 16 Jahre alt. Wie können Sie die Schüler fördern?	
Welche Aufgaben können außerschulische Einrichtungen mit Blick auf die Förderung von Schülern übernehmen?	
Unterscheiden Sie die Funktionen von Schüler-Selbst- und Schüler-Fremdbeurteilungen.	
Bei einer Präsentation sollte man zwischen der Person des Vortragenden einerseits und der Sachdarstellung andererseits unterscheiden. Welche Folgen hat diese Unterscheidung für die Beurteilung der Präsentation.	

<table>
<tr><td>Inwieweit ist der Klassenlehrer ihrer Meinung nach in besonderer Weise für die Förderung von Schülern verantwortlich?</td><td></td></tr>
<tr><td>„Förderung sollte immer freiwillig sein!“ Nehmen Sie unter dem Aspekt schulischer Förderung Stellung zu der These.</td><td></td></tr>
<tr><td colspan="2">Machen Sie eine Liste der Fördermaßnahmen, die Sie schon eingeleitet oder umgesetzt haben. Welche Kompetenzbereiche haben Sie durch die Maßnahmen gefördert? Wie beurteilen Sie den Erfolg Ihrer Maßnahmen?</td></tr>
<tr><td>„Förderung ist besser, vor allem kostenloser als Nachhilfeunterricht.“ Nehmen Sie mit Blick auf Ihre Erfahrungen Stellung zu der These.</td><td></td></tr>
</table>

Was halten Sie von dem im Schulgesetz NRW verbrieften Recht auf individuelle Förderung?	
Welche Möglichkeiten individueller Förderung haben Sie ausprobiert und mit welchen Ergebnissen?	
Welche Diagnoseverfahren kennen Sie? Welche nutzen Sie? Wie beurteilen Sie die Verfahren, die Sie nutzen?	
Welche Erfahrungen haben Sie mit hochbegabten Schülern? Woran erkennen Sie hochbegabte Schüler? Wie verhalten Sie sich als Lehrer im Unterricht Hochbegabten gegenüber?	

Welche Lernschwierigkeiten von Schülern kennen Sie? In welchen dieser Bereiche haben Sie schon individuell gefördert? Wie haben Sie gefördert?
Was halten Sie von der Beteiligung der Schüler an der Notenfindung? Inwieweit ist dies eine Maßnahme individueller Förderung? Welche Erfahrungen haben Sie mit Fragebögen zur Selbsteinschätzung?

Wie fördern Sie in Ihren Klassen Kinder und Jugendliche mit Migrationshintergrund?	

Wie können Sie Schüler beim Präsentieren von Lernergebnissen fördern? Beschreiben Sie mögliche Maßnahmen.	
Wie planen Sie Unterricht unter dem Aspekt der Individualisierung?	
Welche speziellen Fördermaßnahmen halten Sie für Mädchen für angezeigt? Begründen Sie ausführlich Ihre Einschätzung.	
Welche speziellen Fördermaßnahmen halten Sie für Jungen für angezeigt? Begründen Sie ausführlich.	

„Fördern heißt diagnostizieren." Inwieweit stimmen Sie dieser These zu? Begründen Sie Ihre Meinung anhand konkreter Beispiele.	
„Fördern heißt beraten." Inwieweit stimmen Sie dieser These zu? Begründen Sie Ihre Meinung anhand konkreter Beispiele.	
„Individuelle Förderung ist in einem staatlichen Schulsystem nicht möglich." Inwieweit stimmen Sie dieser These zu? Begründen Sie Ihre Meinung anhand konkreter Beispiele aus der Praxis.	
„Individuelle Förderung scheitert an den Lehrkräften: Die Lehrer sind auf diese Aufgabe durch ihre Ausbildung nicht hinreichend vorbereitet." Was meinen Sie zu dieser These?	
Ein guter Lehrer kann dem Schüler Fachinhalte verfügbar machen. Ein guter Lehrer kann so reden, dass ihn alle Schüler verstehen. Welche Merkmale charakterisieren einen solchen Lehrer?	

Individualisierter Unterricht und individuelle Förderung. Was ist der Unterschied?	
Im Unterricht werden Texte und Abbildungen als Lehr- und Lernmaterialien eingesetzt. Erörtern Sie die Wertigkeiten dieser Materialien.	
Fordern und Fördern sind immer schon konstitutive Komponenten von Schule und Unterricht. Was sind die entsprechenden Maßnahmen?	
Wie unterscheiden sich Handlungs- und Sprachweisen der Schüler bildungsnaher Sozialschichten von denen der Schüler bildungsferner Sozialschichten? Welche Bedeutung haben die Unterschiede für Ihre unterrichtliche Tätigkeit?	
Welche Unterschiede sehen Sie zwischen Nachhilfe und Fördern?	

Nennen und erläutern Sie die verschiedenen Bereiche, auf die sich individuelle Förderung in der Schule beziehen sollte.	
Eine Organisationsform der individuellen Förderung ist das Drehtürmodell. Erörtern Sie die praktische Gestaltung dieses Modells unter lernpsychologischen und arbeitsökonomischen Gesichtspunkten.	
Die Kriterien einer Leistungsbeurteilung beziehen sich weniger auf die Erschließung eines Inhaltes als viel mehr auf die Bearbeitung von Informationen. Wie beurteilen Sie diese Aussage mit Blick auf Ihre Praxis?	
Ein differenzierender Unterricht macht die Besseren immer besser, der Leistungsunterschied zu den Schwächeren wird immer größer. Erörtern Sie die Lernfunktionen, die dieser Aussage zu Grunde liegen.	

Das Lernen an Stationen ist für schwächere Schüler keine geeignete Lernorganisation, um sich dem geforderten Leistungsstandard der Klasse annähern zu können. Nehmen Sie zu dieser Aussage Stellung.	
Die Effektivität kooperativer Lerngruppen ist besonders hoch, wenn die Leistungsfähigkeit der Schüler nicht zu weit auseinander liegt. Nehmen Sie zu dieser Aussage Stellung.	
„Fördern heißt fordern!" Wie verstehen Sie diesen Satz mit Blick auf individuelle Förderung von lernschwachen Schülern?	

4.

Literatur-verzeichnis

„Die Schule ist ein überdimensioniertes
Belohnungssystem.
Fast alles, was die Schüler tun,
fließt in Leistungsbeurteilungen ein.“
(Hilbert Meyer)

Abels, H. (2010): Interaktion, Identität, Präsentation. Wiesbaden
Adler, A. (2006): Praxis und Theorie der Individualpsychologie. 12. Aufl. Frankfurt / M.
Antes, W. (2010): Projektarbeit für Profis. München
Arnold, K.-H. / Jaumann-Graumann, O. / Rakhkochkine, A. (Hrsg.) (2008): Handbuch Förderung. Weinheim
Baacke, D. (2007): Jugend und Jugendkulturen. Darstellung und Bedeutung. 5. Aufl. München
Baacke, D. (2009): Die 13- bis 18jährigen. Einführung in Probleme des Jugendalters. 8. Aufl. Weinheim
Bähner, C. / Oboth, M. / Schmidt, J. (2011): Praxisbox Konfliktklärung in Teams & Gruppen. Paderborn
Balliet, M. (2009): Risikofaktor Referendariat. Ein Therapieansatz. In: Seminar 1
Balliet, M. (2012): Hilfe zur Selbsthilfe! Referendare als erfolgreiche Lernberater. In: Lehrer*Handeln*. Kompetent, effizient, kongruent. Baltmannsweiler
Balliet, M. / Kliebisch, U. (2012): Lehrer*Handeln*. Kompetent, effizient, kongruent. Baltmannsweiler
Bandler, R. (2011): Veränderung des subjektiven Erlebens. 8. Aufl. Paderborn
Bandler, R. / Grinder, J. (2010): Reframing. 9. Aufl. Paderborn
Bandler, R. / Grinder, J. (2011): Metasprache und Psychotherapie. Die Struktur der Magie I. 12. Aufl. Paderborn
Bandura, A. (1976): Lernen am Modell. Stuttgart
Bastian, J. (2007): Einführung in die Unterrichtsentwicklung. Weinheim und Basel
Bastian, J. / Combe, A. / Langer, R. (2007): Feedback-Methoden. Weinheim
Bauer, J. (2008): Prinzip Menschlichkeit. 4. Aufl München
Bauer, K.-O. (2012): Erlebte pädagogische Wirksamkeit. In: Balliet, M. / Kliebisch, U. (Hrsg.): Lehrer*Handeln*. Kompetent, effizient, kongruent. Baltmannsweiler
Bebber, F. v. (2008): Pöbelschüler machen Lehrer krank. spiegel.de online am 10.07.2008 http://www.spiegel.de/unispiegel/jobundberuf/0,1518,565070,00.html
Becker, D. (2012): So ein Theater. Mit „Themen in Szenen" ganzheitlich lernen. In: Balliet, M. / Kliebisch, U. (2012): LehrerHandeln. Kompetent, effizient, kongruent. Baltmannsweiler
Becker, G. E. (2006): Lehrer lösen Konflikte. Weinheim
Berger, L. / Grzega, J. / Spannagel, C. (2011): Lernen durch Lehren im Fokus. Berlin
Berkenfeld, J. (2012): Kein Stress im Referendariat. Buxtehude
Biermann, C. / Volkwein, K. (2010): Portfolio-Perspektiven. Schule und Unterricht mit Portfolio gestalten. Weinheim
Bildungsserver Rheinland-Pfalz (2012): Förderung http://foerderung.bildung-rp.de/ [Zugriff: 15.1.2012]
Blömeke, S. (2005): Das Lehrerbild in Printmedien. Inhaltsanalyse von „Spiegel"- und „Focus"-Berichten seit 1990. In: Die Deutsche Schule 97 (1), S. 24-39
Blumer, H. (1986): Symbolic Interactionsm. Perspective and Method. Barkley
Bohl, T. / Jürgens, E. (2009): Prüfen und Bewerten im Offenen Unterricht. 4. Aufl. Weinheim
Bohl, T. u. a. (2010): Selbstbestimmung und Classroom-Management. Bad Heilbrunn
Boller, S. / Lau, R. (Hrsg.) (2010): Innere Differenzierung in der Sekundarstufe II. Weinheim
Bovet, S. / Huwendiek (2008) (Hrsg.): Leitfaden Schulpraxis. 5. Aufl. Berlin
Bräuer G. / Keller, M. / Winter, F. (2012): Portfolio macht Schule. Unterrichts- und Schulentwicklung mit Portfolio. Seelze
Brand, G. (2008): Hochbegabte und Hochleistende Jugendliche – Anmerkungen zum Marburger Hochbegabten Projekt [Zugriff: 20.09.2008]
Breaux, E. (2010): Alle Schüler erreichen und erfolgreich unterrichten. Buxtehude
Brück, H. (1986): Die Angst des Lehrers vor seinem Schüler. Zur Problematik verbliebener Kindlichkeit in der Unterrichtsarbeit des Lehrers – ein Modell. Reinbek
Brüning, L. / Saum, T. (2009a): Erfolgreich unterrichten durch Kooperatives Lernen. Strategien zur Schüleraktivierung. 5. Aufl. Essen
Brüning, L. / Saum, T. (2009b): Erfolgreich unterrichten durch Kooperatives Lernen II. Essen

Brüning, L. / Saum, T. (2012): Fördern durch Kooperatives Lernen. In: Balliet, M. / Kliebisch, U. (Hrsg.): Lehrer*Handeln*. Kompetent, effizient, kongruent. Baltmannsweiler
Buchwald, P. (2011): Stress in der Schule und wie wir ihn bewältigen. Paderborn
Bueb, B. (2008): Ein Lob der Disziplin. Eine Streitschrift. München
Bueb, B. (2009): Von der Pflicht zu führen. 9 Gebote der Bildung. München
Buholzer, A. / Kummer-Wyss, A. (2010): Alle gleich – alle unterschiedlich. Zum Umgang mit Heterogenität in Schule und Unterricht. München
Buhren, C. (2011): Selbstevaluation in Schule und Unterricht. 2. Aufl. Neuwied
Caswell, C. / Neill, S. (2004): Körpersprache im Unterricht. Münster
Charney, D. / Nestler, E. (2011): Neurobiology of Mental Illness. 3. Aufl. Oxford
Christ, O. / Dick, R. van / Wagner, U. (2004): Belastung und Beanspruchung bei Lehrern in der Ausbildung. In: Hillert, A. / Schmitz, E. (Hrsg.): Psychosomatische Erkrankungen bei Lehrerinnen und Lehrern. Ursachen, Folgen, Lösungen. Stuttgart, New York. 113-119
Claßen, A. / Nießen, K. (2006): Das Trainingsraum-Programm. Unterrichtsstörungen pädagogisch auflösen. Klasse 5-10. Lichtenau
Cohn, R. (2009): Von der Psychoanalyse zur themenzentrierten Interaktion. 15. Aufl. Stuttgart
Dauber, H. (2008): Psychosoziale Grundkompetenzen im Lehrerberuf. In: Seminar. H 2, S. 41ff.
Dauber, H. / Vollstädt, W. (2003): Psychosoziale Belastungen im Lehramt. Ergebnisse einer schriftlichen Befragung von frühpensionierten Lehrerinnen und Lehrern in der nordhessischen Region. ZfL Kassel
DeShazer, S. (2010a): Der Dreh. Überraschende Wendungen und Lösungen in der Kurzzeittherapie. 11. Aufl. Heidelberg
DeShazer, S. (2010b): Worte waren ursprünglich Zauber. 2. Aufl. Heidelberg
DeShazer, S. / Dolan, Y. (2011): Mehr als ein Wunder. 2. Aufl. Heidelberg
Deutsch, M. (2000): The Handbook of Conflict Resolution. Theory and Practice. San Francisco
Dewey, J. (2000): Demokratie und Erziehung. 2. Auf. Weinheim
Dick, R. van / Wagner, U. / Christ, O. (2004): Belastung und Gesundheit im Lehrerberuf. Betrachtungsebenen und Forschungsergebnisse. In: Hillert, A. / Schmitz, E. (Hrsg.): Psychosomatische Erkrankungen bei Lehrerinnen und Lehrern. Ursachen, Folgen, Lösungen. Stuttgart, New York. S. 39-51
Dilts, R. (2010): Die Veränderung von Glaubenssystemen. Paderborn
Dix, P. (2011): Erfolgreiches Classroom-Management. Freising
Domsch, H. / Krowatschek, D. (2011): Förderpläne – Kein Problem. Buxtehude
Dreikurs, R. / Soltz, V. (2010): Kinder fordern uns heraus. 15. Aufl. Stuttgart
Drews, U. (2008): Zeit in Schule und Unterricht. Weinheim
Eckert, P. (2009): Evaluation von Unterricht in Theorie und Praxis. Hamburg
Edling, L. (2010): Schüler/innen lösen ihre Konflikte. 2. Aufl. Buxtehude
Eichhorn, C. (2011): Classroom-Management. 4. Aufl. Stuttgart
Elias, M. J. / Schwab, Y. (2006): From Compliance to Responsibility: Social and Emotional Learning and Classroom Management. In: C. Evertson / C. Weinstein (Hrsg.): Handbook of Classroom Management Research, Practice and Contemporary Issues. New Jersey. 309ff.
Ellis, A. (2006): Training der Gefühle. Wie Sie sich hartnäckig weigern, unglücklich zu sein. München
Ellis, A. (2008): Grundlagen und Methoden der Rational-Emotiven Verhaltenstherapie. Stuttgart
Ellis, A. / Jacobi, P. / Schwartz, D. (2011): Coach dich! Würzburg
Emmer, E. T. / Evertson, C. M. (2008): Classroom Management for Middle and High School Teachers with Access Code. 8. Aufl. Boston
Endres, W. / Küffner, M. (2008): Rhetorik und Präsentation in der Sekundarstufe I und II. Weinheim

Engel, A. / Wiedenhorn, T. (2010): Stärken fördern – Lernwege individualisieren. Portfolio-Leitfäden für die Praxis. Weinheim
Erikson, E. H. (2008): Identität und Lebenszyklus. Frankfurt
Erwin, H. (2011): Kooperatives Lernen – Heterogenität. München
Evertson, C. M. / Emmer, E. T. / Worsham, M. E. (2008): Classroom management for elementary teachers. 8. Aufl. Boston
Friedrichs, B. (2009): Praxisbuch Klassenrat. Weinheim
Geisselhart, R. R. / Hofmann, C. (2009): Stress ade. Die besten Entspannungstechniken. 5. Aufl. Freiburg
Geißler, K. A. (2010): Lob der Pause. München
General Health Questionnaire (GHQ-12): Goldberg (1978, deutsche Übersetzung: Linden et al., 1996)
Gieth, H.-J. van der (2010): Lernzirkel. Kempen
Glasl, F. (2011): Konfliktmanagement. 10. Aufl. Stuttgart
Glattauer, N. (2011): Die PISA-Lüge. Wien
Gordon, T. (2011): Lehrer-Schüler-Konferenz: Wie man Konflikte in der Schule löst. München
Green, N. / Green K. (2007): Kooperatives Lernen im Klassenraum und im Kollegium. Das Trainingsbuch. 3. Aufl. Seelze
Grell, J. / Grell, M. (2010): Unterrichtsrezepte. 12. Aufl. Weinheim
Greving, J. / Linser, H. J. / Paradies, L. (2011): Diagnostizieren, Fordern und Fördern. Berlin
Greving, J. / Paradies, L. / Sorrentino, W. (2010): 99 Tipps. Individuelles Fördern für die Sekundarstufe I. Berlin
Greving,J. / Paradies, L / Wester, F. (2012): Leistungsmessung und -bewertung. 4. Aufl. Berlin
Grinder, M. (2007): NLP für Lehrer. Ein praxisorientiertes Arbeitsbuch. 7. Aufl. Freiburg
Grochowiak, K. (2007): Das NLP Practitioner Handbuch. 3. Aufl. Paderborn
Grunder, H.-U. / Bohl, T. (2008): Neue Formen der Leistungsbeurteilung in den Sekundarstufen I und II. 3. Aufl. Baltmannsweiler
Gugel, G. (2011): 2000 Methoden für Schule und Lehrerbildung. Weinheim
Haag, L. / Streber, D. (2012): Klassenführung. Weinheim
Hausner, M. B. u. a. (2011): Zeitmanagement. Freiburg
Heller, K. A. / Mönks, F. J. / Sternberg, R. J. (2000): International Handbook of Giftedness and Talent. Amsterdam
Helmke, A. (2010): Unterrichtsqualität und Lehrerprofessionalität. 3. Aufl. Seelze
Hempel, M. (2008): Störungsprävention. Nolting, Kounin & Co. In der Praxis. München
Hepting, R. (2008): Zeitgemäße Methodenkompetenz im Unterricht. 2. Aufl. Bad Heilbrunn
Hermann-Ruess, A. (2010): Wirkungsvoll präsentieren. Göttingen
Hesse, I. / Latzko, B. (2011): Diagnostik für Lehrkräfte. 2. Aufl. Stuttgart
Heyse, H. / Sieland, B. (2008): Lehrergesundheit als kollegiale Aufgabe. Für eine Kultur der Würdigung und Anerkennung. In: SchulVerwaltung spezial. Zeitschrift für Schulleitung und Schulaufsicht. 2/2008. Kronach, S. 4-7
Heyse, V. / Erpenbeck, J. (2007): Handbuch Kompetenzmessung. 2. Aufl. Düsseldorf
Heyse, V. / Erpenbeck, J. (2009): Kompetenztraining. 2. Aufl. Düsseldorf
Heyse, V. / Erpenbeck, J. (Hrsg.) (2007): Kompetenzmanagement: Methoden, Vorgehen, KODE® und KODE®X im Praxistest. Münster
Heyse, V. / Erpenbeck, J. / Ortmann, V. (2010): Grundstrukturen menschlicher Kompetenzen. Münster
Hogger, B. (2009): Gewaltfrei miteinander umgehen. 2. Aufl. Hohengehren
Hoin, N. (2011): Die Psycho-Logik des Lernens. München
Holk, C. / Hoof, A. / Rohe, A. (2011): Work-Life-Balance. Berlin
Horstkämper, M (2006): Fördern heißt diagnostizieren. In: Friedrichs Jahresheft. Seelze
Huber, A. (2009): Kooperatives Lernen – kein Problem. München
Hurrelmann, K. (2009): Lebensphase Jugend. München
Hurrelmann, K. / Klotz, T. / Haisch, J. (2010): Lehrbuch Prävention und Gesundheitsförderung. 3. Aufl. Bern

Ingenkamp K.-H. / Lissmann, U. (2008): Lehrbuch der Pädagogischen Diagnostik. 6. Aufl. Weinheim
Jefferys-Duden, K. (2008): Das Streitschlichter-Programm. 3. Auf. Weinheim
Jugert, G. / Rehder, A. / Notz, P. / Petermann, F. (2011): Soziale Kompetenz für Jugendliche. Grundlagen, Training und Fortbildung. 7. Aufl. München
Jürgens, E. (2010): Leistung und Beurteilung in der Schule. 7. Aufl. St. Augustin
Jürgens, E. / Sacher, W. (2008): Leistungserziehung und pädagogische Diagnostik in der Schule. Stuttgart
Kaluza, G. (2011): Stressbewältigung. 2. Aufl. Berlin / Heidelberg
Kaltwasser, V. (2010): Persönlichkeit und Präsenz. Weinheim
Kamlage, N. (2010): Das Trainingsraumprogramm. München
Kehr, H. M. (2008): Authentisches Selbstmanagement. Weinheim
Kehr, H. M. (2011): Führung und Motivation. Implizite Motive, explizite Ziele und die Steigerung von Willenskraft. In: Personalführung, 4/2011, S. 66-71
Keller, G. (2010): Disziplinmanagement in der Schulklasse. Bern
Kempfert, G. / Ludwig, M. (2010): Kollegiale Unterrichtsbesuche. 2. Aufl. Weinheim
Klafki, W. (2002): Die bildungstheoretische Didaktik. In: Gudjons, H. / Winkel, R.: Didaktische Theorien. Hamburg. 13-34
Kliebisch, U. (2009): Stress verstehen und bewältigen. In: Seminar 1
Kliebisch, U. (2011): Lehrer*Ziele*. Kompetenzen haben, Kompetenzen vermitteln. Baltmannsweiler
Kliebisch, U. (2012a): Glauben versetzt Berge. In: Balliet, M. / Kliebisch, U. (Hrsg.): Lehrer*Handeln*. Kompetent, effizient, kongruent. Baltmannsweiler
Kliebisch, U. (2012b): Man kann doch so viel tun. In: Balliet, M. / Kliebisch, U. (Hrsg.): Lehrer*Handeln*. Kompetent, effizient, kongruent. Baltmannsweiler
Kliebisch, U. (2012c): Referendare erfolgreich coachen. Buxtehude
Kliebisch, U. / Balliet, M. (2012): Licht ins Dunkel! Die erhellende Wirkung der Transparenz. In: Balliet, M. / Kliebisch, U.: Lehrer*Handeln*. Kompetent, effizient, kongruent. Baltmannsweiler
Kliebisch, U. / Meloefski, R. (2011a): Beratungstrainer für junge Kollegen. Buxtehude
Kliebisch, U. / Meloefski, R. (2011b): Lehrer*Sein*. Pädagogik für die Praxis. Band 1. 5. überarb. und erw. Aufl. Baltmannsweiler
Kliebisch, U. / Meloefski, R. (2011c): Lehrer*Sein*. Pädagogik für die Praxis. Band 2. 5. überarb. und erw. Aufl. Baltmannsweiler
Kliebisch, U. / Meloefski, R. (Hrsg.) (2009): Lehrer*Gesundheit*. Anregungen für die Praxis. Baltmannsweiler
Kliebisch, U. / Schmitz, P. (2005): Besser beraten. Gespräche mit Eltern, Schülern und Kollegen. Lichtenau
Klieme, E. u. a. (2010): PISA 2009. Bilanz nach einem Jahrzehnt. Münster
Klippert, H. (2008): Eigenverantwortliches Arbeiten und Lernen. 5. Aufl. Weinheim
Klippert, H. (2010a): Heterogenität im Klassenzimmer. Weinheim
Klippert, H. (2010b): Kommunikations-Training. 12. Aufl. Weinheim
Klippert, H. (2010c): Methoden-Training. 19. Aufl. Weinheim
Klippert, H. (2010d): Teamentwicklung im Klassenraum. 9. Aufl. Weinheim
Klippert, H. (2012): Heterogene Lerngruppen unterrichten. In: Balliet, M. / Kliebisch, U. (Hrsg.): Lehrer*Handeln*. Kompetent, effizient, kongruent. Baltmannsweiler
Klusmann, U. / Kunter, M. / Trautwein, U. / Lüdtke, O. / Baumert, J. (2008): Engagement and emotional exhaustion in teachers. Does the school context make a difference? In: Applied Psychology, 57, S. 127-151
KMK (2004): Beschluss zu „Standards für die Lehrerbildung Bildungswissenschaften". Verfügbar unter: http://www.kmk.org/bildung-schule/allgemeine-bildung/lehrer/lehrerbildung.html [Zugriff: 12.6.2011]
KMK (2005): Bildungsstandards der Kultusministerkonferenz – Erläuterungen zur Konzeption und Entwicklung. München

KMK (2008): Beschluss zu „Ländergemeinsamen inhaltlichen Anforderungen für die Fachwissenschaften und Fachdidaktiken in der Lehrerbildung“. Fassung v. 16.9.2010. Verfügbar unter: http://www.kmk.org/bildung-schule/allgemeine-bildung/lehrer/lehrerbildung.html [Zugriff: 12.6.2011]
Knight / Wegenstein AG (1973): Die Arbeitszeit der Lehrer in der Bundesrepublik Deutschland. Zürich
Köhler, K. / Weiß, L. (2012): Portfolio für Referendare. Buxtehude
Kounin, J. S. (2006): Techniken der Klassenführung. Münster
Krapp, A. / Weidenmann, B. (2006): Pädagogische Psychologie. 5. Aufl. Weinheim
Krause, A. / Philipp, A. / Bader, F. / Schüpbach, H. (2008): Emotionsregulation von Lehrkräften: Umgang mit Gefühlen als Teil der Arbeit. In: Krause, A. / Schüpbach, H. / Ulich, E. / Wülser, M.: Arbeitsort Schule. Organisations- und arbeitspsychologische Perspektiven. Wiesbaden. S. 309-334
Kretschmann, R. (2008): Stressmanagement für Lehrerinnen und Lehrer. Trainingsbuch. 3. Aufl. Weinheim
Kunze, I. / Solzbacher, C. (Hrsg.) (2010): Individuelle Förderung in der Sekundarstufe I und II. Baltmannsweiler
Landmann, M. (2010): Entspannt durch den Schulalltag. 2. Aufl. Göttingen
La Rocco, J. M. / House, J. S. / French, J. R. S. (1980): Social support, occupational stress and health. Journal of Health and Social Behavior. 21
Latzko, B. / Malti, T. (Hrsg.) (2010): Moralische Entwicklung und Erziehung in Kindheit und Adoleszenz. Göttingen
Lazarus, R. S. (2006): Stress and Emotion. A New Synthesis. London
Lazarus, R. S. / Aldwin, C. M. (2000): Stress, Coping, and Development. An Integrative Perspective. New York
Lazarus, R. S. / Lazarus, B. N. (2006): Coping with Aging. Oxford
Lazarus, R. S. / Folkman, S. (2010): Stress, Appraisal and Coping. London
Lehmann-Schaufelberger, D. (2010): Richtig reagieren bei Störungen im Schulalltag. Buxtehude
Leitl, J. (2006): Die Auswirkungen des Selbstkonstrukts auf die Beurteilung eigener Leistungen. Hamburg
Lienhard-Tuggener, P. / Joller-Graf, K. / Mettauer Szaday, B. (2011): Rezeptbuch Schulische Integration. Bern
Lippmann, E. D. (2009): Intervision. Berlin
Lohmann, G. (2011): Mit Schülern klarkommen. 8. Aufl. Berlin
Malik, F. (2006): Führen, Leisten, Leben. Wirksames Management für eine neue Zeit. München
Manning, L. / Bucher, K. T. (2012): Classroom Management. Boston
Martens, J.-U. / Kuhl, U. (2011): Die Kunst der Selbstmotivierung. 4. Aufl. Stuttgart
Martin, J.-P. (2003): Lernen durch Lehren: Individuell fördern – zu Höchstleistungen führen. In: Dokumentation des Symposiums „Lernen im Gleichschritt? – Vom Umgang mit Differenz“ am 11. November 2003. Quenstedt-Gymnasium Mössingen. S.19-22.
Martin, J.-P. / Oebel, G. (2007): Lernen durch Lehren: Paradigmenwechsel in der Didaktik? In: Deutschunterricht in Japan. Heft 12, S. 4 - 21.
Meloefski, R. (2012b): Zeitnot und Zeit-Management im Referendariat. In: Balliet, M. / Kliebisch, U. (Hrsg.): Lehrer*Handeln*. Kompetent, effizient, kongruent. Baltmannsweiler
Meloefski, R. (2012b): Entwicklungsportfolio – Ein Format der Selbstqualifizierung in der Lehrerausbildung. In: Balliet, M. / Kliebisch, U. (Hrsg.): Lehrer*Handeln*. Kompetent, effizient, kongruent. Baltmannsweiler
Meyer, H. (2004): Was ist guter Unterricht? Berlin
Meyer, H. / Wendt, V. (2012): Was wissen wir über gute Lehrer? In: Balliet, M. / Kliebisch, U. (Hrsg.): Lehrer*Handeln*. Kompetent, effizient, kongruent. Baltmannsweiler
Mienert, M. / Vorholz, M. (2011): Lehrer und Schüler im Konflikt. Stuttgart
Miller, R. (2011): Als Lehrer souverän sein. Berlin
Mohl, A. (2010): Der Zauberlehrling. Das NLP Lern- und Übungsbuch. 10. Aufl. Paderborn

Mönks, F. J. / Ypenburg (2011): Unser Kind ist hochbegabt: Ein Leitfaden für Eltern und Lehrer. München
Moritz, A. / Rimbach, F. (2006): Soft Skills for Young Professionals. 3. Aufl. München
MSW NRW (2008): Verordnung über die Ausbildung und die Abschlussprüfungen in der Sekundarstufe I. http://www.schulministerium.nrw.de/BP/Schulrecht/APOen [Zugriff: 3.2.2012]
MSW NRW (2011a): Schulgesetz für das Land Nordrhein-Westfalen. Verfügbar unter: http://www.schulministerium.nrw.de/BP/Schulrecht/Gesetze/SchulG_Info/index.html [Zugriff: 30.1.2012]
MSW NRW (2011b): Verordnung zur Reform der Vorbereitungsdienste für Lehrämter an Schulen vom 10.4.2011. Verfügbar unter: https://recht.nrw.de/lmi/owa/br_vbl_detail_text?anw_nr=6&vd_id=12664&ver=8&val=12664&sg=0&menu=1&vd_back=N [Zugriff: 3.2.2012]
MSW NRW (2012): Chancen NRW. Portal zur individuellen Förderung NRW. http://www.schulministerium.nrw.de/Chancen/index.html [Zugriff: 16.2.2012]
Müller, E. (2006): Wenn der Wind über Traumwiesen weht. Die schönsten Phantasiereisen, Märchen und Meditationen. Frankfurt
Müller, F. (2010): Selbstständigkeit fördern und fordern. 4. Aufl. Weinheim
Müller-Limmroth, W. (1980): Arbeitszeit - Arbeitsbelastung im Lehrerberuf. Eine arbeitspsychologische Bewertung der Belastung der Pädagogen unter Berücksichtigung der Lehrerarbeitszeit. Frankfurt/M.
Mummert & Partner (1999): Untersuchung zur Ermittlung, Bewertung und Bemessung der Arbeitszeit der Lehrerinnen und Lehrer im Land Nordrhein-Westfalen. Hamburg
Mutzeck, W. (2008): Methodenbuch Kooperative Beratung. Weinheim
Neubauer, W. F. / Gampe, H. / Knapp, R. (2008): Schulische Konflikte bewältigen. Grundlagen und Praxisorientierungen. Neuwied
Nipken, K. L. (2009): Symbolischer Interaktionismus: G. H. Mead. München
Nitsche, P. (2009): Nonverbales Klassenzimmermanagement. Untermeichingen
Nolte, A. (2008): Der entspannte Lehrer. Entlastungsstrategien für den Schulalltag. In: Psychologie heute. H 12
Nussbaum, C. (2007): 300 Tipps für mehr Zeit. München
Obidzinski, P. (2008): Berufsbezogene Ängste bei Lehrern. Grundlagen, Ursachen, Bewältigungsmöglichkeiten. Saarbrücken
Obidzinski, P. (2008): Berufsbezogene Ängste bei Lehrern. Grundlagen, Ursachen, Bewältigungsmöglichkeiten. Saarbrücken
OECD (2004): Lernen für die Welt von morgen – erste Ergebnisse von Pisa 2003. Paris. OECD. URL: www.pisa.oecd.org/dataoecd/18/10/34022484.pdf
Oppolzer, U. (2010): Super lernen. 7. Aufl. Hannover
PÄDAGOGIK (2012a): Scherpunkt „Fördernde Bewertung“. Heft 2. Weinheim
PÄDAGOGIK (2012b): Scherpunkt „Praxishilfen Klassenleitung“. Heft 3. Weinheim
Perels, F. / Schmidt, M. (2010): Der optimale Unterricht!? Praxishandbuch Evaluation. Göttingen
Peschel, F. (2010): Offener Unterricht. Band 1: Idee, Realität, Perspektive und ein praxiserprobtes Konzept zur Diskussion. Teil I: Allgemeindidaktische Überlegungen. 6. Aufl. Hohengehren
Peschel, F. (2012): Individualisierung, Inklusion und Offener Unterricht: Missverständnisse, Fallstricke und Teufelskreise. In: Balliet, M. / Kliebisch, U. (Hrsg.): Lehrer*Handeln*. Kompetent, effizient, kongruent. Baltmannsweiler
Petermann, F. / Vaitl, D. (2009): Entspannungsverfahren. Weinheim
Piaget, J. (2010): Meine Theorien der geistigen Entwicklung. 2. Aufl. Weinheim
Popp, K. / Melzer, C. / Methner, A. (2011): Förderpläne entwickeln und umsetzen. München
Rahmenvorgabe für den Vorbereitungsdienst in Studienseminar und Schule (2004). RdErl. d. Ministeriums für Schule, Jugend und Kinder
Rauin, U. (2007): Im Studium wenig engagiert – Im Beruf schnell überfordert. In: Forschung aktuell 3. Frankfurt

Redeker, S. (1993): Belastungserleben im LehrerInnenberuf. Eine Untersuchung der Arbeitserfahrungen von LehrerInnen der Sekundarstufe II. Frankfurt
Reich, K. (2010): Systemisch-konstruktivistische Pädagogik: Einführung in die Grundlagen einer interaktionistisch-konstruktivistischen Pädagogik. Weinheim
Reichel, R. / Svoboda, U. (2008): Selbstverantwortung fördern. Lernprozesse begleiten und beraten. Linz
Riemann, F. (2009): Grundformen der Angst. 36. Aufl. München
Riemer, M. (2005): Praxishilfen Freinet-Pädagogik. Bad Heilbrunn
Rogers, C. R. (2008): Entwicklung der Persönlichkeit. Psychotherapie aus der Sicht eines Therapeuten. 17. Aufl. Stuttgart
Rogge, J.-U. (2008): Das neue Kinder brauchen Grenzen. Reinbek
Roloff, G. (2010): Stress im Lehrerberuf. München
Rost, D. H. (2009): Hochbegabte und hochleistende Jugendliche. 2. Aufl. Münster
Rothland, M. / Terhart, E. (2007): Beruf: Lehrer – Arbeitsplatz: Schule. In: Rothland, M. (Hrsg.): Belastung und Beanspruchung im Lehrerberuf? Modelle, Befunde, Interventionen. Wiesbaden. S. 11-33
Rückert, H.-W. (2011): Schluss mit dem ewigen Aufschieben. Frankfurt
Rudow, B. (1994): Die Arbeit des Lehrers. Zur Psychologie der Lehrertätigkeit, Lehrerbelastung und Lehrergesundheit. Bern
Rüedi, J. (2011): Wie viel und welche Disziplin braucht die Schule? Bern
Rüegsegger, R. (2012): Selbstgesteuertes Arbeiten – schwierig, aber wichtig. In: Balliet, M. / Kliebisch, U. (Hrsg.): Lehrer*Handeln*. Kompetent, effizient, kongruent. Baltmannsweiler
Sacher, W. (2009): Leistungen entwickeln, überprüfen und beurteilen. Bewährte und neue Wege für die Primar- und Sekundarstufe. 5. Aufl. Bad Heilbrunn
Saum-Aldehoff, T. (2007): Big Five: Sich selbst und andere erkennen. Düsseldorf
Schaarschmidt, U. (2005) (Hrsg.): Halbtagsjobber? Psychische Gesundheit im Lehrerberuf – Analyse eines veränderungsbedürftigen Zustandes. 2. Aufl. Weinheim
Schaarschmidt, U. (2008): Interview zur Ausgestaltung des Lehrerberufs. Arbeitszeit als Belastungsquelle. http://www.wdr.de/radio/schulportal2007/schulwelt_hautnah/archiv/lehrer_arbeitszeit/index.phtml [Zugriff 16.3.2008]
Schaarschmidt, U. / Fischer, A. (2012): Denkanstöße! Ein Beratungsangebot für Lehrerinnen und Lehrer. In: Balliet, M. / Kliebisch, U. (Hrsg.): Lehrer*Handeln*. Kompetent, effizient, kongruent. Baltmannsweiler
Schaarschmidt, U. / Kieschke, U. (Hrsg.) (2007): Gerüstet für den Schulalltag: Psychologische Unterstützungsangebote für Lehrerinnen und Lehrer. Weinheim
Schäfer, C. D. (2006): Wege zur Lösung von Unterrichtsstörungen. Jugendliche verstehen – Schule verändern. Baltmannsweiler
Schlee, J. (2008): Kollegiale Beratung und Supervision für pädagogische Berufe. 2. Aufl. Stuttgart
Schmid, B. / Veith, T. / Weidner, I. (2010): Einführung in die kollegiale Beratung. Heidelberg
Schmitz, E. / Voreck, P. (2011): Einsatz und Rückzug an Schulen. Wiesbaden
Schnack, J. / Timmermann, U. (2008): Kernkompetenz Selbstständigkeit. In: PÄDAGOGIK H. 9/08. 6-9
Schneewind, K. A. / Böhmert, B. (2010): Freiheit in Grenzen. 2. Aufl. Bern
Schneider, A. (2011): Das Gewicht der PISA-Studien. München
Schulz v. Thun, F. (2011): Miteinander reden. Bd. 1-3. Reinbek
Schwartz, D. (2011): Vernunft und Emotion. Die Ellis-Methode. Dortmund
Schweer, M. (2008b): Vertrauen im Klassenzimmer. In: Schweer, M. (Hrsg.). Lehrer-Schüler-Interaktion. Pädagogisch-psychologische Aspekte des Lehrens und Lernens in der Schule. Wiesbaden.
Schweer, M. (Hrsg.). (2008a): Lehrer-Schüler-Interaktion. Pädagogisch-psychologische Aspekte des Lehrens und Lernens in der Schule. Wiesbaden.
Seifert, J. W. (2009): Visualisieren – Präsentieren – Moderieren. Offenbach
Seiwert, L. / Küstenmacher, W. T. (2010): simplify your time. Frankfurt

Seiwert, L. / Wöltje, H. / Obermayr, C. (2010): Zeitmanagement mit Microsoft Office Outlook. 8. Aufl. Remscheid
Selye, H. (1991): Stress, mein Leben. Erinnerungen eines Forschers. Berlin
Sieber, H. (2010): Selbstgesteuertes Lernen und Lernberatung: Konstruktivistische Perspektiven. 3. Aufl. Augsburg
Slater, L. (2010): Von Menschen und Ratten. Weinheim
Sprenger, R. / Plaßmann, T. (2010): Mythos Motivation. 19. Aufl. Frankfurt
Städeli, C. / Obrist, W. / Grassi, A.(2011): Klassenführung. Bern
Stöhr, M. (2010): Arbeiten mit Lernzirkeln. Stationenlernen – Eine handlungsorientierte Unterrichtsmethode. Saarbrücken
Tietze, K.-O. (2010): Kollegiale Beratung. Reinbek
Trautmann, T. / Wischer, B. (2011): Heterogenität in der Schule. Eine kritische Einführung. Wiesbaden
Tries, J. (2008): Konflikt- und Verhandlungsmanagement. Konflikte konstruktiv nutzen. Berlin
Unruh, T. / Petersen, S. (2011): Guter Unterricht. Handwerkszeug für Unterrichtsprofis. 10. Aufl. Buxtehude
Vester, F. (2001): Denken, lernen vergessen. München
Wahl, D. (2006): Lernumgebungen erfolgreich gestalten. 2. Aufl. Bad Heilbrunn
Walen, S. R. / DiGiuseppe, R. / Wessler, R. L. (2005): RET-Training. Eine Einführung in die Praxis der Rational-emotiven Therapie. Stuttgart
Watzlawick, P. / Beavin, J. H. / Jackson, D. D. (2011): Menschliche Kommunikation. 12. Aufl. Bern / Stuttgart / Wien
Weber, C. (2010): Unterrichtsstörungen – Formen, Ursachen, Handlungsperspektiven. Trainingsraum. München
Weber, H. (2011): Klassenrat abwechslungsreich gestalten. Norderstedt
Weckert, A. / Oboth, M. (2011): Mediation für Dummies. Weinheim
Wegener, B. (2007): Mediation – Herausforderung für Schule und Unterricht. München
Weingärtner, M. (2010): Zeit- und Selbstmanagement – einfach und effektiv. Renningen
Wilhelm, M. (2009): Integration in der Sek. I und II. Weinheim
Winkel, R. (2011): Der gestörte Unterricht: Diagnostische und therapeutische Möglichkeiten. 10. Aufl. Baltmannsweiler
Winter, F. (2011): Leistungsbewertung. Eine neue Lernkultur braucht einen anderen Umgang mit Schülerleistungen. 4. unv. Aufl. Baltmannsweiler
Winterhoff, M. (2009): Warum unsere Kinder Tyrannen werden. München
Winterhoff, M. (2010): Tyrannen müssen nicht sein. München
Winterhoff, M. / Tergast, C. (2011): Lasst Kinder wieder Kinder sein. Gütersloh
Wollenweber, J. (2011): http://www.unterrichtsstoerungen.de/index.html [Zugriff: 4.9.2011]
Zimpel, A. F. (2010): Zwischen Neurobiologie und Bildung. Individuelle Förderung über biologische Grenzen hinaus. Stuttgart
Zinn, B. (2009): Ergebnisse einer Pilotuntersuchung zur Unterrichtsmethode „Lernen durch Lehren“. In: Zeitschrift für Didaktik der Naturwissenschaften. Jg. 15. S. 326-329
Zulley, J. / Knab, B. (2009): Unsere innere Uhr. Frankfurt